「愛國行進曲」作曲当時の瀬戸口藤吉翁(71歳)

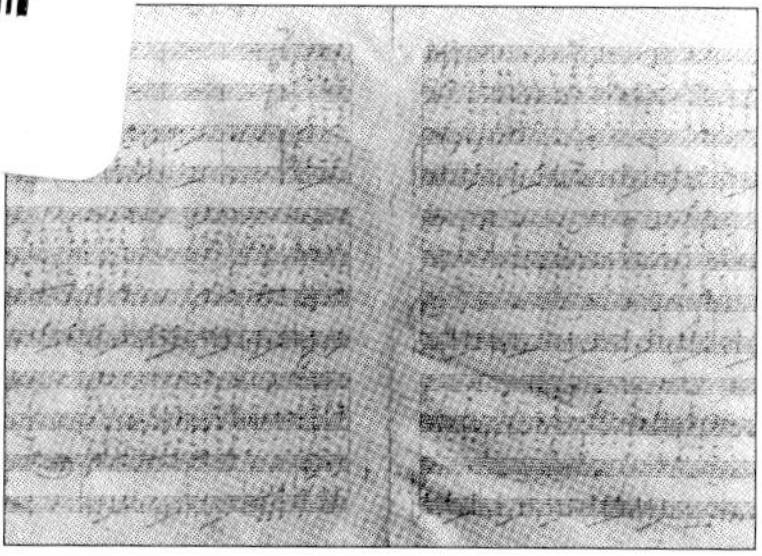

瀬戸口翁自筆の「軍艦」の楽譜(二重唱)

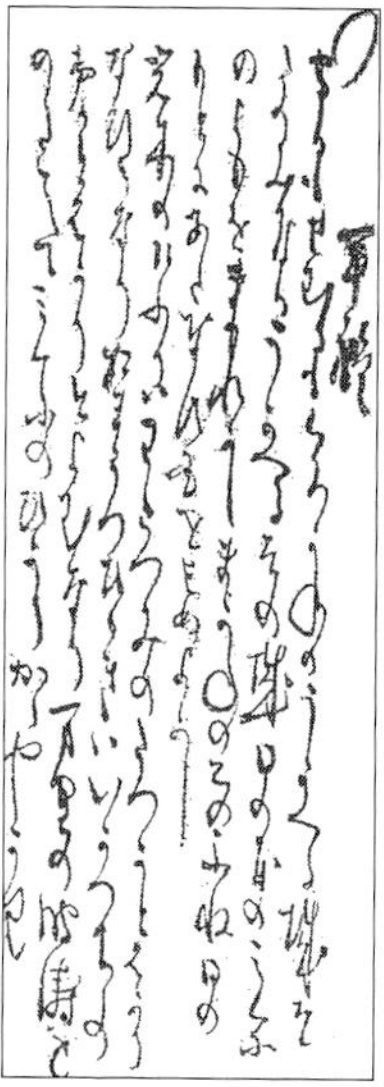

鳥山翁自筆の歌詞

明治42年当時の作詞者鳥山啓翁(72歳)と三男嶺男

ドイツのキール軍港における日独海軍軍楽隊の記念写真(明治40年6月)

初の管弦楽編成による遣外艦隊軍楽隊。中央、瀬戸口楽長(明治44年)

「軍艦行進曲記念碑」東京市麹町区（現・東京都千代田区）、日比谷公園

右：「瀬戸口藤吉翁之碑」鹿児島県垂水市、下宮神社境内
下右：「鳥山啓翁顕彰碑」和歌山県田辺市、扇が浜公園
下左：「行進曲軍艦」の記念碑　神奈川県横須賀市、三笠公園

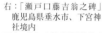

自衛隊記念日観艦式での横須賀音楽隊艦上演奏会（指揮・3等海佐　谷村政次郎、昭和62年11月3日、観閲艦「しらね」）

海上自衛隊東京音楽隊第33回定期演奏会（指揮・2等海佐　谷村政次郎、平成6年1月23日、五反田簡易保険ホール「ゆうぽうと」）

産経NF文庫
ノンフィクション

「軍艦マーチ」の誤解と真実

谷村政次郎

潮書房光人新社

はじめに——文庫版の刊行にあたって

一般には「軍艦マーチ」、あるいは「軍艦行進曲」と呼ばれている行進曲「軍艦」を〝日本人なら誰でも知っている日本の代表的行進曲である〟と言っても、異論をはさむ者はいないであろう。

その行進曲が作曲されてから百年目を迎えた平成十二（二〇〇〇）年、これは明治三十三（一九〇〇）年の初演から数えてのことであるが、『行進曲「軍艦」百年の航跡―日本吹奏楽史に輝く「軍艦マーチ」の真実を求めて―』（大村書店）を上梓した。

それから時を経て令和の御代を迎えた。この間、行進曲「軍艦」にまつわる大きな話題はなかったが、その後明らかになった事実もあることから、加除訂正し、題名を改めて再版することとした。

中曽根康弘総理大臣が、就任後初の国際舞台において演奏されたことにより、この行進曲が一躍クローズアップされたことがあった。日本のマスコミ陣の過熱気味の報道姿勢に疑問を感じ〝行進曲「軍艦」とは何だったのだろう?〟と調べ直してみた。

帝国海軍の最大の文化遺産ともいうべきこの行進曲に、最も恩恵を受けている職業に従事していた者の一人として、言われなき中傷めいた報道の誤りを正すため、歴史的背景などについて可能な限り調べた結果、今までまったく知られていなかった事実を、いろいろと突き止めることができた。

その副産物として日本の吹奏楽の流入から発展までの間の歴史として、今まで通説とされていたことが、事実無根であったことなども知ることができた。

この行進曲に関しては、一般に流布されている解説が、あまりにも定着し過ぎていたために、何の疑問も抱かずにいたのが不思議であった。一つの事件をきっかけに新たな事実、史実が連鎖的に判明し、発展していく過程の面白さを味わうことができた。

本文中の『水交』誌とは、帝国海軍・海上自衛隊出身者を中心に有志会員を含めた公益財団法人「水交会」の機関誌である。その『水交』誌に「行進曲『軍艦』のすべて」と題して、平成八年一・二月合併号から十一年十二月号まで四十一回連載したものが本書の元であった。

文中に度々出てくる「帝国海軍（陸軍）」「大東亜戦争」について、「帝国主義」「侵略戦争」というふうに連想して拒否反応を抱く向きもあると思うので説明しておきたい。

海軍出身者でも「旧海軍」という言葉を使っている人がいるが「新海軍」がない限り、この呼び方は変であり私自身抵抗を感じている。そこで「日本の海軍（陸軍）」とはっきり表記したい時は、当時の固有名詞として「帝国海軍（陸軍）」をあえて使用した。

また、現在は一般的には「太平洋戦争」で定着しているが、開戦時には〝この戦争を「大東亜戦争」と呼称する〟と正式に定めていたので、こちらを使うこととした。「太平洋戦争」は、戦後アメリカに倣って使い出したものである。

海軍兵学校などの出身者の名前の後には、（海兵〇〇期）と極力入校期を入れることにより、他の人との前後関係を明らかにすることにした。同様に海軍軍楽隊出身者には（昭和〇〇年入団）と横須賀海兵団（新兵教育を受けた場所）入団年を付し、陸軍軍楽隊出身者には（昭和〇〇年入校）と陸軍戸山学校入校年を付した。なお、明治初期の隊員に関しては陸海共に入隊年のみとした。

海軍軍楽隊には「軍楽隊長」と発令される配置はなかった。文中「軍楽長」「軍楽師」と「楽長」が個人名に付されている。「軍楽長」は大正九年まで使われていた階級で「少尉相当官」、「軍楽師」は「準士官」であった。「楽長」は隊長配置にあった時の敬称として使用されていて正式の呼称ではない。

また、海軍用語、音楽用語などで関係者以外には分かりにくいものには、極力解説を加えたつもりであるが、説明不足のところはご容赦いただきたい。

ことの始まりがマスコミのあまりにも無知と事実を歪曲した報道姿勢、進歩的文化人・評論家と称する連中の無責任な発言などに対する反発であったことから、記事・コメントなどの引用が多いことを、ご理解いただきたい。

古い引用文は、極力原文に忠実にするため、可能な限り旧字体（旧漢字）を用いている。

また、人名等の固有名詞も極力旧字体を用いた。

行進曲「軍艦」の成り立ちと航跡を追うのに伴い、帝国海軍が「音楽」「軍歌」に関して、いかにその必要性を認識していたかが判明した。

『海軍軍歌』と題する楽譜付きの軍歌集を作成し、そのために作られた多くの名曲が、今も歌い継がれていることを明らかにすることができた。

海軍三校*生徒の音楽教育は、国際舞台で活躍する海軍士官として、音楽の教養がいかに大切であるかを認識させる程度の高いものであったことも紹介した。

大東亜戦争の悪夢と結び付けて、ただ悪し様に言う向きもあるが、この行進曲を聞くことによって勇気付けられ、活力とされておられた方々が大勢いたことを実感した者として、経験にもとづき書かせていただいた。

著　者

＊海軍三校：海軍兵学校、海軍機関学校、海軍経理学校

「軍　艦」

鳥山　啓　作詞
瀬戸口藤吉　作曲

♩=114
mf
マ モ ル モ セ ム ル モ ク ロ ガ ネ ノ ウ カ ベ ル
シ ー ロ ゾ タ ノ ミ ナ ル ウ カ ベ ル ソ ノ シ ロ
ヒ ノ モ ト ノ
ff
ミ ク ニ ノ ヨ ー モ ヲ マ モ ル ベ
シ
mf
マ ガ ネ ノ ー ソ ノ フ ネ ー ヒ ノ
モ ト ー ニ ー
f
ア ダ ナ ス ク ニ
ヲ ー セ ー メ ヨ カ シ ー

注：行進曲「軍艦」は当初変ロ長調で作曲されていたが、後にヘ長調に変更された。明治43年に出版されたピアノピースは、トリオの指使いを易しくするためであろうか、1音上げてト長調である。作曲者自筆の合唱譜は、上記の調子である。

「海行カハ」

大伴氏言立　作詞
東儀　季芳　作曲

注：「海軍儀制曲總譜」の調子である。行進曲「軍艦」のトリオの調と一致する。

軍艦

作詞　鳥山　啓《ひらく》
作曲　瀬戸口藤吉

一
守《まも》るも攻《せ》むるも鋼鐵《くろがね》の
浮《うか》べる城《しろ》ぞたのみなる
浮《うか》べるその城日《しろひ》の本《もと》の
皇國《みくに》の四方《よも》を守《まも》るべし
まがねのその艦日《ふねひ》の本《もと》に
仇《あだ》なす國《くに》を攻《せ》めよかし

二
いはきの煙《けぶり》はわたつみの
龍《たつ》かとばかり靡《なび》くなり
彈丸《たま》うつひびきは雷《いかずち》の
聲《こゑ》かとばかりどよむなり
萬里《ばんり》の波濤《はたう》をのりこえて
皇國《みくに》のひかり輝《かがや》かせ

海行かば

作歌　大伴氏言立
作曲　東儀季芳

海行《うみゆ》かばみづくかばね
山行《やまゆ》かば草《くさ》むすかばね
大君《おおぎみ》の邊《へ》にこそ死《し》なめ
のどには死《し》なじ

「軍艦マーチ」の誤解と真実——目次

第三章　各地での「軍艦」演奏の話題

「軍艦マーチ」の誤解と真実

第一章

国際舞台に登場した行進曲「軍艦」

一　サミットで演奏

先進国首脳会議（サミット）で、行進曲「軍艦」（以下特に必要な場合を除き「軍艦」と略記する）が演奏されたことが三度あったらしい。

第七回のオタワ（一九八一年・カナダ）、第八回のベルサイユ（一九八二年・フランス）、第九回のウイリアムズバーグ（一九八三年・アメリカ）と三年連続であるが、ベルサイユに関しては当時の新聞報道などでは確認できなかった。

日本からは、オタワとベルサイユが鈴木善幸、ウイリアムズバーグが中曽根康弘の両総理大臣が参加しているが、「軍艦」演奏に関するマスコミの扱いはまるで違う。

総理大臣就任後、韓国に続いてアメリカを訪問した中曽根首相は〝日米は太平洋をはさむ運命共同体〟〝日本列島を不沈空母とする〟〝四海峡封鎖〟などと発言したこと、またレーガン大統領とは「ロン」「ヤス」と互いにファーストネームで呼び合う仲に対する、マスコミ陣の反発とひやかし気分によるものと言えよう。

サミットの「軍艦」演奏に関しては、私自身も間接的に関わっていたようである。そのような行きがかりから、マスコミの不自然な報道が、いかに滑稽であったかを明らかにしておきたい。

マスコミの異様な騒動

たった一つの行進曲の演奏が、こんなにも大きく感情的に報道されたことが、日本国内においてかつてあっただろうか。

昭和五十八年五月三十日の朝刊各紙は、アメリカのヴァージニア州ウイリアムズバーグで開催されたサミットにおいて、中曽根首相に対する歓迎行事の際、アメリカ陸軍軍楽隊が「軍艦」を演奏したことを、さも一大事件でもあるかのように大きく取り上げていた。

各紙（広島版のため東京版とはやや異なる）の見出しを列記すれば、次のとおりである。

朝日新聞【小林（泰）、坂本特派員】
〝ヤス大張り切り〟国際的ヒノキ舞台初登場　記念撮影〝ロン〟と並び中央で歓迎式典なぜか「軍艦マーチ」

読売新聞【読売特派員】
軍艦マーチでウェルカム　中曽根さんびっくり　「手続きミス」と米政府筋

サンケイ新聞【共同】
中曽根首相には『軍艦マーチ』どよめく記者団　さすがに面映ゆそう　「驚いたがいい曲」

日本経済新聞【田中特派員】

さすが〝ミスター不沈空母〟軍艦マーチが歓迎　サミット米側『ミス』と釈明

赤旗【堀江則雄特派員】

今度は〝不沈空母行進曲〟サミット式典　軍艦マーチ　正体みせたロンとヤス

この件に関する限り、見出しのみならず内容も「赤旗」と他紙の違いはほとんどない。各紙の記事を要約すれば、次のようになる。

サミットに先立ち、ウイリアムズバーグでは、二十八日午後一時からガバナーズパレス（旧総督府官邸）で各国首脳を迎える到着式が行われた。

中曽根首相は、三番目にヘリコプターでマーケットスクエアに降り立ち、馬車で約一・五キロ離れたガバナーズパレスへ向かった。到着後、レーガン大統領と並んで式典に臨んだ。

米陸軍軍楽隊の演奏で「軍艦マーチ」が響き渡ったのは、礼砲が轟き、両国国歌が吹奏され、植民地時代の服装をした鼓笛隊の閲兵を終え、中曽根首相が観閲台を降りてレーガン大統領にうながされて、正面玄関へと歩き始めた時であった。

この模様が有線放送を通じ国際プレスセンターに流されると、外国人記者団から小さなどよめきが起き、演奏の理由を日本人記者団に聞きにくる姿も見られた。

中曽根首相は宿舎で記者会見し〝あれには驚いた。外国で聞いたのは初めてだ。

二十七日が私の誕生日で、海軍記念日でもあったせいだろうか〟とご機嫌の様子であった。そして〝そう言えば、二十七日は日露戦争で、日本艦隊がロシア艦隊を撃滅した日〟と感想も付け加えた。

〝選曲したのは米陸軍軍楽隊で政治的意図はない〟〝外交上の配慮に欠いた手続きミス〟と米政府筋が直ちに政治的な意図を否定し、日本側も〝頼んだ事実はない〟と明言した。

その後、ディーバー大統領次席補佐官の日本側要請説が一時流れて波紋が広がり、藤波官房副長官が頭を抱え込んでいるという報道もあったが、結果的には〝先例に従ったまで〟ということでケリとなった。

過剰な新聞の報道

最も大きく扱ったのは毎日新聞であった。他紙にはない部分と共に、談話が多く掲載されているので紹介する。一様に否定的な論調で〝なにもそんなに大騒ぎするほどのことではない！〟と思っている日本人は、一人もいないような印象を与える人選である。

毎日新聞【ウィリアムズバーグ二十八日中島特派員】

軍艦マーチで〝歓迎〟レーガン中曽根タカ派宰相タッグを象徴!?

（略）韓国出身の記者は「大戦中の不幸な記憶を思い出させられた」と猛反発。西独の記者は「ドイツで言えばナチ行進曲。平和を強調するサミットにまったくそぐわない」と顔をしかめた。しかし、軍拡派のレーガン大統領と中曽根首相にはぴったりの行進曲との声も……。

「平和の会議」に不適　記者団あ然

（略）一九八一年のオタワ・サミットでも「サクラ、サクラ」と「軍艦マーチ」が演奏されたことがあり、米側に意図があったとは言い切れない。しかし「真珠湾攻撃発表の時にも演奏された」と韓国出身記者に説明され、米国の記者もびっくり。AP通信、ワシントン・ポスト紙の記者らが日本人記者に軍艦マーチの由来などを質問攻め。「日本ではパチンコ屋などで演奏され、公式行事で演奏されたら大問題になるだろう」「軍艦マーチで戦意を高揚、多くの兵士を死に追いやったいまわしい記憶を持つ日本人は多い」の説明をCBSニュースはさっそく放送していた。（以下略）

韓国出身の記者とはいかなる人物だろう。ドイツ人記者が「軍艦」とヒトラーが好んだ行進曲を同列に扱ったのだろうか。いずれにしろ外国人の発言として事を荒立てる、いつもの手法である。

この記事が示すように外国人記者に説明した日本人記者の「軍艦」に関する知識が、あまりにもお粗末だったことから、演奏した陸軍軍楽隊にも大変な迷惑を掛けたのである。

同紙に載った識者と評する方々のコメントを紹介する。

評論家、松岡英夫さん　アナクロニズム（時代錯誤）もはなはだしい。この軍艦マーチとともに日本軍のアジア諸国への侵略が始まったのだし、公式の場で演奏されたのでは日本国民として恥ずかしいことですよ。ただ軍艦マーチは中曽根首相にふさわしい音楽。今の中曽根政権の軍拡路線を象徴するもの。

漫画家、ジョージ秋山さん　そういう大事なところで演奏する曲を、打ち合わせもせずにうっかりミスで選ぶとは思えない。この前は「不沈空母――」と言ったり、中曽根さんは向こうに行くと、日本国民を忘れてしまう。

東京都中野区教育委員、俵萌子さん　アメリカ側の判断で演奏されたとすれば、軍艦マーチをやれば日本の総理大臣や国民が喜ぶと思ったからでしょう。国民の多くはあの曲によい感情を持っていないと思うのに、アメリカがずれたとらえ方をしているのは、中曽根さんの責任だと思う。

評論家、秋山ちえ子さん　けったいなことをしてくれた、というか、とてもいやーな感じ。名曲だとか、パチンコ店でよく流されているといっても、戦争を知る私たちの世代には割り切れない。それも国際的な公式行事の場で演奏するなんて……。アメリカ人は個々にはとても陽気だが、アジアの国々、国民に対し無神経なところがあり、その現れかも。だれかが事前に音楽隊に指示したのか、駐米日本大使館とも話合ってのうえなのか知らないが、もし大使館が承知していたならやめさせてほしかった。

作曲家、いずみ・たくさん　非常にびっくりしています。ぼくは陸軍幼年学校出身で〝海ゆかば〟や〝軍艦行進曲〟を聞くとぞくっと「死」を感じる。サミットで演奏されたとすれば、日本に侵略された国々からは大きな反発が起きるでしょう。ギャグのつもりなら、せめてデキシーランドふうにアレンジするとかしてくれれば、まだ救われた。

一見立派なご意見であるが、この中に一人でも「軍艦」が演奏された場所に居合わせたことのある人が居るのだろうか。少なくとも海上自衛隊音楽隊の演奏を聞いたことはないであろう。現実には、まったく逆の反応を我われは実感しているのである。

そして「軍艦」が、なぜここで演奏されたかということが判明すれば、大騒ぎしたマスコミの取り上げ方が滑稽であり、偉そうなコメントがいかに的外れであったかが分かるであろう。

サミットと「軍艦」

ウイリアムズバーグの騒ぎで、鈴木善幸首相が出席したオタワやベルサイユのサミットでも「軍艦」が、すでに演奏されていたことを初めて知った。

昭和五十六年七月二十二日の夕刊各紙に、さまざまな表現でオタワにおける「軍艦」演奏の記事が載っており、各様にコメントが付けられている。ウイリアムズバーグで中曽根首相に対し演奏したことを扱った記事と比べると、その違いがよく分かる。

朝日新聞『オタワの風』【岡田〈幹〉特派員】

（略）二十一日午前の全体会議を終えた各首脳は、モンテベロからヘリコプターでオタワ市内の総督官邸に飛び、官邸庭園で開かれたレセプションに臨んだ。首脳が到着するたびに、会場のバンドがそれぞれにふさわしい曲を演奏したが、鈴木首相の場合はなんと「軍艦マーチ」。レーガン米政権に続いて、カナダのバンドまでが防衛力増強を迫った？一幕だった。（略）

毎日新聞『サミットだより』軍艦マーチに乗って【岸井特派員】

（略）二十一日、サミット参加の各国首脳たちはシュライヤー英連邦カナダ総督主催の昼食会に招かれた。総督公邸にヘリコプターで首脳が到着するたびに、歓迎音楽が演奏されたが、鈴木首相を迎えたのは何やら意味あり気な「軍艦マーチ」（略）

読売新聞『オタワから』【読売特派員団】

（略）二十一日午後、モンテベロからトルドー首相官邸でのレセプションに臨んだ各首脳に対し、それぞれの国のマーチ（行進曲）が演奏された。シュミット西独首相にはタイケの「旧友」、レーガン米大統領には「星条旗よ永遠なれ」、そして鈴木首相はどうかというと、これが「軍艦マーチ」。まさか悪意ある選曲ではないはずだが、聴く身にとっては〝軍国ニッポン〟を思い出す国民がいるのではないかとヒヤリとさせられた。

以上が三大紙で取り扱った「軍艦」に関する部分である。各紙とも囲み記事の一部で、当然ながら外国人記者団は、誰も騒がなかったらしくどこも触れていない。深い意味も何もなく日本の有名な行進曲としてカナダの軍楽隊長が選曲した好意に対して、まったく無礼な記述である。日本の代表的な新聞社の記者の表現力の貧しさにガッカリさせられてしまう。

その翌年の六月、同じ鈴木首相が参加したベルサイユ・サミットでは、どの新聞からも「軍艦」の記事を見付けることはできなかった。わずかに朝日新聞が〝首相はいったん後ろを振り向いて「てき弾兵マーチ」を奏でる軍楽隊などに右手を上げ……〟と、ベルサイユ宮殿到着時の模様を報じているだけである。日本人記者団が申し合わせて無視したのか、本当は演奏されなかったのか、疑問の残るところである。

とは言え受礼者によって記事の扱いが、こんなにも大きく違う典型的な日本のマスコミの実態を示す良い例と言えよう。

不正確な各紙の報道

普段は何種類もの新聞に目を通すことはないが、「軍艦」に関する新聞記事を読み比べているうちに、一つの報道に対して多くの誤りがあることに気が付いた。面白いので、いくつかの例を挙げてみよう。

まずオタワ・サミットの短い記事の中にある初歩的な誤りである。レセプション会場が、総督官邸、総督公邸、首相官邸と異なっている。官邸、公邸の違い程度は勘弁できるとしても、総督と首相を間違えるなど、あまりにお粗末である。

ウイリアムズバーグ・サミットからも、報道関係者の勉強不足が露呈している記事が散見されるので、いくつかを拾ってみよう。まず、サンケイ新聞に載った「ウイリアムズバーグ二十八日＝共同」の次の記事である。

セレモニーに繊細な心配り

レーガン米大統領がガバナーズパレス（旧総督邸）で各国首脳を迎えた到着式は、各国元首・首脳の地位や立場を十分に考慮した意外に繊細なセレモニーに終始した。

例えば、元首ミッテラン・フランス大統領に対しては、中曽根首相をはじめとする各国首相よりも礼砲の数を二発多くし、二十一発撃った。

また欧州共同体（ＥＣ）のトルン委員長は元首でも首相でもないので、礼砲は全くなし。サッチャー英首相に対しては、英国と対立した植民地時代の米国の儀礼兵姿は刺激的すぎるとみてか、米側は彼らを引っ込め、モダンな儀礼兵に代えた。

そして格調を高めるためにか儀典長にフランクリン・ルーズベルト元米大統領の孫娘を選び、各国首脳の馬車に同乗させるなど、中曽根首相に対して吹奏した「軍艦マーチ」を除けばおおむね心配りが行き届いていた。


礼砲に関するかぎり国際儀礼上当たり前のことであって〝繊細な心配り〟などと持ち上げ

る必要は、まったくない。

サッチャー英首相に鼓笛隊が演奏したのは「ザ・ブリティッシュ・グレナディア」(The British Grenadiers) であった。各国首脳に演奏した「ヤンキー・ドゥードル」(Yankee Doodle) は、英国の植民地支配に抗して立ち上がった、独立戦争当時の音楽であることから、儀仗兵を含めて配慮したようである。〝繊細な心配り〟とは、このようなことを言うのではなかろうか。

しかし、カナダのトルドー首相に演奏した「楓の葉よ永遠なれ」(The Maple Leaf Forever) は、今でも独立運動が盛んな東部のフランス系カナダ人には、やはり面白くない曲である。その東部ケベック州モントリオール出身の首相にこの曲を選ぶとは、いかなる心配りがあったのだろうか。この件に関しては後で説明する。

サンケイ新聞　陸軍軍楽隊が軽快に「君が代」を奏で、次いで「星条旗よ永遠なれ」が続いた

日本経済新聞　「君が代」「星条旗よ永遠なれ」に次いで「軍艦マーチ」を鳴り響かせた

毎日新聞　礼砲が十九発鳴り響いた。それから君が代、星条旗と続き……

アメリカ国歌 (The Star Spangled Banner) を「星条旗よ永遠なれ」(The Stars and Stripes Forever) と勘違いするのは、あまりにも無知である。この行進曲がアメリカの

「行進曲王」ジョン・フィリップ・スーザの代表作であり、「第二の国歌」とも言われていることは、少し音楽知識のある者ならば、誰でも知っていることである。

沖縄タイムス、埼玉新聞、中国新聞、北陸新聞、山梨新聞などに掲載された、共同通信が配信した、次の記事がなんとも不思議である。

外国人記者は、この曲を「第二次世界大戦の軍国主義の象徴」であり「帝国海軍を鼓舞した曲」と受け止めており……【飯塚、井芹共同特派員】

場所はアメリカである。「外国人記者」とは日本人を指すのであれば話は分かるが、日本人以外の記者で「軍艦」に関し、このような知識を持ち、その選曲に驚いた者が一人でもいたのだろうか。

我われの経験からすれば、日本人記者が大騒ぎするほど「軍艦」は、海外では知られていない。多分外国人記者の大部分は、初めてこの行進曲を聞いたはずである。〝どよめきが起こる〟などとは、どう考えてもあり得ないことである。

肝心の日本人記者にしても「軍艦」に関しては、メロディー以外は大した知識を持ち合わせてはいなかったのではなかろうか。〝明治時代に作られた〟と説明できる者が一人でも居たら、少なくとも〝第二次大戦の軍国主義の象徴〟などという言葉は、どこからも出なかったはずである。

防衛庁海上幕僚監部広報班（現防衛省海上幕僚監部広報室）に、新聞社から「軍艦」に関する問い合わせが何件か来た。在京の本社でもこの程度であるから、出先の一新聞記者の知識は知れている。

当時、呉音楽隊勤務の私のところに、この回答資料を送付するよう広報班から連絡が入った。当時、「軍艦」に関しては最も詳しい解説が載っていた堀内敬三著『定本日本の軍歌』（昭和四十四年、実業之日本社）から所要の個所をコピーし、総監部に設置されていたファクスなるものを初めて使って送信した。この著書の内容が意外と不正確であることが後に判明した。

誠に恥ずかしいことながら海上自衛隊音楽隊でも、私を含めてこの程度の資料と認識しか、当時は持ち合わせていなかったのである。

別の角度からの報道

日本のマスコミが、「軍艦」演奏を大事件ででもあるかのように報道したことにより、アメリカ側も注目するところとなり、各紙も〝行進曲「軍艦」とは何であろうか？〟〝日本ではなぜ大騒ぎされるのか？〟といった報道がされるようになった。

五月二十九日のワシントン・ポスト紙には〝中曽根首相に演奏した行進曲は、第二次世界大戦時に歌われたもので、日本の海軍軍人はこの曲に送られて戦場に赴いた〟と載っている。ジャパン・タイムス紙も、ほぼ同じ記述であることから出所は同じであろう。

戦争当時のことを何も知らない日本の新聞記者の話を、そのまま鵜呑みにして記事にしたのであろうが、大東亜戦争で「軍艦」の演奏に見送られて出撃していった海軍軍人など居たのだろうか。当時は隠密に出航していくのが、当たり前であった。

ただし、ミッドウェー攻略のため瀬戸内海の柱島を出航する「大和」艦上では、岩田重一楽長指揮の第一艦隊軍楽隊が高らかに「軍艦」を演奏して出撃している例はある。これは、当時乗組んでいた常数英男氏（昭和十三年入団）から直接聞いた例外である。

サミット前年の四月、イギリスとアルゼンチン間で戦われたフォークランド紛争の際、英空母「インビンシブル」の出撃を、全国にテレビ中継して盛大に見送った。その映像は日本でも放映されたが、大東亜戦争の時もそうだったと勘違いしていたのではなかろうか。

事実を曲げられて独り歩きを始めた「軍艦」の記事に対し、冷静に眺めた投稿が米紙に載った。投稿者は、当時米国防総省国際安全保障局日本課長（後に部長）のジェームス・E・アワー（James E. Auer）海軍中佐であった。

アワー中佐は、昭和五十一年に海上自衛隊幹部学校の指揮幕僚課程に留学した経歴の持ち主である。一九八八年九月に退役し、当時はテネシー州ナッシュビルのバンダービルト大学教授を務めていた。日本人には「自無　亜和」と書いた名刺を渡し、産経新聞の正論欄にも寄稿している知日派である。

その卓見は、おおむね次のような内容である。

『ワシントン・ポスト』 六月三日
日本の「錨を上げて」

五月二十九日のウイリアムズバーグ・サミットに関する本紙報道によれば、日本の首相に対する「軍艦」の演奏が、日本に対する礼儀を欠いていると米国人に受け取られる恐れがある。日本人記者団は、「軍艦」が〝戦場に赴く日本海軍軍人の士気を鼓舞するために奏でられた第二次世界大戦当時の曲であり、現在日本では演奏されることはまれで軍国主義のシンボルと広く受け止められている〟と驚きをもって報じている。
しかし、オタワやベルサイユのサミットでもすでに演奏されているし、海上自衛隊(新日本海軍)の式典では常に演奏されている。しかも日本のパチンコ屋ではほとんどひっきりなしに流れているため「パチンコ・ソング」と呼ばれているくらいである。たとえ政府を酷評して喜ぶ日本の新聞が〝合衆国はウイリアムズバーグで演奏した理由を明らかにしなかった〟と報じても「軍艦」が軍国主義の象徴とは言えない。
「軍艦」は、米国でいえば「錨を上げて」と同じで、この曲の演奏が海軍に奉職した首相に対して非礼でも無神経でもないはずである。

当時、週刊新潮に「東京情報」という人気欄があった。編集部による作文であろうが、S・P・I特派員ヤン・デンマンなる架空の外国人の目を通して眺めた記事の体裁をとっていた。長いので肝心なところを抜き取ってみた。

『週刊新潮』　六月十六日

東京情報1160　軍艦マーチ　S・P・I特派員　ヤン・デンマン

（略）おや、と思うほど硬い表情をうかべてアメリカ人記者がいいだした。

「問題は、軍艦マーチ事件をあんなふうに報じたこの国の新聞の悪意のほうにある。サミットでこの曲が演奏されたのは、いまにはじまったことじゃない。オタワ、ベルサイユの両サミットで、前総理のミスター善幸も「軍艦マーチ」で迎えられている。あのときは、うんともすんともいわなかった新聞が、ミスター・ヤスのいまになって、いっせいに目くじらを立てるのは、そこに悪意があるとしか思えない。不沈空母――運命共同体――『軍艦マーチ』、これこそ、中曽根軍拡路線の象徴だといわんばかりだ」

「どよめき」は起きない

たかが音楽、なぜあんなに大上段にかまえなきゃいけないのだろう。新聞はそもそも何に対して怒っているのか。『軍艦マーチ』がけしからんといっているのか、それを演奏したアメリカが失礼だといっているのか、それとも『軍艦マーチ』で歩いた総理大臣が悪いといっているのか。第一報の大見出しを一瞥《べつ》した限りでは、なんだか日本側があの曲を要請《リクエスト》したみたいであるし。

「いや、オレはすぐホワイトハウスに直接電話して確かめたんだ」

アメリカ人記者は続けた。

「曲目を選定したのはディーバー次席補佐官であり、過去のサミットで演奏された曲を踏襲するのが外交上儀礼に叶うと考えたからだとプレス・セクションが言明していた。オレが不思議でならないのは、はじめに疑問を投げかけたのが韓国人記者で、それについてAP通信やワシントン・ポストの記者が日本人記者に説明を求めたときに、彼らはなぜきちんと説明しなかったのかという一事だ。あれは〝パチンコ・ソング〟だ、ときちんと正しい説明をしたのは、ワシントン・ポストに投書したわが国防総省《ペンタゴン》のアウアー日本課長じゃないか」

もっと付け加えれば、いまや『軍艦マーチ』はマクドナルド・ハンバーガーから、場末のキャバレー、さらにはピンクサロンでも盛んに流されている文字どおりのポピュラーソングである。

新聞を読むと、サミットで『軍艦マーチ』が流れたとき、各国特派員団に「どよめきが起きた」とか、内外記者団を「びっくりさせた」などと書いてあったが、断言してもいいけど、それはウソにきまっている。行進曲《マーチ》を軍国主義《ミリタリズム》に結び付ける発想は欧米人にはない。唯一の例外は『ナチ行進曲』に拒否反応をおぼえるぐらいのものだ。

(略)

サミットの成果を、軍艦マーチ事件ですりかえたがっているような紙面を眺めていると、日本の同行記者団は、中曽根外交に対して、何でもいいから難クセをつけようと待ちかまえているところに『軍艦マーチ』が流れてきて、それとばかりにとびついたとし

か思えない。（略）

ワシントン・ポスト及び週刊新潮の記述から、日本人記者団の反応がいかに異常であり、かつ報道が作為的であったかが分かるであろう。

使用された楽譜の出所

オタワ・サミットで演奏された「軍艦」が少し話題になったことは、当時練習艦隊音楽隊長として南太平洋上でトロピカル・ムードに浸っていた身では知る由もなかった。しかし、ウイリアムズバーグ・サミットでの「軍艦」騒動の記事から、その六年前のことが思い出された。

昭和五十年度の海上自衛隊練習艦隊の遠洋練習航海は、練習艦隊司令官常広栄一海将補指揮の下、練習艦「かとり」と護衛艦「やまぐも」の二艦で六月二十日から十一月十二日までの百四十六日間にわたって実施された。この航海には音楽隊副隊長として参加した。

ウイリアムズバーグ・サミットの歓迎行事で、カナダのトルドー首相に対して「楓の葉よ永遠なれ」を演奏したことに疑問を呈したのには、次のような経緯があった。

カナダの西海岸ブリティッシュ・コロンビア州の州都ヴィクトリアとバンクーバーの訪問を終え、次の寄港地アメリカのポートランドに入港した際、バンクーバーの総領事館から追いかけるように音楽隊宛に手紙が届いていた。

〝「楓の葉よ永遠なれ」は、英仏がケベックで戦った際の英国の勝利を讃える歌であり、モントリオールでは演奏しないように！〟という意味の内容であった。

ヴィクトリアとバンクーバーの演奏会で喜ばれた行進曲「オー・カナダ」（O Canada!）のトリオ（中間部）に、この曲が挿入されている。この連絡がなければ当然モントリオールの出入港時、レセプションやコンサートなどで演奏していたはずである。

航海も半ばを過ぎた九月八日、練習艦隊はセントローレンス川をさかのぼりモントリオールに入港した。寄港中の一日、めずらしく音楽隊がまったくフリーの日があり、首都オタワのカナダ国防軍中央軍楽隊を単身で訪問する機会を得た。

吹奏楽の研究家として世界的に有名な赤松文治氏から紹介された、カナダ軍の予備役大尉でレコード・プロデューサーのプレモー氏が、長駆オタワから迎えに来てくれた。

一九六八年、カナダでは大幅な軍制改革が行われ、それまでの陸海空の三軍システムが廃止され、国防軍陸上、海上、航空部隊となり、制服は濃緑の陸軍色に、士官の階級章は金モールを袖口に巻く海軍式に統一された。しかし、この制服はあまり評判が良くなかったようで、すぐに元に戻っている。

その際、伝統ある多くの軍楽隊も統廃合された。オタワの空軍軍楽隊は首都にあったことから優秀なメンバーを選りすぐり、特別儀仗を担当する国防軍中央軍楽隊として再編成された。

中央軍楽隊の練習場は、ゴルフ場のクラブハウスのような感じで、恵まれた環境のキャンプ内にあった。当日は代休日だったため合奏練習は見学できなかったが、隊長のスタナード少佐以下数名の士官が歓迎してくれた。

外国の軍楽隊を訪問する際は、必ず日本の吹奏楽譜を土産に持参する。この時も数曲を贈呈した。そして「軍艦」には〝この行進曲は、日本人なら誰でも知っています。機会があったらぜひとも演奏してください〟と説明を加えることにしている。

オタワ・サミットの「軍艦」演奏に関しては、どの新聞も軍楽隊についてはふれていなかったが、場所柄中央軍楽隊以外は考えられない。あの時の楽譜を使ってくれたのかと思うと愉快である。

モントリオールを折り返し点として帰路についた練習艦隊は、ヴァージニア州ノーフォークを経て、アメリカ海軍兵学校の所在地メリーランド州アナポリスに九月二十三日から二十七日まで寄港した。

米海軍には、ワシントンとアナポリスにスペシャル・バンドと呼ばれ特別扱いを受けている軍楽隊が二隊ある。この軍楽隊は、プロとして活躍している音楽家や音楽学校の卒業生を、軍楽隊員として直接採用することができるシステムになっていて、軍事訓練を何も受けずに一等軍楽兵曹の階級が与えられる。音楽に専念できることから応募者のレベルは非常に高く、優秀な人材が集まっている。

アナポリス寄港中、日本大使館におけるレセプションでの演奏も兼ねて、音楽隊はワシントンに派遣された。その際、ネービーヤード内の海軍軍楽隊を初訪問した。単に The

United States Navy Band といえばこの軍楽隊を指し、隊員約百八十名を有する陣容である。その時に贈呈した「軍艦」の楽譜が、後に大きな役目を果たすことになった。「世界の名曲」、あるいは「世界三大行進曲」などと言われている「軍艦」の楽譜は、オタワの中央軍楽隊もワシントンの海軍軍楽隊も、共に所持していなかったのである。

外国の主な軍楽隊が楽譜を持たず、コンサートで演奏もせず、レコードに吹き込まれることも少なく、ほとんど知られてない日本の行進曲が、首相の歓迎式典で演奏されたからといって〝外国人記者団がどよめく〟ことなど到底考えられない。日本人記者たちの意図的な作文であったことが、これだけでも証明できよう。

昭和六十三年三月十九、二十日の両日、後楽園の「東京ドーム」のオープニング・ビッグ・エンターテイメントとして「世界マーチング・ページェント」と銘打たれた催しが、世界十カ国の軍楽隊を招いて開催された。

参加国は、オーストラリア、イギリス、中華人民共和国、フランス、西ドイツ（当時）、ハンガリー（警察）、モロッコ、ポーランド、アメリカで、日本からは陸海空自衛隊音楽隊であった。この種のイベントとしては初めてのことだけに大いに盛り上がるはずであった。しかし観客動員を心配した主催者側の意向で「アルフィー」というニューミュージックの人気グループが主役となってしまい、世界中から集まったバンドは、添え物的扱いを受け〝遠来の客に失礼である〟と吹奏楽ファンの不興を買ってしまった。

このイベントにアメリカを代表して参加したのは、ワシントンの合衆国陸軍軍楽隊（The

United States Army Band）であった。

同軍楽隊は来日直後の十三日、神奈川県座間市の米軍キャンプ内のホールで、座間に所在する米陸軍第二九六軍楽隊との合同演奏会を行い、日本の吹奏楽関係者も招待された。その時のレセプションで軍楽隊長アレン大佐と話す機会を得た。

米国陸軍軍楽隊長アレン大佐と筆者。昭和63年3月13日、神奈川県座間市の米軍キャンプ内のパーティーで

ウイリアムズバーグ・サミットにおける「軍艦」演奏の件を質問すると顔を曇らせ、あまりその話には触れたくない様子であった。通常は若手士官の任務であると思っていた儀仗演奏の指揮を、アレン大佐自身が行っていたことを、その時初めて知った。

しかし〝あの場所で演奏する日本の行進曲は「軍艦」以外は考えられません。最高の選曲でした！〟と告げると〝我が意を得たり〟とばかり喜んだ。

その後のスピーチで〝ウイリアムズバーグ・サミットで「軍艦」を演奏して日本で大騒ぎになり、アメリカのマスコミからも攻撃を受け困っていましたが、今海上自衛隊横須賀音楽隊長から、あの選曲がベスト・セレクションだったとうかがい、積年の胸のつかえが下りました〟と挨拶された。

日本のマスコミの不自然不必要な反応が、良かれと思って選曲した一軍楽隊長を、長いこと悩まし続けていたのであった。

〝あの時使用した「軍艦」の楽譜は、どうしたのですか？〟と質問すると〝ワシントンの海軍軍楽隊から借りました〟という返事が返ってきた。

何のことはない、オタワ、ウイリアムズバーグの両サミットで演奏された問題の「軍艦」の楽譜は、共に昭和五十年度の遠洋練習航海の際に、私の手から直接手渡したものだったようである。

なお、ベルサイユ・サミットで「軍艦」が演奏されたとすれば、その楽譜の出所は多分ギャルド・レピュブリケーヌ（Garde Républicaine）吹奏楽団であろう。

世界最高峰のこの楽団の初来日は、昭和三十六年十一月であった。その際に「軍艦」を含む日本の行進曲集を東芝レコードから発売している。サミットで演奏したバンドは特定できなかったが、この時の楽譜が使われたのではないかと推測する。

二　自衛艦旗と総理大臣

海上自衛隊の護衛艦の艦尾には、十六条の旭日を現した自衛艦旗が掲げられている。この図柄は、大日本帝国海軍と呼ばれていたころの軍艦旗と、まったく同じである。

世界中の海軍では国旗または軍艦旗を午前八時に掲揚し、日没時に降下する習慣がある。海上自衛隊も当然ながらこの習慣を踏襲している。全乗員が後甲板に整列し、「君が代」吹奏で掲揚される自衛艦旗に挙手注目の敬礼を行う。朝に夕に毎日行われている心洗われるような、すがすがしいセレモニーである。

このように毎日仰ぎ見ている自衛艦旗を、重要任務を終えて母国へ帰港する際に〝降ろして入港するように！〟と指示されたら、いかなる思いを抱くだろうか。ましてその指示が、艦旗を交付した最高指揮官である総理大臣だったとしたら……。

ペルシャ湾への掃海部隊派遣と「軍艦」

四月二十六日という日は昭和二十七年に、海上自衛隊の前身である海上警備隊が海上保安庁の一部として発足した日である。その三十九年目に当たる平成三年の同日、落合畯《たおさ》一等海佐指揮の海上自衛隊掃海部隊が、横須賀、呉、佐世保の各基地からペルシャ湾へ向かって堂々と出港して行った。この日ほど一日中テレビのニュースで「軍艦」が流れた日はなかったであろう。

会合点が奄美大島東方海面であったことから、横須賀を母港とする輸送艦「ときわ」と第二十掃海隊の掃海艇「あわしま」「さくしま」が午前九時、最初に出港した。

本来なら横須賀音楽隊が演奏するはずであるが、その日は別の演奏業務が決まっていたため東京音楽隊に、その歴史的場面での出番がまわってきた。実況放送されていたテレビやラジオから最初に流れた「軍艦」は、中幸平三等海尉指揮の東京音楽隊の演奏であった。

午後三時に呉を出港した掃海母艦「はやせ」と掃海艇「ひこしま」には呉音楽隊、同時刻に佐世保を出港した掃海艇「ゆりしま」には佐世保音楽隊が、それぞれ「軍艦」を演奏して壮途を祝った。

さて、ペルシャ湾で活躍した我が掃海部隊が帰国する日が近付いた十月のある日、東京音楽隊副長の私に、海上幕僚監部総務課長の谷勝治一等海佐（後自衛艦隊司令官、海将）から〝掃海部隊を出迎える時の軍艦マーチ演奏が問題になっているらしい。演奏できるよう掛合いに行くが、念のため「軍艦」以外の適当な行進曲を入れた曲目をリストアップしたテープを作ってきて欲しい！〟という内密の要請があった。そして〝まだ、誰にも言わないように！〟と釘を刺された。

早速、適当と思われる日本の行進曲をダビングして海幕に駆けつけ、谷課長と共にテープ・デッキ持参で内局に向かった。どうやらトップ・シークレットに近い話らしいことを知ってしまい、いつまで胸にしまっておけるか自信がなかったが、幸いなことにこの間の経緯が、十月十八日の産経新聞「アングル」欄で次のように報道され、その心配は杞憂に終わった。

軍艦マーチは駄目
首相指示に自衛隊反発　掃海艇歓迎式

三十日に広島県呉市で行われる海上自衛隊掃海部隊の帰国歓迎式で「軍艦マーチ」が演奏されないことになった。式典に出席する海部首相のできるだけ〝軍事色〟を薄めたいという希望によるもので、隊員のなかからは「そんなことを言うなら来ていただかなくて結構だ」との強い反発が出ている。

この指示は、首相官邸と防衛庁の打ち合わせの過程で出てきた。このほか〝自衛艦旗を降ろせ！〟という指示もあったという。

さすがに自衛艦旗については防衛庁側が、海上自衛隊旗章規則第三節第十五条により自衛艦は「停泊中は午前八時から日没まで、航海中は常時」艦尾のマストに自衛艦旗を掲揚しなければならない——と決められており、そんなことは不可能だと猛反発。その件は取りやめになったが、そもそも自衛隊法第四条で首相が「自衛艦に交付する」と定められている旗を、自ら引っ込めろというのだから、スジの通らない話である。

マーチ演奏については法的裏付けがあるわけではないが、軍艦マーチといえば海上自衛隊の行事がある度に必ず演奏されるシンボル的曲。世界的にも名曲とされているが、題名に「軍艦」が付いているからいけないというアレルギー反応があるようだ。

「ペルシャ湾での過酷な任務を果たして返ってくる仲間を軍艦マーチで迎えることもできないなんて、こんな悔しいことはない」と目に涙を浮かべて訴える隊員もいるほどで、「いっそ米海軍の有名な〝錨を上げて〟でも演奏して官邸を去る海部首相を皮肉ってはどうか」といった声さえ聞こえてくる。

昨年の国連平和協力法案以来、海部首相に振り回されてきた自衛隊にとっては、砂をかむような気持らしい。

（編集委員　牛場昭彦）

なんとなく釈然としない気分でいたが、同じ編集委員の小気味の良い記事が、十月二十三日の同紙に載った。

軍艦マーチが〝復活〟
国民や米軍の熱いコールで　派遣掃海部隊の歓迎式で演奏へ

防衛庁・海上自衛隊では、三十日に広島県呉市で行われるペルシャ湾派遣掃海部隊の帰国歓迎式典の準備を急いでいるが、首相官邸の意向をくんで、いったんは取りやめとなった「軍艦マーチ」の演奏が〝復活〟することになった。

当初、海部首相の出席をめぐる打ち合わせの過程で、官邸サイドから「できるだけ勇ましくないようにやってもらいたい。自衛艦旗は降ろせないか。軍艦マーチはやめてもらいたい」との意向が伝えられた。

旗については防衛庁側が「あれは単なる飾りではない。規則で取り外せないことになっている」ときっぱり断ったためさたやみになったが、軍艦マーチについては「官邸がそう言うなら仕方がない」と判断。池田長官が自ら海上自衛隊音楽隊の演奏テープを取り寄せ、当日演奏する曲目の選考に乗り出すというところまで事態は進んだ。

ところが、この事実が漏れたため、自衛隊員だけでなく国民の多くが猛反発。防衛庁や首相官邸には抗議の電話が殺到し、憤慨した米軍からは「海上自衛隊ができないなら、わが方の軍楽隊を出して軍艦マーチを演奏してもよい」という申し出が来るという騒ぎになってしまった。

あわてた官邸側は石原官房副長官が十八日の記者会見で、自分が言ったが、首相が直接指示したことはない――という趣旨の発言を行い、「具体的には防衛庁と現地の判断に任せる」とすっかりトーンダウン。防衛庁の事務次官が交代したこともあって〝不沈〟の名曲「軍艦マーチ」が復活することになった次第だ。（編集委員　牛場昭彦）

同日の同紙の「主張」欄では「感謝と礼儀で掃海部隊出迎えを」と見出しにして、自衛艦旗と「軍艦」に対する官邸の非礼を論断している。この件に関しては、なぜか他紙はあまり扱っていない。十月二十三日の社会面で比較的大きく扱った東京新聞の記事と比べてみよう。

守るも攻めるも　最後の海[部]戦

重大決意！『軍艦マーチご遠慮を』

掃海部隊帰港式典　海自猛反発一転白紙に

旧海軍から引き継いだ「軍艦マーチ」をめぐって海上自衛隊が揺れている。三十日、広島県呉市で行われる海上自衛隊掃海部隊の歓迎式典に出席する海部首相ができるだけ軍事色を薄めたいと希望したのがきっかけ。一度は演奏中止に決まったが、制服組の強い反発で白紙に戻り、海幕長は二十二日の会見で「ぜひやらせていただきたいと思う」。来月初めの首班指名で首相の座を去る海部首相の花道ともなる掃海部隊歓迎式典だが、ハト派首相として最後の抵抗を貫けるかどうか……。

演奏の中止は、官邸と防衛庁の打ち合わせで出てきた。石原官房副長官は十八日の記者会見で「防衛庁には『総理が心からねぎらいたいので、それにふさわしい雰囲気で歓迎式典をやってほしい』と申し上げた」とえん曲な表現ながらも演奏中止の指示を認めた。

一度は防衛庁側も折れたものの、制服組が猛反発。海自は「軍艦マーチ」のほか、旭日旗、ラッパ符の「君が代」など旧海軍の伝統を数多く受け継いでいる。特に「軍艦マーチ」は、入港・出港時、進水式など各種行事の席に演奏されるシンボル的存在。

今年四月の出航の際も演奏され、海自関係者は当然のように受け取ったが、国民からは「戦争を思い起こさせる」「はしゃぎ過ぎ」などの厳しい声が上がった。

制服組の屈折した思いは、自衛隊の扱いをめぐって揺れた昨年の国連平和協力法案からもやもやを残す形で高まり、掃海部隊出発の際、海部首相が自衛隊の最高指揮官を兼ねながら見送りに来なかったことでピークに。一方、海部首相は同法案の際、独自研究に乗り出した陸上自衛隊をしかりつけ、今回の式典参加にしても一度は民間機の利用を決めてハト派の意地を見せた。結局、最後の最後まで海部さんと自衛隊は反りが合わないままであった。

激突のシンボルともなった「軍艦マーチ」。岡部文雄海幕長は二十二日の会見で「検討中」としながらも「私としてはぜひやらせていただきたいと思う。海自の伝統でもある」と述べた。

最終的な扱いは防衛庁に任されたが、海幕の中には〝演奏される〟とみる向きが多い。

更に軍事評論家前田哲男氏の話として、次のコメントを載せている。

単なる慣習にすぎぬ

自衛隊には重んずるべき礼式があるが、軍艦マーチの演奏は礼式ではなく、旧海軍時代からの単なる慣習にすぎない。自衛隊の総司令官である首相の決定に部下は従うべきで、でなければ自衛隊組織は成り立たない。「演奏したい」というのは、多分少年時代に「軍艦マーチ」を聞いて育った人の個人的な感情。「軍艦マーチ」がパチンコのテーマ曲と思っている人が多い中ではあまりに時代錯誤。たとえば、今これをシンガポールでやったら反発を買ってとんでもないことになるだろう。

軍事評論家ともなると専門的なことは何でも知っているのかと思ったが、そうでもないらしい。〝軍艦マーチの演奏は礼式ではなく、旧海軍からの単なる慣習にすぎない〟そうだがとんでもない。海上自衛隊の儀礼曲の十曲目に、正式に定められている。

〝今これをシンガポールでやったら反発を買ってとんでもないことになるだろう〟とは、なにを根拠に心配しているのだろう。私自身の経験で言わせてもらえば練習艦隊音楽隊で、シンガポール、タイ、インドネシア、フィリピンの東南アジア、その他世界中で演奏しているが問題になったことなど一度もない。

ウイリアムズバーグ・サミットの「軍艦」騒ぎのように、今後どこかの国で問題が生じたとしたら、今まで何度も経験したように、反日的日本人が意図的に相手国にけしかけた結果だと断言できる。

〝総司令官である首相の決定に部下は従うべきで……〟の件は、まったく仰せのとおりであるが、「総司令官」などという言葉はどこから持って来たのだろう。普通は「最高指揮官」と言っているが、その人自らが授与したはずの自衛艦旗を〝入港の際降ろせ！〟と言ったことに関しては、何も言及していないのは変である。

国旗と同等に扱われている軍艦旗に相当する自衛艦旗が、国際的にはどのように位置付けられているかを説くのが、本物の軍事評論家の役目であろう。

文句の言いついでにもう一つ指摘させてもらうと、紙面に掃海艇「あわしま」の出港場面が載っているが、その説明が〝軍艦マーチが高らかに鳴り響く中、出航する海自掃海艇＝四月二十八日、横須賀港で〟となっている。なんと日にちを二日も間違えている。

自衛艦旗掲揚の根拠

「軍艦」の演奏に関しては〝やらなければならない〟という決まりはどこにもないので了承せざるを得ないとしても、自衛艦旗にまで言及したことにより、海上自衛隊側が強気に出ることができた。

十月十八日付の産経新聞の記事に記載されている「自衛隊法」と「海上自衛隊旗章規則」により、自衛艦旗がいかにして掲げられるかを説明する。

「自衛隊法」（昭和二十九年法律第百六十五号）第四条第一項には〝内閣総理大臣は、政令で定めるところにより、自衛隊旗又は自衛艦旗を自衛隊の部隊又は自衛艦に交付する〟と明記されており、自衛艦旗に対する交付について説明する。

新造艦が正式に海上自衛隊の艦となるのは、造船所で実施される「引渡し式」と引き続き行われる「自衛艦旗授与式」が行われる日からである。「自衛艦旗授与式」とは、内閣総理大臣から交付された自衛艦旗を、防衛大臣（大臣の命ずる者）から、自衛艦に授与される儀式で、式の執行者は地方総監である。

私の知る限りでは、総理大臣が自ら授与したということは一度もない。在任中、一度でも授与式に臨み、文字どおり自ら交付すれば、海上自衛隊が自衛艦旗をいかに大切に取り扱っているかを良く認識されるはずである。

授与式では〝自衛艦旗授与！〟のアナウンスの後、音楽隊の演奏する海上自衛隊儀式歌「海のさきもり」（山田耕筰作曲）が厳かに流れ、艦長（艇長）が授与者の前に進み真新しい自衛艦旗を受け取る。元の位置に戻った艦長（艇長）は自衛艦旗を副長に渡す。

引き続き〝乗組員乗艦！〟とアナウンスされ、音楽隊による「軍艦」の演奏が始まり、自衛艦旗を奉持した副長を先頭に、幹部、海曹、海士の順に足並みを揃えて乗艦（艇）する。新造艦艇の初代乗組員として胸を張り腕を振って歩武堂々と乗り組んでいく姿は、参列者が最も感動する場面である。

乗組員が後甲板に整列して「軍艦」の演奏が止まると〝艦長（艇長）乗艦！〟のアナウンスとなる。静寂の中に流れるサイドパイプ（号笛）の響きの中を、舷門当直員の出迎えを受けて艦長（艇長）が乗艦（艇）する。そして、国歌「君が代」の演奏により初めての自衛艦旗掲揚が行われる。

諸外国の習慣は分からないが、このような儀式は海上自衛隊独自のものと思われる。海軍儀制曲の中には「海のさきもり」に相当する曲はなく、乗組員乗艦という習慣もなかったようだ。帝国海軍では総員が後甲板に整列し、衛兵隊の〝捧げ銃！〟と軍楽隊または信号兵の

「君が代」吹奏で軍艦旗を掲揚する簡単なものであったようだ。

「自衛隊法」の第四条第二項の〝自衛艦旗の制式は、政令で定める〟を受けて自衛艦旗は、次のように形となって定められている。

「自衛隊法施行令」（昭和二十九年政令第百七十九号）の第一章第二節「自衛隊の旗」の中で〝自衛艦旗は、海上自衛隊の部隊の編成に加えられる自衛艦に交付するものとする〟とし、その次に〝自衛艦旗の制式は、別表第一のとおりとする〟と、初めてここに自衛艦旗が、形となって表れるのである。自衛艦旗の形状は次のとおりである。

自衛艦旗

備考

一　生地
　　麻又はナイロン

二　彩色
　　地　　白色
　　日章及び光線　紅

三　寸法の割合
　　横　　縦の一倍半
　　日章　直径　縦の二分の一

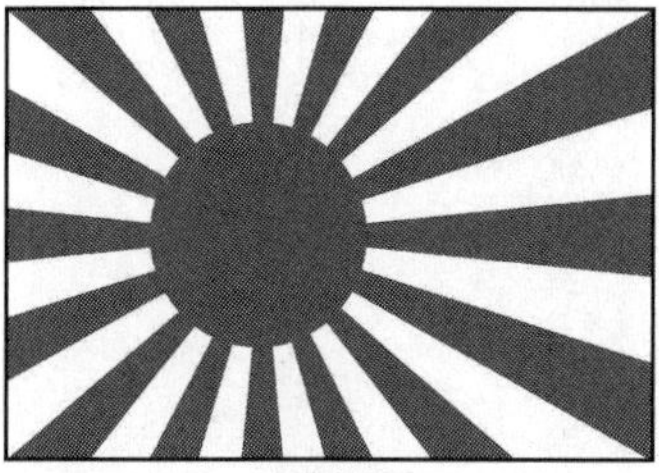

自衛艦旗

中心　旗の中心から左辺に縦の六分の一偏すること
光線　幅　日章の中心から十一度四分の一に開いた広さ
　　　間隔　日章の中心から十一度四分の一に開いた広さ

「自衛隊法施行令」によって定められた制式の自衛艦旗は、「海上自衛隊旗章規則」（昭和三十年十二月二十七日）により、いよいよ掲揚される。

（自衛艦の場合）

第十五条　自衛艦は、次の各号に掲げる時間、艦尾旗ざお（潜水艦が航海中である場合にあってはセール上部の旗ざお）に自衛艦旗を掲揚しなければならない。（以下略）

(1)　停泊中にあっては、午前8時から日没時までの時間。（以下略）

(2)　航行中にあっては、常時

このように万国海軍の軍艦旗（国旗）掲揚の習慣とまったく同じで、掲揚しない日はない。帝国陸軍にはなかった国旗掲揚を、警察予備隊の時代から行っている陸上自衛隊は、課業開始時から終了時まで掲揚することになっていて、休日には掲揚していない。

なお「自衛隊の礼式に関する訓令」第十一条では「各個の敬礼」として、次のように定めている。

自衛官は、国旗又は自衛艦旗（外国の国旗又は軍艦旗を含む。以下「国旗等」という。）が自衛隊の施設若しくは儀式の式場等において掲揚され若しくは降下される場合又は隊の奉持する国旗等がそばを通過する場合は、これに対して敬礼を行なうものとする。

「自衛隊法」で内閣総理大臣が交付することになっている自衛隊旗と自衛艦旗のうち、自衛艦旗のみ国旗と同じ扱いを受けているのである。

自衛隊記念日観閲式の観閲行進の際、海上自衛隊部隊の先頭を行く自衛艦旗に対し、観閲官の総理大臣をはじめ陸海空自衛官、外国の駐在武官も挙手注目の敬礼を行い、敬意を表している。

感動的な軍艦旗の復活

帝国海軍の象徴ともいうべき軍艦旗が、自衛艦旗として再び掲揚されるようなった経緯には、素晴らしいエピソードが残されている。

昭和二十九年六月二十六日の夕刊各紙に写真入りで、次のような見出しの記事が載っている。

読売新聞　〝軍艦旗も再登場〟
毎日新聞　〝「軍艦旗」再登場自衛隊の旗きまる〟
朝日新聞　〝木村長官ハリ切る軍旗をバックに〟

七月一日から防衛庁として新発足する直前の保安庁で、新たに制定された自衛艦旗と自衛隊旗が披露され、「防衛庁」「防衛大学校」などの看板も、木村篤太郎保安庁長官が〝自ら筆をふるって書き上げた〟といった内容の記事である。各紙とも軍艦旗が復活したことに対する特別のコメントは、珍しくも付いていない。

昭和二十七年八月一日、「保安庁法」の施行に伴い海上警備隊は保安庁警備隊となり、その船舶の掲げる隊旗として暫定的に定めたのが図1の「保安庁が使用する船舶の旗」であった。その後、隊員から懸賞募集した作品を基に、洋画家の小川伝四郎画伯が作成したものを、一部手直しして採用したのが図2の「警備隊旗」である。そして防衛庁、自衛隊の創設を前にして、旗章も全面的に見直されることになった。

図1　保安庁が使用する船舶の旗
図2　警備隊旗
彩色　地＝白色　横線条＝上から二条目を青色以下一条置きに同色
色　桜色＝花弁・赤色、花ずい・白色

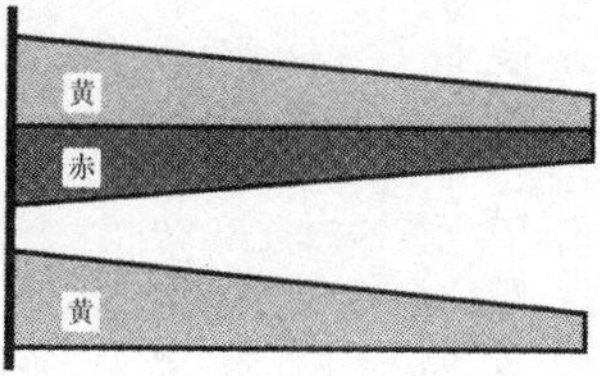

図1

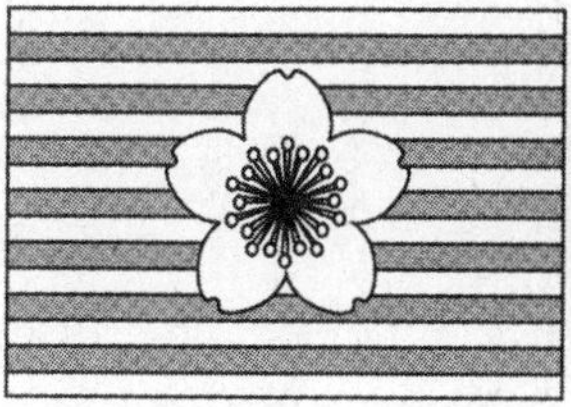

図2

自衛艦旗に関しては、いろいろと検討を重ねたものの、なかなか結論を得るには至らなかった。そこで、最後の海軍大臣米内光政大将の親戚関係にあたり、警備隊のよき理解者で人物技量共に最適の人として米内穂豊《すいほう》画伯に、旭光を主体とした新しい旗章の制作を依頼することになった。

快く引き受けた米内画伯が最終的に提出したものは、帝国海軍の軍艦旗とまったく同じ図案であった。そして次のような申し出があった。

旧海軍の軍艦旗は、黄金分割による形状、日章の大きさ、位置、光線の配合等実に素晴らしいもので、これ以上の図案は考えようがありません。それで、旧軍艦旗そのままの寸法で図案を一枚書き上げました。これがお気に召さなければご辞退いたします。ご迷惑をおかけして済みませんが、画家の良心が許しませんので……

この図案に関しては、その後いろいろと論議が重ねられたが、最終的に吉田茂内閣総理大臣の裁断を仰ぐことになった。木村長官の説明を終始和やかに聞いていた吉田首相は、次のように述べたという。

世界中で、この旗を知らない国はない。どこの海に在っても日本の艦であることが一目瞭然で誠に結構だ。旧海軍の良い伝統を受け継いで、海国日本の護りをしっかりやってもらいたい。

この時に、この最高指揮官をいただいていた幸運を感謝すべきである。もし国内の反対勢力や外国の顔色を伺うような首相であったならば、旭日に輝く軍艦旗が自衛艦旗として再びはためくことはなかったであろう。

吉田首相の英断により、自衛艦旗に軍艦旗と同一の図案が採用されることになった。そして輝かしい帝国海軍の伝統が、もう一つ息を吹き返した。

昭和二十五年の警察予備隊発足当時〝旧軍のものは一切使用してはならない!〟という強いお達しがあった。したがって「起床」「食事」「消灯」などのラッパ符も「君が代」(譜B)を含めてすべて新たに作られた。陸上自衛隊と航空自衛隊が現在も使っているのが、この時作られた「君が代」である。

陸軍は、国旗よりも天皇陛下から下賜された軍旗(連隊旗)を大切に扱っていたようで、国旗を毎日掲揚降下する習慣はなかった。したがって陸軍出身者の多い警察予備隊において、

ラッパ符「君が代」

国旗掲揚時に吹奏される新しいラッパ符「君が代」に対する拒否反応は、少なかったと想像される。

しかし、海軍出身者が中心となった海上自衛隊のシンボルの自衛艦旗を、聞いたこともないラッパ符の吹奏で、掲揚降下させるわけにはいかなかった。ここはかつて朝夕聞き慣れた伝統ある「君が代」（譜A）でなければならなかったはずである。

警察予備隊のラッパ符「君が代」制定に関しては、最後の陸軍戸山学校軍楽隊長として終戦を迎えた山口常光（大正元年入校）初代警視庁音楽隊長が、靖國神社の社報『やすくに』（昭和四十二年十月号）に「靖國神社の歌」と題して、次のように明らかにしている。

現防衛庁のラッパ譜は自衛隊の前の保安隊、その前身たる警察予備隊時代即ち昭和二十五年警視庁の音楽隊長であった筆者と副隊長であった岡田氏の二人が手分けして作曲したものであるが、其の時は米軍側からの条件で旧日本軍隊のラッパ譜に似たものでは困る、全く異なるものを作れとのことであった。あの時に「君が代」のラッパ譜を新しく作るには一番困った。旧軍隊が使ったものでなく新しくというので、まあお座なりのものを作ったが、あれだけは今でも気が咎めてならない。あれは旧に復すべきと思う。

幸いにしてあの時の曲目の中には「国ノ鎮メ」などは含まれてなかった。「国ノ鎮メ」は曲もよし名もよし永久に靖国神社の曲である。

なお、警察予備隊発足当時に新たに作られたものを、ほぼそのまま使っている陸上自衛隊のラッパ符には、陸軍独自のものは皆無である。一方海上自衛隊は、陸上自衛隊と共通の一部の号音を除くと、ほとんどが海軍のものを、そのまま踏襲しているといって差し支えない。したがって、信号ラッパで吹奏する「君が代」が、二つもあるという不自然な状態が今も続いたままである。

どこかで一つ歯車が狂えば、自衛艦旗、ラッパ符共に別のものになっていただろう。なんともいえぬ「阿吽」の呼吸で、軍艦旗とラッパ符「君が代」が蘇ったのである。

軍艦旗の制定について

軍艦旗は、明治二十二年十月七日に海軍旗章條例（勅令第一一一号）で制定され、十一月三日から施行された。七月に呉と佐世保に鎮守府が開庁した年である。

それまで軍艦は、明治三年十月三日の太政官布告「海軍御旗章國旗章並諸旗章」により国旗を掲げていた。又「船首旗章」と称して艦首に掲げていたのは、当時から小型の国旗であった。

明治十六年三月十三日に初めて「海軍艦船國旗掲揚規則」（丙第三〇号）が定められた。当時の慣例を成文化したものと思われるが国旗の掲揚時間は、次のように定められていた。

第一條　國旗ハ我國内各港碇泊中左ノ時限ニ之ヲ掲揚シ日歿ニ至テ之ヲ降下ス可シ
三月十六日ヨリ九月三十日マテ　午前八時
十月一日ヨリ翌年三月十五日マテ　午前九時

そして翌年の六月九日に、次の一条が追加された。

第十一條　本艦ニ於テ國旗ヲ掲揚降下スル時ハ甲板上ニ在ス者ハ姿勢ヲ正フシ帽ヲ脱シ番兵ハ捧銃シ敬禮ヲ行フ可シ

ここに初めて掲揚時の国旗に対する敬礼が定められたのである。ただし、『陸海軍喇叭譜』二百二十一曲が制定されたのが明治十八年十二月三日のことであるから、国旗掲揚時にどのようなラッパ符が吹奏されたのか不明であり、興味のあるところである。

昭和十三年十月、次の文書が海軍部内に配布された。

軍艦旗制定五十周年記念行事ニ關スル件

昭和十三年十月六日（軍務第一一七號）

（軍務局長ヨリ各廳長宛）

軍艦旗ハ明治二十二年勅令第百十一號ヲ以テ公布セラレ同年十一月三日ヨリ之ヲ施行セシメラレ今日ニ及ビタル處本年ハ宛モ其ノ制定五十周年ニ當ルヲ以テ來十一月三日左記ニ依リ記念行事ヲ實施ノコトニ定メラレ候

記

一、艦船部隊、學校

精神講話ヲ行ヒ記念軍艦旗ヲ有スル艦船ニ於テハ之ヲ掲揚シ又陸上部隊、學校ニ於テハ軍艦旗ヲ掲揚スルコトヲ得

二、官衙

成ルベク右ニ準ジ精神講話ヲ行フモノトス

昭和二十三年からは「文化の日」と名称が変わったが、かつて十一月三日は「明治節」と呼ばれ明治天皇のご降誕を祝う日であった。一月一日の「四方拝」、二月十一日の「紀元節」、四月二十九日の「天長節」と共に「四大節《しだいせつ》」の一つとされていた。

昭和十三年のこの日、東京では横須賀から派遣された陸戦隊一個大隊が午前十時から市中行軍を行った。海軍軍楽隊が新たに作曲された行進曲「軍艦旗」を吹奏、新橋駅を発進し、銀座、日本橋、小川町を経て靖國神社に参拝、更に行軍を続け半蔵門、三宅坂を経て宮城を遥拝、正午過ぎに日比谷公園で終了する大行軍であった。

行進曲「軍艦旗」は「軍艦旗の歌」をトリオに盛り込んで海軍軍楽隊の斉藤丑松兵曹が作曲したものである。

「軍艦旗の歌」は、制定五十周年を記念した佐佐木信綱の格調高い歌詞が六番まである。作曲は、その前年に「愛國行進曲」の作曲で再び脚光を浴びた瀬戸口藤吉であった。

同日午後八時二十分からは、内藤清五指揮の海軍軍楽隊の演奏で軍歌「軍艦旗の歌」、江口源吾作曲「擧國の歡喜」、そして行進曲「軍艦旗」が全国放送され軍艦旗制定五十周年を祝った。

海軍軍楽隊の演奏に先立って五人の老提督による「軍艦旗制定五十周年記念座談會」が放送された。出席者の一人中里重次海軍中将（海兵二十期）は、大正三年の「海軍旗章令」大改正の骨子の立案者であった。しかし、軍艦旗制定の経緯などに関しては、当時関係者はすべて故人となっており関係文書も確認できず、この中里中将でも正確には分からなかったようである。

昭和十三年十月七日の朝日新聞に、次の中里中将の談話が載っている。

光線は御稜威を象徴

改正省令の立案者　中里中將の研究

私は大正初年、當時中佐の一軍務局員として齋藤海相の下で海軍旗章令改正について種々立案したがこの時の改正の主なるものは從來軍艦旗掲揚は信號兵のラッパによる君が代吹奏のみであったものを總衞兵を後甲板に整列、捧げ銃で君が代吹奏裡に行ひ艦長以下の將校は甲板上に出でてこれに敬禮し、軍艦旗に對する敬意を強めた事と、縱來在役艦のみ軍艦旗を掲げたのを豫備艦もこれを掲げる事にした等である、この豫備艦掲揚については當時横須賀豫備艦隊司令官故八代六郎大將（當時少將）が海軍省に對し軍艦旗は海軍軍人精神の象徴であるから是非豫備艦にも掲げて乘組員の士氣を振起させたいと伺ひを立てた事も起因している、軍艦旗が明治二十二年制定された當時の立案者はおそらく當時の海軍省官房主事（現在の高級副官の名稱）本宿宅命主計大監（現在の主計大佐と同じ）と思われるが十六條の光線については船の羅針盤が三十二點の方向をもつのを象徴するといふ說もある。然し私はそれが大元帥陛下の御稜威が八紘に賑はせ給ふ意味で八の倍數、又菊花御紋章の十六花辨を意味し、軍艦旗は大元帥陛下の御影として拝すべきものであると解釋することに確信をもつに至った、日章中心が風上に偏してゐるのは、軍艦旗が海上の強い風によって切れやすく常に中心に日章があるやうに見えるやうにとのためであろう、これ等の私の研究を更に、より以上の當時の記録を再調査の上、公けにし五十周年の記念としたい。

雑誌『海と空』（昭和十三年十一月号）は「軍艦旗特集」として、海軍軍事普及部「日本の國旗と軍艦旗」、海軍大佐有馬成甫「軍艦旗の由來とその意義」、法学博士松波仁一郎「軍艦旗の五十年」、深谷甫「世界軍艦旗雑話」など興味深い内容に満ちている。しかし、肝心の軍艦旗の図案の作成の経緯に関しては、誰も触れていない。

軍艦旗は、帝国海軍の解体により五十七年目で、その役目を終えた。敗戦により打ちひしがれていた当時、誰がこの旗を再び仰ぎ見る日が来ることを予測しただろうか。

昭和六十二年度の自衛隊観艦式は、中曽根康弘内閣総理大臣を観閲官として迎え、十一月三日に相模湾で実施された。観艦式終了後、観閲艦「しらね」を退艦する前に、自衛隊の最高指揮官としての最後の栄誉礼を実施したのは、筆者が隊長を務めていた横須賀音楽隊であった。

観閲官退艦後、格納庫において演奏会を実施した。栗原祐幸防衛庁長官をはじめ陸海空幕僚長などお歴々を前にして、明治から昭和までの海軍と海上自衛隊に関係のある軍歌と行進曲を三十分でまとめて、解説を交えながら指揮をした。

その中の一曲、歌入りで演奏した「軍艦旗の歌」には、次のような解説を加えた。

軍艦旗は、明治二十二年十一月三日に施行されました。昭和十三年に五十周年記念として盛大に祝われました。来年昭和六十三年は丁度百周年になります。したがって今日は白寿を迎えた、めでたい日であります。

観艦式当日の観閲艦の乗艦者は、各方面から招待されたＶＩＰばかりである。音楽隊の演奏を熱心に聞いてくれた方々にこれだけ説明すれば〝軍艦旗制定百周年を記念する催しが計画されるであろう〟という期待を込めての訴えであった。

翌年の十月八日と十八日付の海上自衛新聞にも「軍艦旗制定百年に寄せて」と題して二回にわたり寄稿したが、時すでに遅かったのか百周年という節目の年であるにもかかわらず、特別の行事はなにも行われなかった。

掃海部隊の帰国と「軍艦」

このように伝統ある自衛艦旗を〝掃海部隊帰国の際は降ろすように！〟と指示した最高指揮官と自衛隊が〝反りが合わない〟ことになっていたとは知らなかった。これは最高の「国家秘密」に属することと思われるが、海部首相が海上自衛隊に対し若干面白くない感情を持っていたとすれば、思いあたる節がある。

平成元年十一月五日、海部俊樹内閣総理大臣を観閲官に迎えて自衛隊観艦式が相模湾で実施された。この観艦式は、昭和三十二年の第一回から数えて十八回目、総理大臣としては五人目の観閲官であった。

観閲官は観閲艦「しらね」に座乗し、受閲艦艇部隊と航空部隊を観閲する。観覧者を乗せ、横須賀、横浜、木更津を出港した観閲部隊は、三浦半島剣崎沖で会合し先導艦を先頭に隊列を整える。午前十一時四十二分、城ケ島沖で観閲官がヘリコプターで飛来し観閲艦に着艦、観艦式場へと向かう。以後、午後二時五分の観閲官退艦まで、分単位、秒単位で行事は進められていく。

その最初の観閲艦着艦の際に、予期せぬ事態が発生してしまった。ヘリコプターから「しらね」に降りようとした海部首相が、踏み台の隅に乗ったためバランスをくずし大きく尻餅をついてしまった。大勢の報道関係者が待機していたため、この時の模様はテレビ・ニュースで全国放送されてしまった。

まさか、その時のことが原因で海上自衛隊に対し心穏やかならざる気持ちを抱かれてのことではないと思いたい。しかし、埼玉県の朝霞訓練場での自衛隊記念日観閲式において、海上自衛隊部隊の行進の際に耳にしたはずの「軍艦」と、胸に手を当てて敬礼した自衛艦旗に対し、拒否反応を示したのは残念であった。

その次の観艦式では、ヘリコプターが観閲艦に着艦する際は、踏み台をしっかり抑える係の隊員が二名配置され、晴れの舞台で宮澤喜一総理大臣に尻餅をつかせるような失態はなかった。平成九年の観艦式では、踏み台が改良されたのであろう、その役の隊員の姿は見られなかった。

六カ月の長期間のペルシャ湾への海外派遣を無事終えた掃海部隊全艦艇六隻は、平成三年十月三十日午前九時四十分、掃海母艦「はやせ」、掃海艇「やくしま」「ひこしま」、補給艦「ときわ」、掃海艇「さくしま」「あわしま」の順に、堂々と自衛艦旗をなびかせて呉基地Fバースに入港した。

岸壁には海部首相、池田行彦防衛庁長官らが出迎えた。問題の「軍艦」も、なにごともなかったかのように呉音楽隊によって演奏されていた。その舞台裏ではいろいろなことがあったが、演奏できたことで結果的にはしこりを残さずに終わったようだ。

その一週間後の十一月五日、海部首相は宮澤喜一新内閣総理大臣に首班を譲り、官邸を去って行った。

三　日本万国博覧会の「軍艦」演奏と報道

万国博覧会と遠洋航海〝どちらかを選べ！〟と言われたら迷わず遠洋航海を選ぶ。そのような問いはなかったものの練習艦「かとり」の就役により、海上自衛隊として初めての世界一周遠洋練習航海には、熱望して参加することができた。

したがって、昭和四十五年に大阪で行われた万国博には、一度も行くことができなかったが、世界一周そのものが万国博だったと自負している。

その大阪の万国博会場で「軍艦」の演奏が二度あった。最初は、イギリスの近衛第三連隊スコッツ・ガーズ（Scots Guards）軍楽隊で、練習艦隊に乗り組む前だったので、私自身若干関与している。二度目の自衛隊音楽隊による「軍艦」に関しては、演奏されたことも見当はずれの報道がなされていたことも知らなかった。

スコッツ・ガーズ軍楽隊の「軍艦」

「人類の進歩と調和」を統一主題とした日本万国博覧会は、七十七カ国が参加して昭和四十五年三月十五日から九月十三日までの百八十三日間、大阪府下千里丘陵で開催された。

この博覧会には、イタリアのカラビニエーリ（ローマ憲兵隊 Carabinieri）、オーストラリアの海軍、イギリスのスコッツ・ガーズの各軍楽隊が来日し、それぞれのナショナルデーに「お祭り広場」で華やかな演奏を繰り広げたほか、チリの練習帆船「エスメラルダ」乗組軍楽隊の演奏も披露された。

その他、アメリカとカナダからも大編成のスクール・バンドの参加があった。博覧会場の野外で演奏するには、吹奏楽が向いているようである。

古くは明治十年八月二十一日から上野公園で開催された内国勧業博覧会の開会式に、天皇皇后両陛下が行幸啓され、陸海軍楽隊が奏楽を行った記録がある。軍楽隊の演奏が呼び物

だったらしく、博覧会事務局が新聞に公告を出している

四月二十二日のイギリスのナショナルデーには、スコッツ・ガーズ軍楽隊とバグパイプ隊が華麗な演奏と伝統的な舞踏を披露した。その際、電光板に〝MAN—OF—WAR〟（注：「軍艦」の古語）と掲示され「軍艦」が演奏された。

万国博会場での演奏を終えた翌二十三日、軍楽隊は千駄ヶ谷の東京体育館において演奏会を行った。待望のスコッツ・ガーズ軍楽隊の来訪ということで、特に関係はなかったが休暇をとって羽田空港まで出迎えに行き、関係者のような顔をして軍楽隊のバスにちゃっかりと乗り込み演奏会場まで同行した。海上自衛隊の制服を着用していたため、防衛庁から派遣されて来たとでも思ったのか、呼び屋のボスから〝ご苦労さまです！〟と丁寧に挨拶をされた。

音楽之友社の吹奏楽専門誌『バンド・ジャーナル』の同年六月号に、隊長のハウ少佐を囲んだ座談会が載っている。その中に大阪市音楽団の辻井市太郎団長とハウ少佐の「軍艦」に関する、次のような会話がある。

ハウ　ところで、わたしたちが今日演奏した「軍艦行進曲」いかがでしたか？
辻井　たいへん結構でした。しかし、あの譜面はどこで手にいれたのですか？
ハウ　日本から送って貰いました。
辻井　ちょっと、私たちがふつう演奏しているのとはちがうような気がしました。
ハウ　私の方で手を入れたわけではありませんが。変ですね。（以下略）

軍楽隊は東京体育館到着後、休む間もなく私服のまま会場練習を始めた。ここでコルネットがバリトンのパートを吹いている「軍艦」の誤りに気がついた。辻井団長が万国博会場での演奏に、違和感を覚えたのは当然であった。

この件に関して同じ六月号に、リハーサルに立ち会っていた赤松文治氏が、「スコッツ・ガーズ・バンド演奏会」と題する演奏会評の一部で、次のように明らかにしている。

ここで舞台裏の珍談を一つ紹介しておこう。それは、リハーサルの際海上自衛隊の谷村君が「軍艦マーチ」の演奏でコルネット奏者が全員バリトンの高音部記号の楽譜を使用しているのを発見し一同ショックを受けたことで、谷村君と小生で手分けをして楽譜探しに出かけたが全部売り切れで、やむを得ず谷村君は音楽隊を通じて手配、小生はバンド・ジャーナルの下条さんに依頼して、やっと演奏会開始時間ギリギリにパートの入手ができ、コルネット首席奏者のウイルソン軍曹以下安堵の胸をなでおろしたという一幕の苦心談である。

このような経緯であったが、コピー機など普及していない時代でやりくりがつかず、新しい楽譜を取り寄せる必要に迫られ、前記のような仕儀となった。

東京音楽隊に楽譜の予備があり〝そのような事情なら〟と簡単に提供の許可が出た。その楽譜を持って駆けつけた植田能生三等海曹と二人で、初めて見る近衛軍楽隊の演奏を、無料で堪能することができた。

万国博会場では、普通はトロンボーンなどの低音楽器で演奏するトリオ（中間部）の「海行かば」の部分を、高音部のコルネットが一緒になって吹いていたため、会場の日本人は違和感を持ったことであろう。

「日本の日」の新聞報道

万国博覧会における「軍艦」演奏は、この時だけだとばかり思っていたが、国歌「君が代」の研究を精力的にされている水谷弘氏（海経三十七期、元総理府）から〝毎日新聞に自衛隊音楽隊が演奏したことを、かなり辛辣に批判した記事が載っていたはずだ！〟と伺った。

日本のナショナルデーは六月二十九日であった。この日、自衛隊からは海上自衛隊東京音楽隊と陸上自衛隊から中央、中部方面、第三師団の四音楽隊を中心として、演技隊を含めて約四百七十人の隊員と航空自衛隊のアクロバット・チーム「ブルーインパルス」も参加して、行事を盛り上げたはずであったが、必ずしもそうは取らない人たちもいたようである。

練習艦隊が東京晴海を出港したのは、その翌日の六月三十日だったため日本で初めての万国博の会場へは、一度も足を運ぶ機会がなかったし、この日「軍艦」が演奏されたことも知らなかった。

六月二十九日の夕刊各紙には、それぞれの新聞社の特色が表れた記事が載っているので、見出しとその内容の違いを比べてみる。

朝日新聞　花やかに「日本の日」　万国博、後半の盛上り（一面）
読売新聞　万国博「日本の日」　伝統と若さうたう　皇太子ご夫妻迎え一万人の祝典（一面）〝未来都市〟に「日本賛歌」〝古い〟〝神話も結構〟　大合唱に賛否さまざま（十面）
日本経済新聞　意義深い「進歩と調和」＝皇太子殿下・首相あいさつ　晴れやかに万国博日本デー（一面）　復古調で〝大国ぶり〟　万国博日本デー（十一面）

朝日新聞は一面でナショナルデーの概要を紹介し、皇太子殿下のお言葉と佐藤首相のあいさつの要旨を掲載しているのみで、自衛隊の参加と「軍艦」の演奏に関しては、まったく触れていない。また他紙がかなり神経質に報じている、この日のために神話を題材に作られた堀口大學作詞、團伊玖磨作曲の交声曲「日本新頌」に関しても、なぜか演奏されたことすら載せていない。

読売新聞は一面で概要を紹介し、十面では神話に関してかなりスペースを割いて若者と年配者の意見を紹介している。ただし自衛隊が出演したことや「軍艦」が演奏されたことに関しては、やはりなにも触れていない。

日本経済新聞の一面もほぼ同様であるが、皇太子殿下ご夫妻が入場される際「祝典行進曲」（團伊玖磨作曲）を自衛隊音楽隊が演奏したと、きちんと載せている。そして十一面に「軍艦」と「日本新頌」などに関する賛否両論を、それなりの角度で取り扱っている。

日本のナショナルデーの報道は、新聞によってこのように扱いが大きく違っていた。

不思議な反日的新聞記事

ウイリアムズバーグ・サミットの「軍艦」演奏では、申し合わせたように各紙ともほぼ同じような報道姿勢であった。しかし特に大問題として扱った新聞が、万国博の日本のナショナルデーに関しても、意図的に反日的な報道をしたとしか思えない記事を紹介する。

毎日新聞　九月二十九日　夕刊
万国博「日本の日」　お祭り広場　花やかに催しいっぱい（一面）
軍艦マーチや〝神話〟　日本の日　招待客、目パチクリ（十面）

【大阪】建国神話、自衛隊、軍艦マーチ。二十九日の万国博〝日本の日〟式典はまさに日の丸意識一色。人類の進歩と調和——平和がベースになっている。このフェスティバルの席上で、公然と軍艦マーチを聞かされた観衆や各国代表は、大胆不敵なデモンストレーションに目をパチクリ。意外な日本の変ぼうぶり？にあっけにとられた。

この日のお祭り広場は、初めからものものしかった。これまで一度もお祭り広場に姿を見せなかった〝戦力なき軍隊〟自衛隊が早朝からアチコチ。ガードマンやホステスなどのミリタリールックスを見なれた観衆も、やはりとまどったようす。式典の幕を開いたのも、この一団だった。

式典をいろどる三十一の国内パビリオンのホステス、大阪音楽大の三百人の合唱団が入り口に待機すると、陸上自衛隊中央音楽隊、海上自衛隊東京音楽隊八十人がさっそうと登場。『自衛隊ガンバレ』『ここが勝負どころやで』スタンドから声が飛んだ。

目を丸くするような出来事はまだ続いた。佐藤首相のスピーチや皇太子様のお言葉に続いて、神国日本をうたいあげる交声曲『日本新頌』堀口大学作詞、団伊玖磨作曲――第一部は『建国神話』第二部は『富士点描』。団氏の踊り上がるようなタクトの先から重々しい歌声がわき上がる。

ほとんど歌詞は聞きとれない。なんだか神々しいような気分がただようだけ。演奏する大阪フィルハーモニーの最後部には大きな和太鼓があった。それがときおり〝ドロンドロン〟と鳴り響く。二十五年間、地底に閉じ込められていた神々の復活を告げる重々しい旋律。外国記者団が『なんの歌か。どんな内容か』と問いかけるが、だれも満足に答えられない。

最後のフィナーレでスタンドは三度びっくり。場内アナウンスが『日本の日式典の最後は陸上自衛隊中央音楽隊と海上自衛隊東京音楽隊による楽しいドリル演奏です』と告げたあと、自衛隊バンドが三度登場『三百六十五歩のマーチ』『さくらさくら』『いい湯だな』など、たて続けにコミカルな演奏を続けた。その後『軍艦マーチ』。かつてアジアを押しつぶした行進曲が広場の大天井をゆすった。ほんの二十分ほど前、佐藤首相が、平和宣言をしたばかりなのに――。

式典のあとも、航空自衛隊の〝ブルーインパルス〟が『EXPO'70』を空に描き、広場では二百五十人の自衛隊の体操隊員が富士山や日の丸の人文字を作る。自衛隊オンパレードだ。『日本での印象は』東南アジアのある館員は首を振って答えた。『日本はわかりません』

これが万国博の日本のナショナルデーを伝える一般紙の記事なのだろうかと、疑われても不思議ではない。まるで左翼新聞の反日記事である。

〝軍艦マーチを聞かされた聴衆や各国代表は……目をパチクリ〟。日本人の観客の一部に、そのような人がいたかも知れないが、各国代表が「軍艦」をこの場で聞いたからと言って驚くわけがない。多分何の反応も示さなかったと確信を持って言える。

外国の記者団の質問に〝だれも満足に答えられない〟とは、本人も含めて日本人記者団の不勉強ぶりを、図らずも露呈したことになる。

〝日本での印象は？〟と質問されて〝日本はわかりません〟と本当に答えたのだろうか。それでは会話になっていない。記者の英語がよほど下手だったか作り話であろう。

ウイリアムズバーグ・サミットの「軍艦」騒ぎの時も、ところどころに外国人を引っ張り出して、もっともらしく作文していたが同じ記者なのだろうか、なんとも姑息である。

同じように六月三十日の「赤旗」にも〝自衛隊音楽隊の演奏は『白地に赤く』から、かつてアジア諸人民を戦禍におしつぶした『軍艦マーチ』までの軍国調〟という記述と、交声曲「日本新頌」に対する酷評が載っている。

他紙がほとんど問題にしていない「軍艦」に関して〝かつてアジアを押しつぶした行進曲〟（毎日新聞）、〝かつてアジア諸人民を戦禍におしつぶした軍艦マーチ〟（赤旗）と揃って表現しているのが面白い。

しかし、私の知るかぎり「軍艦」と大東亜戦争を結び付けて問題にした国はない。「軍艦」の記事を書く場合は、どうしてもこのワンパターンの表現しかできない記者の幼稚さが滑稽であり情けない。

第二章

行進曲「軍艦」の誕生

一　薩英戦争と英国軍楽隊

「生麦事件」の犠牲者であるイギリス人リチャードソンの葬儀の際、フランスの軍艦「ル・モンジュ」軍楽隊が演奏している記述を読んで〝英国の軍艦には軍楽隊が乗り組んでいなかったのかな？〟という素朴な疑問から、意外な事実にたどり着くことができた。

いろいろなものに書かれていることも、その元をたどってみるとまったく根拠がないまま独り歩きしていて、事実であったかのように定着してしまうことがあるようだ。「生麦事件」「薩英戦争」「明治維新」「薩摩藩伝習生」「軍楽隊」の流れが、日本の吹奏楽、軍楽隊の始まりと言える。

その日本の吹奏楽史の第一ページが、明らかに誤りから始まっていたことを、長いこと信じていた。諸文献に載っていることから、司馬遼太郎著『坂の上の雲』にも、その誤りが引用されている。

『坂の上の雲』に見る日本軍楽史

『坂の上の雲』は、サンケイ新聞に連載された長編歴史小説で、その「鎮海湾」の項に昭和四十六年七月三日から七日まで、日本の軍楽隊の発祥のきっかけになったとされる、薩英戦争における英国軍艦乗り組み軍楽隊について、次のように触れた部分がある。

薩摩藩が、西洋音楽に興味をもったのは、文久三年（一八六三）七月、この藩が鹿児島湾において英国艦隊と戦った戦闘が契機になっている。

（略）

この戦闘中、英国軍艦の上では士気を鼓舞するためにしばしば軍楽が吹奏され、それをきいた薩摩藩士たちは敵の身ながら感動し、戦後「あれはよかもんじゃった」ということになって、いつか機会があれば藩にとり入れたいという相談があった。それが実現したのが明治二年の横浜派遣で、派遣された若者は二十九人であった。

音楽関係の書物にもほぼ同様のことが記述されていることから、平成五年七月に鹿児島県垂水市での海上自衛隊東京音楽隊の演奏会の際、私はそのことを文化会館のステージで話したことがあった。

これが、実は根拠のないことだということがその後判明し、その六年後に同じ垂水市のステージで訂正するという仕儀となったが、この件に関しては後で述べる。

日本の軍楽または吹奏楽は、明治二年に横浜の本牧山妙香寺における薩摩藩伝習生から始まった。したがって当初の楽隊員の大部分は、鹿児島県出身者によって占められていた。同書には、更に次の一文がある。

これが明治四年、兵部省付属になり、同年兵部省が廃止されて陸海軍両省がおかれたときこの軍楽隊が陸軍と海軍に二分された。

このため、海軍軍楽隊のメンバーにはこの日露戦争の時期でもなお薩摩人が多く、『軍艦行進曲』の作曲で有名な瀬戸口藤吉も薩摩うまれで、明治十五年海軍軍楽隊生徒になった。

兵部省が海軍省、陸軍省に分かれたのは明治五年二月二十八日であり、楽隊員の大部分は海軍に属し二分された事実はない。

瀬戸口藤吉が海軍軍楽隊に入隊した明治十五年は、六カ月の教育期間を課せられた軍楽通学生が二十三名採用されていた。内訳は、東京九、鹿児島六、広島二、後は静岡、新潟、長崎、千葉、福島、熊本が各一名と、限られた県からであったようである。

しかし、日清戦争における軍楽隊員の戦死戦病死七名中、三名が鹿児島県人と圧倒的に多かったのに対し、日露戦争では二十名中たった一名であった。したがってかなり前から他の兵科と同様に、軍楽隊員も全国から採用されていた。

薩英戦争の軍楽演奏

薩英戦争の際の英国軍楽隊の演奏に関しては、次のとおりいろいろな文献に記されているので、年代順に紹介する。

三浦俊三郎著『本邦洋樂變遷史』（昭和六年、日東書院）

薩摩が他に率先して洋式軍樂を採用したのは軍隊の洋式化と殆んど同時であるが、遡って案ずれば更に南蠻紅毛音樂時代に其の遠因を胚胎せしめてゐたものと考へられる。『文久三年、生麦事件發生によって英國艦隊の襲撃を受けた際、海上遙かに敵艦内に起る嚠喨《りゅうりょう》たる軍樂隊の音を聞き、其の勇壯なる状態を目擊し其感激に依って逸早く劃時代的な此の計畫を起した云々。』と書いてあるものもあるが、島津久光公の其意企那邊にあるかを思ふものである。

『月刊吹奏楽研究』第六十二号（昭和三十五年九・十合併号、吹奏楽研究社）吹奏楽回顧物語（二）　錦江湾に鳴りひびく日本最初の吹奏楽の響き

この英国艦隊が六月二十七日に入港し、七月二日に戦端が開かれるまで、錦江湾上にならんだ英国艦隊の甲板上で、朝に夕に、得も言われぬ美しい音楽が流れてきた。

鹿児島の市民は、海ぎわに集って、うっとりとこれを聞いた。極楽浄土にいると云う迦陵頻伽《かりょうびんが》の音楽はこんなのであろうかと感嘆した。

今から百年前、一八六三年の六月、わが国の南端鹿児島に響いた、英海軍の軍楽隊の吹奏楽は、薩摩の人たちに、その後、日本の洋楽の先駆者としての役割をつとめさせるよすがになったように思われる。

樂水会編　橋本勝見監修『海軍軍楽隊』（昭和五十九年、国書刊行会）

次いで、文久二年（一八六二）に発生した「生麦事件」に端を発した翌三年の薩英戦争において、薩摩藩は身をもってイギリス海軍力の威力を体験し、いち早く講和を結び、戦争の相手国であるイギリスから軍艦、大砲を購入し、近代的な海軍創建に着手した。この時、イギリス海軍は砲撃を終わると沖合に退き、乗組み軍楽隊がいとも妙なる軍楽を演奏した。これを聴いた薩摩藩主以下の首脳部は、心静まって戦争終結を決心したということであるが、軍楽隊がこのような威力をもつことを薩摩藩はこの薩英戦争において会得した。

大森盛太郎著『日本の洋楽』1（昭和六十一年、新門出版社）

翌三日（八月十六日）は雨であった。午前十時、久光・茂久の両公をはじめ多くの薩軍藩兵は、旗艦「ユーリアラス」号の異様な光景を目撃することになった。その動向は戦闘準備ではない。艦内の破損の修理でもない。艦上における艦長ジョスリン大佐、ヴェルモット少佐以下十名戦死した将兵を水葬の礼に付する儀礼式であった。

儀仗兵の撃つ小銃三発の音は海上に響き、軍楽隊の演奏する儀礼曲が、鹿児島湾内そして、城下まで響いた。

島津久光は、この荘厳・厳粛な儀礼式に心を打たれ、その儀礼曲に強く心を魅かれたのであろう。そしてこのことが、西洋音楽の導入の契機ともなったと、いえよう。

『本邦洋樂變遷史』の根拠が、どこからのものか明らかでないが、他の記述も含めて多少表現は違うものの、ほぼ『坂の上の雲』と通じるところがある。かなり想像をたくましくして、いかにも事実であったかのように述べられている。

「生麦事件」と英国東印度支那艦隊

「生麦事件」が起きたのは文久二年（一八六二）八月二十一日のことである。ちょうどこの日の夕方にクーパー提督座乗の東印度支那艦隊旗艦「ユーリアラス」が香港から横浜に入港した。以後、薩英戦争をはさんで重要な働きをすることになる。

この頃は、居留外国人をはじめとして殺傷事件が頻発していた。宮永孝著『幕末異人殺傷録』（平成八年、角川書店）に、事件の翌日執り行われた犠牲者リチャードソンの葬儀の模様が、次のように載っている。

> 同日の午後四時頃、リチャードソンの遺骸は、ル・モンジュ号の楽隊に導かれた行列と共に増徳院の墓所（現在の山手外人墓地二二区）に運ばれた。葬列の先頭は楽隊、次いで武装した兵士の一隊、そのあとバックワース・ベイリー師と続き、次に四名の柩付き添い（F・H・ヴァイス大佐、A・J・ガウア、アスピノール、J・H・ベル）とリチャードソンの遺体が続いた。さらにイギリスやフランスの武装兵士たちの一隊、フランス公使ベルクール、イギリス代理公使ニール、イギリス海軍の将官及び士官たち、各

国領事たち、居留民らが従い、しんがりはイギリスの護衛兵が務めた。

葬儀の先頭を吹奏行進したのは、フランスの軍楽隊であって、英国の軍楽隊は参加していない。当然乗り組んでいたはずの艦隊旗艦の軍楽隊が、同国人の葬儀に参加していないのは妙な話である。そこで薩英戦争の際、艦上演奏をしたとされている「ユーリアラス」軍楽隊の動向について調べてみた。

A・ボードウァン著、フォス美弥子訳『オランダ領事の幕末維新』(昭和六十二年、人物往来社)の日本からオランダへ送られた手紙の中に、次の記述がある。

文久二年十月十二日　昨日金毘羅山で、英国旗艦所属の軍楽隊が参加した、大パーティーが催されました。

「生麦事件」が起きてから二カ月弱後の長崎でのことである。艦名は明かでないが〝英国旗艦所属の軍楽隊〟とは、当然「ユーリアラス」乗り組み軍楽隊のことであろう。その軍楽隊がリチャードソンの葬儀に参加しなかったのには、それなりの事情があった。

「生麦事件」の当日、上海から英艦「リングドープ」も横浜港に入港している。この艦のクレイギー艦長はコレラに罹病して重態であったが入港後に死亡し、その葬儀が同じ日に実施されていた。

以上の状況から旗艦軍楽隊は艦長の葬儀に、民間人のリチャードソンには「ル・モンジュ」乗り組み軍楽隊が参加したと考えられるが、いかがなものだろうか。

翌文久三年（一八六三）十一月半ば、英国軍による大行軍が横浜で実施されたことが、J・R・ブラック著、ねず・まさし他訳『ヤング・ジャパン』1（昭和四十五年、東洋文庫）の第二十三章に、次のように載っている。

横浜における艦隊　居留地では、海軍の軍人が大切であることは、あの「行進」――のちには、ありふれたことになり、兵士達の健康に非常に有益だった――の最初のものが、十一月半ばに行なわれたことからも推測されよう。それは千百五十名から編成されていた。彼らはアレクサンダー艦長の指揮する数隻のイギリス艦から海岸通りに上陸し、ユーリアラス号の軍楽隊を先頭にして、横浜から神奈川まで四マイルも行進し、東海道の近くまで行った。

薩英戦争の後であるが派手な示威運動を展開して、対処に苦慮している幕府に揺さぶりをかけたのであろうか。いずれにしても「ユーリアラス」軍楽隊は、各地で大活躍していたようである。

「ユーリアラス」艦上での軍楽演奏

紹介したように多くの書籍に薩英戦争時の軍楽演奏が載っているが、その出典の根拠を明示したものは一つもない。多くの研究者が参考にしている三浦俊三郎著『本邦洋樂變遷史』が、昭和六年と知る限りでは最初の記述である。列記した他の記述は、ほとんどここから引用したものと思われる。

ただし、この砲戦が行われた日は風雨の激しい天候であったこと、旗艦の艦長、副長以下が戦死するという戦闘状況であったこと、艦砲射撃により鹿児島市街が焦土と化す大火災であったこと、その他諸々を詳細に検討すると、もし軍楽演奏があったとしても、それが薩摩藩士の耳に達し、感銘を与えたとはとても考えられない。

柴田宵曲編『幕末の武家』（昭和四十年、青蛙房）の中に「目撃した薩英戦争」という清水卯三郎の手記が載っている。

> 大砲が撃ちやみ煙が晴れました。ちょうど今の三時頃、大風雨がありまして、軍艦はいずれも動揺しました。その中の一艘は堪えずと思いけん、浮旗を縛りつけて碇を切り捨てました。船を廻してもとのところへかかり、その夜はそこで食事をすませ、楽隊も吹奏して泰然たる様子でありました。

これは「ユーリアラス」に乗っていた日本人の証言であるから、間違いないであろう。軍楽隊は確かに演奏していたのである。

この「ユーリアラス」軍楽隊の演奏会が、文久三年九月十四日に横浜の海岸通りにおいて実施されていることが、同月十二日の英字紙「ジャパン・ヘラルド The Japan Herald」に載っている。

ロッシーニの「ウイリアム・テル」序曲やヴェルディの「ナブッコ」などが演奏されているが、おしまいがギャロップ「カゴシマ」Gallop, Kagosima（テッシ Tessi 作曲）で締め括っている。

時期的に見て薩英戦争に参加した軍楽隊員が、急遽その印象を描写的に作曲したものと思われる。楽譜の存在を英国海兵隊軍楽隊に問い合わせたが、保存されていなかった。

英国艦隊の親善訪問

薩英戦争は戦死者の数においては英国側の方が多いが、薩摩側も砲台を粉砕され、藩船や鹿児島市街を焼かれ、引き分けのような結果で終わった。これをきっかけに双方が接近し、明治維新の大きな推進力となったことは周知のとおりである。

この戦争ばかりが大きく取り上げられているせいか、その三年後の慶応二年（一八六六）に、英国の艦隊が鹿児島を親善訪問していることは、ほとんどの歴史年表にも載っていないため、あまり知られていない。

公爵島津家編纂所編『薩藩海軍史』（昭和三年、復刻版原書房）に、その時の模様が詳しく載っている。当時の薩摩藩は〝士風興奮敵艦隊再來せば一撃粉砕せん〟との情勢であっただけに、百八十度の方向変換には、当然戸惑いや混乱が予想された。藩主などの配慮が、次のように記されている。

是れより先き五月十五日、英國公使の來鹿に關し、久光公及び忠義公は不測の事變突發せんことを慮り、一般士人に對し注意周到なる訓諭書を發せり。薩英戰爭以後、昨日の敵を迎へ、士氣昂奮の際に、今日は彼等と懇親を結ばんとすることなれば、壯士輩の輕擧妄動を顧慮したる兩公の苦心察するに餘りあるべし。

キング提督座乗の旗艦「プリンセス・ロイヤル」が、長崎から「サーペント」および「サラミス」を伴って、鹿児島湾の谷山和田村沖に仮泊したのは、慶応二年六月十五日であった。「サラミス」にはパークス公使が夫人同伴で乗艦していた。

翌十六日午後一時鹿児島に入港し、以下陸上、艦上で双方の親善交流が繰り広げられることになる。

英国側は、操艦訓練、実弾射撃、陸上操練などを披露しているが、その折々に軍楽隊の演奏が記録されている。

「英國公使鹿兒島訪問」という記事が、八月二十七日の横浜新報に掲載されている。これはキング艦隊に同行した長崎在住の一英国人が、同紙に送ったものである。この中の軍楽演奏と思われる個所を拾うと、次のような記述が見られる。

翌日十一時の頃薩摩公小船に乗じ『プリンセス、ローヤル』に來訪す、我艦にては登桁禮式をなし衛兵隊を立て附け奏樂をなせり。

かつての敵の軍艦を藩主が訪問し、舷門で栄誉礼を受けるという意外な展開となり、その楽の音は固唾を飲んで見守っていたであろう薩摩士民の耳にも届いたのではなかろうか。薩摩側の記録には、次のような感想を書き残した者がいる。

丙寅六月十九日　晴四ツ時分太守様二丸公竝御子様方、小鷹丸より軍艦へ御乗附、大砲打方御覽（略）八ツ時分相濟候。公など御立、舟へ御乗附直に樂を奏し、其國主の樂をいたし候由、樂の音聲我々共が耳には『ジャレ』節の様に相聞得候

「英國公使鹿児島訪問」の記事には〝酒宴の間に音樂を奏すること、一時間計なり〟という記述もある。磯別邸における薩摩側の歓迎の宴席でのことであるから、英国軍楽隊ではなく薩摩側が用意した邦楽の可能性もある。

薩摩側の記録として『名越時敏日誌』（慶応二年）に、陸上操練の際の軍楽演奏を記した部分がある。

二十日、八つ時分より磯へ
御兩殿様御出、英人調練有之、調練傳馬七八艘に乘り、壹艘に三十人計つヽ乘り、船も揃へ乘來り上陸一所にいたし、直に備を立て三百人三行に立ち、『ドラ』を打ち立て手拍子之様なる鐘を打ち、牛『ホラ』（喇叭）を吹き、足並を揃へ押太鼓を打出す……。

〝手拍子之様なる鐘〟とは、シンバルのことであろう。〝牛『ホラ』（喇叭）〟となると理解に苦しむが、牛の角で作る法螺貝様の鳴り物が同地にあって、ラッパをこのように表現したのだろうか。〝足並を揃へ押太鼓を打出す〟とは、ドラムマーチによる行進の発進であろう。

この操練は、海兵隊員を中心とした上陸作戦を披露したものであろう。多くの藩士は、その見事な動作に感嘆したことは十分に想像できる。

そして〝あれはよかもんじゃった！〟と感動し〝いつか機會があれば藩に取り入れたい〟という気運が、これを機会にあったとしても不自然ではない。

いずれにしても、この時の英国艦隊の親善訪問と薩英戦争とが混同して、尾ひれが付いて伝えられてきたため〝英国軍艦の上では士気を鼓舞するためにしばしば軍楽が吹奏され……〟というような『坂の上の雲』の表現にまで変化してしまったのであろう。

日本の吹奏楽史の第一ページは、どうやら書き改めなければならないようである。

二「軍艦」の作曲者瀬戸口藤吉

「軍艦」の初演に関しては、昭和十五年以降に定説が生まれ、長いこと信じられてきた。私自身もそう信じ込んでいて、そのまま演奏会のプログラムやレコードの解説に引用したことがあった。

活字になっているものは信じられやすい。まして、その筆者が高名であれば、それだけで権威のある説として独り歩きする危険性がある。「軍艦」も正にそのように定着していた。

作曲者に関しても、実はあまり詳しく明らかにされていない部分があった。作曲者の生い立ちと、海軍軍楽長に栄進するまでの経緯と晩年を紹介する。

「軍艦」初演の通説

昭和十五年九月十七日午後七時、日比谷公会堂において「軍艦行進曲四十年記念大演奏會」が盛大に催された。海軍軍楽隊の古老の記憶を頼りに、音楽評論家の堀内敬三が初演の時と場所を推定し、音頭を取って実現した演奏会であった。

主催が大日本音楽協会、海軍軍楽隊の出身者で組織している後樂会及び東京市、後援が海軍協会と海防義会、協賛として関東吹奏楽連盟、大日本吹奏楽報国会、全国蓄音器レコード

「軍艦行進曲四十年記念大演奏會」プログラムの表紙（昭和15年9月17日、日比谷公会堂）

製造協会、そして中央交響楽団が名を連ねていた。

和服姿の瀬戸口翁が、指揮をしているこの演奏会の模様は、日本ニュース第十六号で映像が残されている。

以後「軍艦」の初演は〝明治三十三年四月三十日、神戸沖の観艦式場へ向かう常備艦隊旗艦「富士」乗り組み軍楽隊によって行われた〟ということが定説となった。

昭和十六年十二月、『バンドの友』と『吹奏樂月報』という雑誌二誌が、情報局の指導により『吹奏樂』という誌名で統合された。

その創刊号に「瀬戸口樂長を偲ぶ」と題する座談会が載っている。大東亜戦争開戦のちょうど一カ月前の十一月八日に、亡くなったばかりの瀬戸口楽長縁の歴代海軍軍楽長のほか、音楽評論家堀内敬三、音楽之友社創立者目黒三策などが出席している。その中で堀内は「軍艦行進曲四十年記念大演奏會」開催のきっかけを、次のように語っている。

堀内　「軍艦行進曲」が出來たのは明治三十三年といふ話でした。私が昨年「軍艦行進曲四十年祭」といふものをやっていただきました時に、これはほんたうに偶然で、私は漠然と考へでさういふこと云ったんですがそれがほんたうだったんですな。その時に島田樂長が、明治三十三年の四月三十日の神戸の大観艦式の時に初めて演奏されたといふ証言がありまして、ハッタリが眞になりまして大變好い心持ちでした（笑聲）。それで、どうだい云はないこっちゃない、といふやうなことになったんですが、實は初めは明瞭じゃなかった……。

この時の話がきっかけとなって、その後日比谷公園に「軍艦行進曲記念碑」が建立されることにもなるのである。軍歌集やレコードの「軍艦」初演に関する根拠は、すべてここからのようであるが、ウイリアムズバーグ・サミットで脚光を浴びてから、いろいろと調べているうちに、この初演の時と場所に大きな疑問が出てきた。

一般に楽曲の初演とは、演奏会など公開の場所で新曲を披露することを言う。そこで、観艦式場へ向かう軍艦の艦上で〝新曲の初演と呼ぶにふさわしい演奏会などやったのだろうか？〟という疑問を抱いた。

演奏会の形式はとらないまでも、時と場所が特定できれば、初演としても差し支えないであろうが、果たしてどうだったのだろうか。

明治三十三年の海軍大演習観艦式

明治二十八年四月十七日、日清戦争は日本の勝利で終わったものの、講和条約が調印され

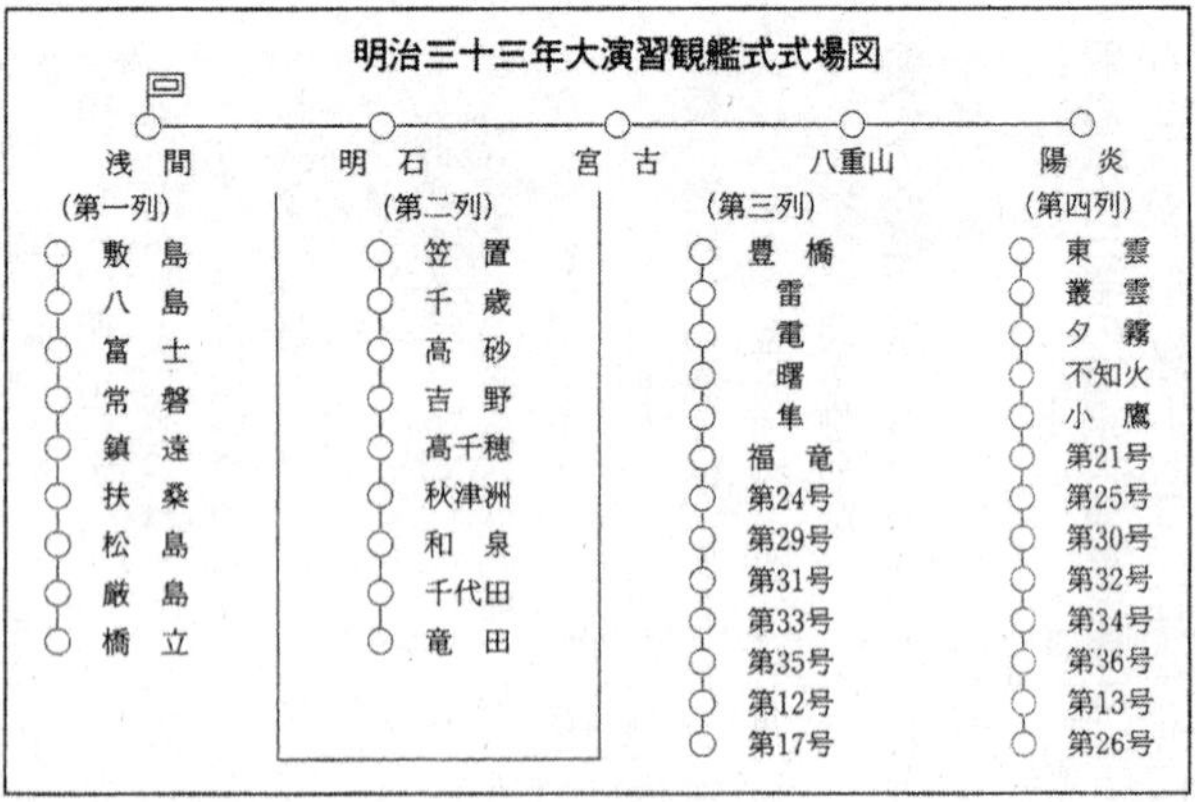

た直後、日本が清国から割譲を受けることになっていた遼東半島の領有権を放棄するよう、ロシア、フランス、ドイツから勧告を受けた。世に言う「三国干渉」である。日清戦争直後の日本の国力では、この勧告を受け入れざるを得なかった。

その後ヨーロッパ列強は、「三国干渉」で返還された遼東半島を含む清国各地を租借という名目で分割していった。特に帝政ロシアの伝統的南下政策は露骨さを極め、日本の権益に対する重大な脅威になることは目に見えていた。

「臥薪嘗胆」を合言葉として国力を養い、ロシアに対抗するための軍備が整いはじめたのが、明治三十三年頃である。海軍力増強のため外国に発注した軍艦の一部が、ヨーロッパから日本に徐々に回航されつつあった。

明治三十三年三月二十七日から五月二日ま

での間に実施された海軍大演習は、新造艦も加わった大規模なものであった。大演習観艦式が神戸沖で実施されたのが、演習末期の四月三十日であった。参加艦艇四十九隻、十二万九千六百一トンで、「観艦式」という名称が使われたのは、この時が初めてである。

防衛研究所図書館所蔵の『明治三十三年公文備考』には、この大演習と観艦式に関する詳細な記録が残されている。その中から「軍艦」の初演に関係のありそうな部分を拾い出してみた。

観艦式式場図では、受閲部隊は四列で整列し、問題の「富士」は「敷島」「八島」に続いて第一列の三番艦に位置している。

当初、お召艦は「富士」が予定されていたが、直前に伝染病患者が発生し、急遽「浅間」に変更された。現存する式場図には、各艦の位置が最終決定するまでの修正箇所が、鉛筆書きで数多く見受けられる。

常備艦隊旗艦「富士」には、当然軍楽隊が乗り組んでいたはずである。伝染病患者発生に伴い、軍楽隊だけがお召艦に乗り換えるわけにもいかず、大急ぎで横須賀から軍楽隊を呼び寄せることになった。

海軍罫紙に墨字で書かれた四月二十一日発信の電文の起案文書が、次のとおり残されている。

横鎮長官傳令案　　　　　　**大臣**

其ノ府ノ軍樂隊一隊ヲ二十四日マテニ呉ニ到着スル如ク派遣シ統監ノ指揮ヲ受ケシムヘシ

統監宛電案　　　　　　**大臣**

軍樂隊ハ二十四日マテニ到着スル如ク派遣スヘシ旨横鎮ニ命令セリ淺間ニ乘込ミ方取計フヘシ

宛先、発信者の記録はないが、同じく四月十七日起案の次の一文も残されている。

大演習第二演習中軍樂隊一隊を軍艦敷島ニ配乗候様取計フヘシ

「敷島」は明治三十三年一月二十六日、イギリスのテームズ社で竣工したばかりの一等戦艦である。翌二十七日出港し地中海、インド洋を経由して呉に入港したのが四月十七日であった。一時所在が不明となり心配されていたが、呉入港を確認した上で、この命令は発信されているようだ。

佐世保所属予定の「敷島」であったが呉に直行し、大急ぎで艦体の塗装を行い大演習に参加した。

明治天皇が観艦式終了後この最新鋭艦に臨御され、正午から外国公使館付武官及び参列した外国軍艦の司令官、艦長が拝謁、統監の伊東祐亨海軍大将以下は後甲板での賜餐で酒肴を賜ることになった。しかし、旗艦の軍楽隊が使えなくなったことから、その前後の電報のやりとりに、かなりの焦りが見られる。

『海軍文庫月報』第十号の中川務著「明治三十三年海軍大演習及び観艦式」（昭和五十七年四月、海軍文庫編集室）によれば、大演習のクライマックスは四月二十八日であった。

午後九時過ぎ、突然暗黒の海上にお召艦「浅間」がイルミネーションを点灯し、供奉艦その他もこれに倣い大演習は終了した。翌二十九日午前九時、演習部隊の全艦は黒江湾に集合し、伊東統監以下の指揮官は「浅間」に伺候、親しく勅語を賜わった後各艦は抜錨、神戸沖の観艦式場に向かった。

同日午後、神戸沖に到着した「富士」は、在泊中のロシア軍艦「アドミラル・コフニロッフ」及びフランス軍艦「デントレーカストー」と礼砲を交換、続いて全部隊が観艦式予定錨地に投錨した。

以上のことから「軍艦」の初演とされている〝神戸沖の観艦式場へ向かう常備艦隊旗艦「富士」乗り組み軍楽隊〟という根拠は完全に覆ってしまう。「富士」は前日観艦式場に投錨しており、当日の朝は動いていない。

四月三十日が正確であれば、横須賀から急遽派遣された軍楽隊がすでに乗り組んでおり、当日の朝観艦式場に向かった「淺間」ということになる。

総理大臣と瀬戸口藤吉

軍歌「軍艦」を作曲した瀬戸口藤吉は、明治元年五月十日、薩摩國鹿児島郡小川町に生まれた。父覺兵衞は琉球王朝の式典用度係のような仕事に従事しており、沖縄方面との行き来が多かったことから、藤吉の少年時代は孤独であったらしい。

藤吉は〝明治十三年、覺兵衞の実弟で当時横須賀鎮守府経理部勤務の大山軍八の養子となり大山と改姓し横須賀に赴いた〟とされていた。この養子縁組により、藤吉の一生が定まったのは間違いないであろう。

「鎮守府」とは、各海軍区の防御、警備並びに所管の水師準備に関することを司り、所属部隊を監督した海軍軍政上の機関で、横須賀、呉、佐世保、舞鶴に置かれていた。日露戦争後の一時期、旅順にも置かれていたことがあった。海上自衛隊の地方隊（総監部）に相当する。

鎮守府には組織上、海兵団所属の軍楽隊が設置されることが定められていた。したがって旅順にも短い間ではあったが小編成の軍楽隊が配置されていた。また、舞鶴のように軍縮の影響で一時期要港部に格下げになった時は軍楽隊は横須賀に引き上げられ、鎮守府に戻った時に再度配置されたこともあった。

これは明治十九年七月十五日付の「海軍軍樂員條例」（勅令第六十八号）第二條に〝各鎮

守府各艦隊ニ要スル軍樂員ハ横須賀鎮守府ヨリ分遣スルモノトス〟と規定されていることからの編成上の措置であった。

しかし明治十三年当時は、横浜に置かれていた東海鎮守府のみであった。横浜から横須賀に鎮守府が移され開庁したのは、明治十七年十二月十五日のことであるから、大山軍八の横須賀鎮守府経理部勤務というのは誤りであろうから、藤吉は〝横浜に赴いた〟というのが正しい。

なお大山軍八に関しては、鎮守府経理部勤務と伝えられているが、『海軍省日誌』の明治十年一月二十八日の達書に、「三等筆記大山軍八　警吏補被申附」と載っている。更に十三年十一月五日の御沙汰書には「鹿児島逆徒征討ノ際盡力其勞不少ニ附金貳拾五圓下賜　海軍警吏補　大山軍八」という記録があることから、西南戦争にも参戦した軍人であった。「警吏」を「経理」と間違えていたようである。

海軍が軍楽隊員を初めて公募したのは明治十一年のことである。合格者十名の中には「君が代行進曲」の作曲者として知られており、ドイツ留学の後に軍楽長となった吉本光藏《みつぞう》がいる。

第二回目の公募軍楽生として、他の二十二名と共に藤吉が採用されたのは、明治十五年十二月二十三日のことである。兵籍番号は一一〇七五であった。

当時の軍楽長は、薩摩藩の伝習生から初代海軍軍楽長となった長倉彦二改め中村祐庸《すけつね》であった。成績優秀な藤吉は、早くから同郷の中村に目を掛けられていたらしい。

明治二十七年七月十三日、藤吉は海軍軍楽師に任ぜられた。弱冠二十七歳の准士官が誕生した。

この昇任試験の際、どうしても分からない問題が何題かあった。〝自分はまだ若いから〟と諦めかけたところ、これに気が付いた試験官が〝まだ時間はある。落ち着いてよく考えろ！〟と督励した。気を取り直した藤吉は、何問かの正解を出し見事合格した。

この試験官こそ後に海軍大臣、総理大臣になった若き日の岡田啓介（海兵十五期）であった。昭和十一年の「二・二六事件」の際〝自分の大恩人の生存を知り、大喜びした〟と、子息晃氏から直接聞いたことがある。

岡田首相の三男貞寛氏（海経二十五期）の「海軍思い出すまま　その八」（平成十一年十一月、『誠斗会会報』増刊第九号）によれば、瀬戸口との接点は明治二十七年三月頃から始まる。海軍少尉に任官して四年目の岡田は、海軍大学校丙種学生を恩賜の双眼鏡を頂いて卒業したが、配属されたのは横須賀海兵団分隊長心得であった。

軍楽隊の分隊長も兼ねるこの補職は、血気盛んな青年士官には当然不満だったようで、毎日私室のベッドでふて寝をしていたらしい。海軍で言うところの「不関旗」（「我関せず」の意味の信号旗のこと）を掲げていたのであろう。

見かねた楽長が毎日私室を訪れ、若年ではあるが上官の岡田に対し音楽教育を行い、少しずつ興味を持たせて、やがて合奏訓練の場にも顔を出すようになったという。

後年、提督連中が集まる場で、音楽談義となると蘊蓄を傾けたようで〝無趣味の岡田がなぜ音楽に詳しいのか？〟と不思議がられたという。この時の楽長は、当然中村祐庸のことであろう。

軍楽師となった藤吉は、明治二十九年三月十一日、横須賀の逸見で旅館「三富屋」を営む鈴木庄兵衛の次女たまと結婚した。二人の間には、長女ソノ、次女ナオ、長男峻、三女冨貴、四女歌子、五女京子、六女千枝子、次男晃の二男六女が儲けられた。

次女と四女は早世した。歌子が死去した際〝楽長、なんで一番の美人を死なせてしまったのですか！〟と言った軍楽隊員がいたとかで、他の姉妹がお冠だったという。

長男の峻は横須賀で開業医をしていたが、昭和十五年六月に急逝した。老齢の瀬戸口の落胆ぶりは見るも哀れなものであった。次男の晃氏は、平成五年六月二十八日に逝去した。この時点でも五女の京子さんは、福島県にご健在であった。

藤吉が出世するに伴い、父覺兵衛は養子に出したのが惜しくなってきた。〝藤吉をこっちに返せ！〟と言い出したころから問題が起こった。大山家側も〝今更手放すわけにはいかない！〟とつっぱね、話はこじれた。

そこで妻たまの父親が中に入って話し合った結果、養育費という名目で大山家に金を払うことで決着し、妻の実家が用立てた。瀬戸口家へ妻子を伴って復籍したのは、明治三十三年九月十一日のことであった。

そして、明治三十六年九月二十六日、入団以来二十年余りを費やして、待望の海軍軍楽長に昇任した。数え年三十六歳であった。

翌年に勃発した日露戦役では、戦の場に直接出ることもなく横須賀海兵団で勤務していた。やっと第一艦隊旗艦「三笠」乗り組みを命ぜられたのは、日本海海戦が連合艦隊の大勝利で終わった直後の明治三十八年六月十四日のことであった。

明治四十年には遣外艦隊旗艦「筑波」に乗り組み、欧米諸国の巡航に参加した。艦隊が英国のシャネルに寄港中の六月十一日、吉本光藏軍楽長が急逝した。享年四十五歳の働き盛りであった。ここに瀬戸口時代が到来した。

明治三十八年八月一日から始まった陸海軍軍楽隊の日比谷公園音楽堂における野外演奏会は、日本の音楽界に計り知れない貢献をしている。この公園奏楽に、海軍軍楽長として最初から指揮を執ったのが吉本であった。

瀬戸口の名前が初めてこの演奏会に載ったのは、手元の資料では明治四十一年六月二十八日である。以後、二度目の遣外艦隊乗り組みを命ぜられた四十四年の一時期を除き、大正六年末の引退まで瀬戸口時代が続くのである。

瀬戸口軍楽長の大きな功績としては「弦楽の導入により管弦楽編成の確立」「横須賀海兵団軍楽隊の東京進出」「海軍軍歌の作曲及び編纂」の三つを挙げることができる。

東京音楽学校に軍楽隊員を派遣し弦楽を修得させるため、東京に軍楽隊を一隊設けることは、少尉相当の一軍楽長の政治力では、かなり難しいことであったと思われる。

海軍軍楽隊に弦楽を取り入れた件に関しては、最後の駐独海軍武官として終戦をヨーロッパで迎えた、日独協会の小島秀雄元副会長（海兵四十四期、海軍少将）から興味ある話を聞いたことがある。

伊集院五郎海軍大将（海兵五期）から〝海軍軍楽隊に弦楽を入れたのは僕だよ！〟と聞いたことがあったそうである。

明治四十年の遣外艦隊の司令官は伊集院であった。十一年から四年間、英国に留学した伊集院であれば、軍楽隊にもかなりの理解を示したのではなかろうか。帰国後、海軍軍楽隊のトップに座った瀬戸口に対して、側面からバックアップをしたことが、その言葉から推察できる。

再び脚光を浴びる老軍楽長

大正六年十一月十五日、横須賀鎮守府から待命を命ぜられた瀬戸口は、三十五年にわたって勤めた海軍軍楽隊を去った。後任は横枕文四郎（明治二十九年入団）軍楽長であった。

「瀬戸口軍樂長告別音樂大演奏會」は、十一月四日午後零時三十分から帝國劇場において盛大に開催された。演奏は海軍軍楽隊の管弦楽で、指揮は瀬戸口自身であった。賛助出演として、小倉末子、サルコリ、樋口信平の三氏の名前がプログラムに載っている。

九曲目のプレリュード「瀬戸口軍樂長に捧ぐる告別紀念曲」は、親交のあった山田耕筰が、この日のために特に作曲し献呈したものである。

海上自衛隊音楽隊在職中に、一度演奏してみたいものと楽譜を探したことがあった。しかし、山田耕筰の作品がすべて納められている日本近代音楽館の「山田耕筰文庫」にも楽譜は保存されていなかった。当然、海軍軍楽隊が所持していたのであろう。

雑誌『文藝春秋』（昭和二年五月号）に載っている兼常清佐という人の書いた「音樂雜談」の中に〝その劈頭第一に瀬戸口の郷里が薩摩である事から、薩摩琵琶のメロディを管樂器で吹かした〟と、この曲のことが書かれている以外は、どのような曲であったのか、今のところ不明である。

退役後の瀬戸口は、東京帝国大学、学習院、法政大学などの音楽部の指導やオルケストラ・シンフォニカ・タケヰの指揮をするなど地味な活動が多く、楽壇の表舞台にはあまり出なかった。

地道に後進の育成に余生を送っていた元海軍軍楽長が、国民歌一曲の作曲により再び脚光を浴びたのも、一つの時代の要請だったのかも知れない。この官製の歌一つから、作曲者の周囲に多くのドラマが展開していくことになる。

国民歌「愛國行進曲」の誕生

全国民の精神作興の一助にと〝躍進日本を歌う明朗歌を募る〟というキャッチ・フレーズで、内閣情報部が国民歌「愛國行進曲」の歌詞募集規定を発表したのは、昭和十二年九月二十五日のことである。

十月二十日の締め切りまでに本土はもとより、大陸、台湾、樺太、遠くはハワイ、南米からも歌詞が寄せられ、応募総数五万七千五百七十八篇の多きに達した。

島崎藤村、佐佐木信綱、北原白秋などの審査員によって厳選を重ねた結果〝美しく〟〝明るく〟〝勇ましい〟行進曲の歌詞として入選作を決定した。明治節前夜の十一月二日夜、内閣情報部から入選者が発表された。

一等は鳥取県西伯郡境町入船町の自宅で印刷業を営んでいる米子商業学校出身の二十三歳の青年森川幸雄、二等は大連市嶺町屯小学校長として徳望のある湯下誠一郎、三等は慶應義塾出身の山口県柳井商業女学校教諭川野道明であった。

一等には総理大臣銀牌及び賞金一千円、二等には総理大臣銅牌及び賞金五百円、三等には総理大臣銅牌及び賞金三百円が贈られることになっていた。

〝見よ東海の……〟で始まり、六番まである一等入選歌は、難解な漢語が多く使われていることもあって、識者の間での評判はあまり芳しくなかった。

入選歌発表と同時に〝日本国民が永遠に愛唱し得るべき明るく美しい力強い歌を〟と、一等入選の歌詞にふさわしい力強い曲調の作曲募集規定も公表された。

作曲の懸賞募集は十一月三十日の締め切りまでに、歌詞募集の時と同様に海外からも数多く寄せられ、総数は九千五百五十五曲にのぼり、十二月二十日に入選曲が発表された。

橋本國彦、堀内敬三、山田耕筰、信時潔などによって選ばれた一等が、「軍艦」の作曲者瀬戸口藤吉元海軍軍楽長だったことから、より以上に話題は盛り上がった。二等は東京音楽学校出身でキングレコード所属の作曲家平岡照章、三等は千葉県の木更津高等女学校教諭山口シヅエであった。

大日本作曲家協会では会員に対し〝この國家的事業に共鳴する意味から必ず應募するように！〟という意味の通知を出したことから、有名な作曲家はほとんど応募していた。二等の平岡のほか選外佳作の中に、大中寅二、飯田信夫、林良夫の名が見られる。

これに反し歌詞募集の際の文壇の対応は冷ややかで、一流の詩人の応募はほとんどなく、国策愛国歌に対する無言の抵抗を示していたかのようである。したがって作曲に対してはまったく聞かれなかった批判が、歌詞に対してはかなり辛辣に加えられていた。

病床にあった老軍楽長が、愛国の血潮に燃えて三年ぶりに作曲したものが見事一等の栄冠を獲得した。その喜びの声を十二月二十日の東京朝日新聞は、次のように伝えている。

愛國行進曲の作曲だと言ふので當落を超越したのです。一億國民の誰方にも歌って頂ける様に簡單明朗にと作曲しました。一人が歌へば隣りの人がつい思はず知らずそれにつれて歌が自然に口から飛び出す様にと苦心しました。今迄長い歌は全部歌はれなかった様ですから今度は六節の歌を三つに分け、曲としては三節のものと見なして作曲しました……。

「愛國行進曲」の歌詞は、入選発表時は六番まであったが作曲は、一番と二番を合わせて一番とした。歌詞の最後の句を繰り返すことは許されていたが、このことに関しては若干の異論があったようである。しかし、何ら規定がなかったことから、その独創性も支持され一等に選ばれた。

「愛國行進曲」の部内発表演奏会は、十二月二十四日の午後一時三十分から、首相官邸大ホールで実施された。演奏は内藤清五隊長（明治三十九年入団）指揮の海軍軍楽隊で、独唱は奥田良三と中島淑子であった。

米内光政海軍大臣、杉山元陸軍大臣をはじめ各大臣が居並ぶ中で、風邪のため欠席した近衛文麿首相の代理として、横溝光暉内閣情報部長から、当日出席した一等の瀬戸口藤吉、二等の平岡照章に内閣総理大臣賞が授与された。

法政大学在学中の令息晃氏に付き添われて、この晴れの授与式に出席した病身の老軍楽長は、足取りこそ危ぶまれたものの〝最後の御奉公、最大の喜びです！〟と感激の面持ちであった。

首相官邸の発表演奏会の翌々日、十二月二十六日午後七時から日比谷公会堂に満員の聴衆を集めて「愛國行進曲」の発表演奏会が実施された。この模様は八時までラジオで全国中継放送されている。

行進曲「愛國」作曲の裏話

題名に行進曲が付いているので紛らわしいが、この愛国歌「愛國行進曲」をトリオ（中間部）にした吹奏楽用の行進曲「愛國」の作曲が、内閣情報部によって企画されていた。作曲は、陸海軍軍楽隊から作曲の第一人者を選び、合作することに決まった。

陸軍からは大正十四年、陸軍戸山学校入校の須摩洋朔氏が選ばれた。須摩氏は終戦を南方総軍軍楽隊副隊長として迎え、戦後はＮＨＫ交響楽団トロンボーン奏者を経て、初代陸上自衛隊中央音楽隊長を務めた。

海軍からは昭和四年、横須賀海兵団入団の鹿倉丑松兵曹が選ばれた。鹿倉氏は後に斉藤と改姓するが、海軍軍楽隊の中では「鹿倉節」と呼ばれていた独特のメロディーとリズムを持ち、数多くの行進曲や軍歌の名曲を残している。

この行進曲「愛國」作曲に関するエピソードは幸いなことに、ご両人から直接話を聞くことができた。

須摩氏の鹿倉氏に関する印象は、非常に控え目で、すべて上級者の須摩氏をたて、出だしのように大事なところは任せようとしていたという。

鹿倉氏は、陸軍とはいえ先輩である須摩氏に遠慮しながらも、任せられたところが思うようにできず独り悩んでいた。その悩みに気が付いた内藤隊長が〝鹿倉、自分なりに納得のいく行進曲を作ってみろ！〟とアドバイスした。

関係者が集まって新しく作曲された合作の行進曲「愛國」が披露された際〝もう一つあるので聞いてもらいたい〟と内藤隊長が鹿倉兵曹作曲の行進曲を紹介した。

無理に合作でつなぎ合わせたものよりは、こちらの出来上がり方が良かったことから、公式の行進曲「愛國」は鹿倉兵曹作曲のものに決まり、帝国軍楽隊作曲として発表された。陸軍側としては当然面白くなく〝海軍にしてやられた〟というしこりが残った。

しばらくして両軍楽隊が一堂に会することがあった。その際、陸軍軍楽隊の一将校が〝お前が鹿倉か！〟と、いきなり往復びんたを食らわした。ジッと耐えた鹿倉兵曹に〝よく我慢してくれた〟と内藤隊長が慰めたという。

これは〝同年兵の親友にも、今まで一度も話したことはありませんでした〟と斉藤氏から直接聞いた話である。なお、殴った陸軍将校の名前を聞いてはいるが、よく知られている人なので、私の胸にしまっておくことにする。

その後陸軍では、須摩氏が改めて作曲した独自の行進曲「愛國」を演奏するようになり、レコーディングも行われている。

空前のレコード制作と映画

内閣情報部が国民歌ということで、著作権使用料なしで各社にレコード制作を許可したため、十数種のレコードが発売され前代未聞の販売合戦が展開された。〝あらゆる機会に歌うように！〟と指導されていたため、所期の目的どおり全国民に愛唱されたのみならず、海外でも盛んに歌われた。

昭和十三年四月からは、日比谷公園大音楽堂の陸海軍軍楽隊の公園奏楽においても、演奏会の最後は、「行進曲『愛國』（總員合唱）・内閣情報部撰定・帝國軍樂隊作曲」とプログラムに載るようになり、以後毎回必ず演奏されるようになった。

同じ年、東宝映画では瀬戸口軍楽長の半生を描いた映画物語を制作した。主人公の瀬戸口藤吉には、当時すでに新劇界のベテランであった滝沢修が扮している。

題名は『愛國行進曲』『旭日高く』『軍樂の父』『軍樂一筋七十年』などいろいろと候補に挙がったが、最終的には『世紀の合唱』に決定した。

封切りに先立って雑誌『バンドの友』社が主催して、四月十八日午前十時から日比谷映画劇場において試写会が開催された。この映画制作には、最初から反対だった瀬戸口も、夫人と令嬢を伴って出席している。

その後行われた丸の内の山翠楼での懇親会での座談会の模様が、同誌の五月号に載っている。過剰な演出で事実と異なる内容のものを作られたのが気に入らなかったようで、憤懣やるかたない雰囲気が、瀬戸口の発言から伝わってくる。

三　大学者だった作詞者鳥山啓

大博物学者であった南方熊楠が、唯一師と仰いだのが、「軍艦」の作詞者鳥山啓《ひらく》だったということは、あまり知られていなかった。

二人の出生地、和歌山県田辺市の郷土史家が明らかにしたもので、これほどの大人物が世の脚光を浴びることもなく、埋もれたままになっていたことが不思議である。そして、その子息が内閣総理大臣を務めた人の姉を妻としていたとは、知る人ぞ知る事実である。

別の時代に生きていたならば、あるいは別の生き方をしていれば「軍艦」の作詞者としてのみ、後世に名を残すだけの人物ではなかったはずである。

明治という時代を生きた大学者の作詞者と、作曲者との関係を紹介する。

小学唱歌「軍艦」の作者

海軍の軍歌として瀬戸口藤吉が作曲する前に、「軍艦」は別の形で発表されていた。大日本図書株式会社から明治二十六年八月十八日に発行された伊澤修二編纂の『小學唱歌』巻六之下篇應用歌曲の二曲目に、作歌鳥山啓、作曲山田源一郎のト長調四分の三拍子の「軍艦」が載っている。題名が「此の城」だったという説もあるが最初から「軍艦」である。

この歌詞に、海軍軍楽隊の先輩で「美しき天然」の作曲者として有名な田中穂積（明治六年入隊）から作曲を勧められたのが大山藤吉軍楽師であった。軍歌「軍艦」が作曲されたのは明治三十年頃で、行進曲の形になったのは、その三年後のこととされている。

作詞者の鳥山啓は、天保八年三月二十五日、紀州田辺の大庄屋田所佐平の次男として生まれた。幼名を象次郎、後に爲助と称し、藩士鳥山喜左衛門純昭の養子となる。漢学、本草学、国学、天文学、地理学、化学、博物学、そして英学まで修めた博学の士であった。

幕末にあっては、旧態依然たる家老たちの藩政に不満を抱き、同士と脱藩して江戸詰めの藩主に直訴を行った。長州征伐の際は、斥候の重大任務を遂行するなど、かなり危ない橋を渡った幕末の志士でもあった。

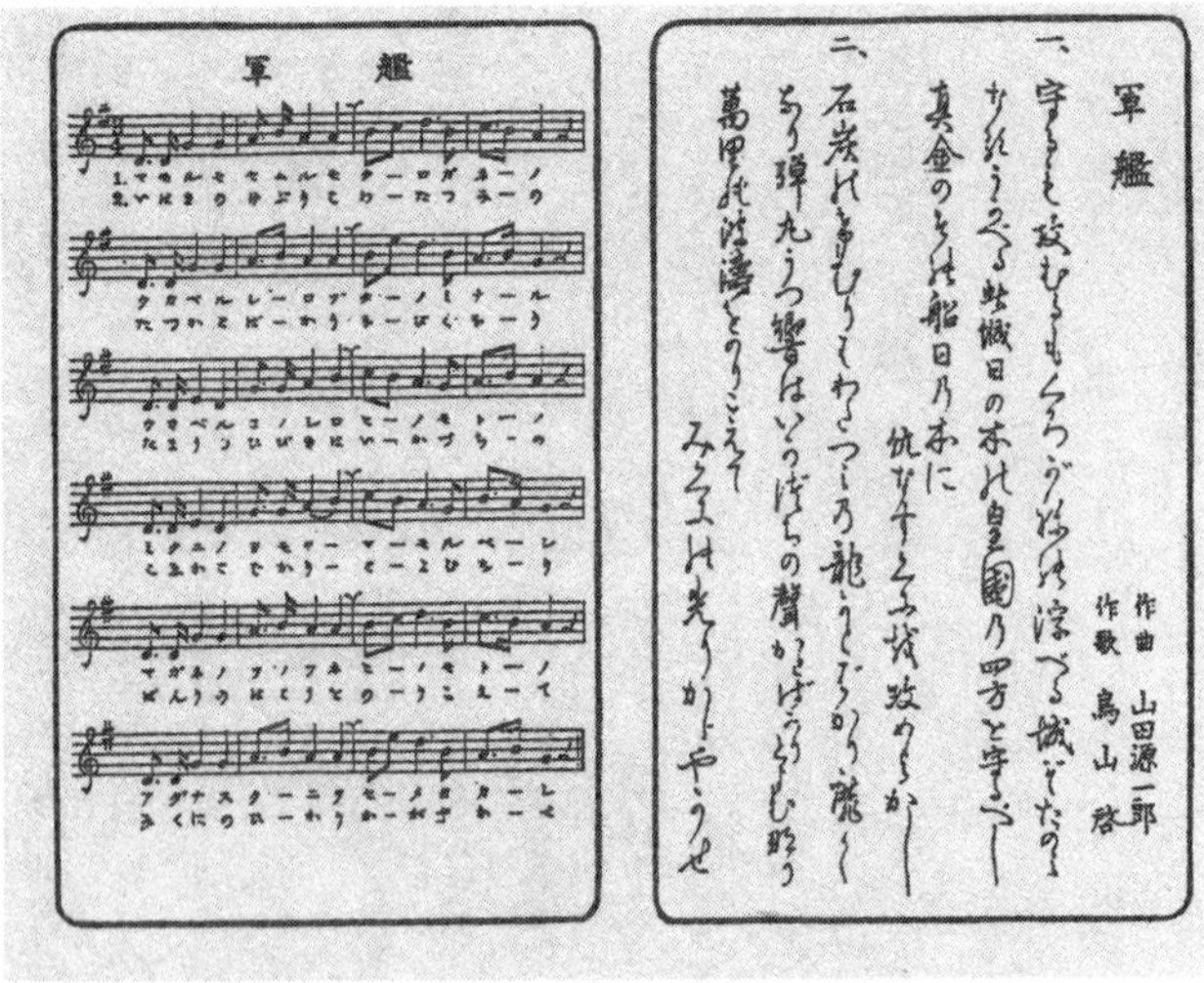

小学唱歌「軍艦」の歌詞と楽譜

維新後は教育に身を投じ、藩学校から田辺小学校、和歌山師範学校、和歌山中学校、そして明治二十年からは東京の華族女学校（後の女子学習院）で教鞭を執っている。

作曲者の山田源一郎は、明治二年十一月二十日、東京の生まれで、東京音楽学校専修部を二十二年に卒業、母校で教鞭を執る傍ら、唱歌、軍歌の作曲編纂などを行っている。特に日清戦争開戦後の我が軍の捷報を称える討清軍隊『大捷軍歌』と題する軍歌集の編集者となり、自らも作曲を行っている。

「黄海の戰」（鳥山啓）、「原田重吉」（大和田建樹）、「大島公使」（鳥居忱）、「威海衞」（中村秋香）、「牛莊城の戰」（坂正臣）などが、この軍歌集にある山田の作曲によるものである。

鳥山と山田の交流の程度は定かでないが、他の作詞者が当時の一流の文人ばかりであることからも、鳥山の文壇における地位を推し量ることができよう。

鳥山啓と瀬戸口藤吉

海軍軍歌「軍艦」の作詞者鳥山啓と作曲者瀬戸口藤吉とは、面識はなかったが「愛國行進曲」の誕生により、一つのドラマが展開されることになった。

瀬戸口家に残されていた、東京市大森区久ケ原在住の鳥山嶺男から麻布区今井町の瀬戸口藤吉へ出された昭和十三年二月の手紙から、いろいろな事実が判明する。

拝啓　過日は御多用中參堂　長時間御邪魔申し上　且つ御馳走にまで相成り　誠に恐縮之次第に御座候　御無禮之段幾重にも御容赦御願申し上候　去る二十一日　海軍普及部に松島中佐殿を訪問致し候處　生憎御出張中にて　原田大佐殿代りに御面會被下種々御話中上候結果　昨日海軍省副官海軍大佐　近藤泰一郎殿御名義にて　御丁重なる御書面を頂戴　且つ結構なる御菓子を　佛前に御供え被下　一同感泣に咽び候次第に御座候　是偏に行進曲として「軍艦」を御編曲の上　海軍行進曲として御採用被下候　貴下御芳情之結果に有之　茲に深甚なる謝意を表し候　先は右不取敢　書中御禮申し上度如此御座候

敬具

二月二十八日

父啓二十五年忌に當り

鳥山嶺男

瀬戸口藤吉殿

梧右

大正三年一月、海軍省教育局から発布された『海軍軍歌』は、官製のものとしては最初の軍歌集である。この『海軍軍歌』の編纂を担当した瀬戸口は、軍歌集の中に「軍艦」収録の許可を得るため、東京市麹町区下六番町の鳥山家を訪ねた。発布された月に訪問していることから、許可というよりも事後承諾と言った方が正確であろう。

この時応対に出たのは、鳥山啓の三男嶺男であった。当時北海道帝国大学で教鞭を執っていた嶺男は、前年の年末に脳溢血で倒れた父の看護のため妻と共に上京していた。父啓が重体であることから嶺男は、収録に関しては〝差し支えない〟旨の回答をした。

瀬戸口藤吉とは、それだけの面会であり、二月二十八日に七十八歳で永眠すると、東京の家を片付けてしまったことから、海軍とは特に何のつながりもないまま時が過ぎ、嶺男が瀬戸口の名前を再び耳にするまでには、二十五年の歳月が流れた。

劇的な再会と新聞報道

「愛國行進曲」の誕生をマスコミが大々的に報じたことから、第一線から離れていた瀬戸口藤吉が全国民の注目の的となり、海軍軍歌「軍艦」作詞者鳥山啓の三男嶺男に、その所在を明らかにすることとなった。

昭和十三年二月十九日の読売新聞朝刊に〝「感激の對面」軍艦マーチ初版の樂譜を手に語る鳥山嶺男氏（右）と瀬戸口翁、圓内は故啓翁〟と説明の付いた写真と共に、次のような記事が大々的に載っている。

やっと判った！　軍艦マーチの作詞者

〝守るも攻むるもくろがねの　浮かべる城ぞたのみなる……〟あの懐かしい「軍艦行進曲の歌詞―明治、大正、昭和三代を貫いたいまなほ事變下の全日本にいよいよ力強く奏でられるこの名曲の作詞者はこれまで音樂文献にも「鳥山啓明治四十三年歿」としか傳へられず、この歌詞のためにあの勇壯、輕快なリズムを作って不朽の生命を吹き込んだ當時の海軍軍樂師瀬戸口藤吉翁（七十一）は四十年來心秘かにこの作詞者の人となりや遺族の消息を探し求めてゐた。ところが、翁今回の力作「愛國行進曲」が奇縁となってこの念願が叶ひ鳥山啓氏は當時華族女學校（女子學習院の前身）の國漢教授であり、いま大森區久ケ原町一二二二に住む元北海道帝大水産專門教授鳥山嶺男氏（六十二）こそ作詞者の遺兒であることがわかって翁を狂喜された。

四十年探し求めた瀬戸口翁の歡び

二つの行進曲が結ぶ縁

瀬戸口軍樂師が『大捷軍歌』（明治二十九年出版の軍歌集）の中の一篇、鳥山啓作詞「軍艦」の歌詞にこゝろ強くうたれ若き日の情熱を五線譜に罩めてマーチを作曲したのは明治三十三年、是が不朽の名曲「軍艦」でその後日本海大海戰の大捷で「軍艦行進曲」はいよいよ人口に膾炙して大正三年にはこれが正式の海軍々歌に制定されることになったのだった。

これに感激した瀬戸口軍樂師は同年二月二十八日初めて作詞者の了解を求めるため當時麹町區下六番町にあった鳥山啓氏を訪れた。ところが不幸なことに鳥山氏はその日腦溢血でたふれ臨終の直前であったため面會することが出來ず代りに應對に出て來た家人が〝父の作詞が海軍々歌になるとは父もどんなに喜ぶことでせう〟ともちろん欣快快諾した。

臨終間際の取り込みに慌ただしい玄關先での應對であったゝめこの名曲の作詞者と作曲者は遂に永遠に相會わぬ運命に置かれ瀬戸口翁はたうとうそのまゝ鳥山啓なる人が如何なる人物であるかを知り得ずこゝろ残りのうちにまたも二十五年が過ぎ去ってしまったのだ　ところが十八日午後四時ごろ、麻布區今井町三の瀬戸口翁を突然訪ねた老紳士の口から、永い間心にかゝってゐたその一切がわかる日が來た　二十五年前麹町の玄關前で翁に面接した〝若い家人〟こそ作詞者啓氏の三男でこの日の訪問客鳥山嶺男氏だった。

啓氏は瀬戸口軍樂師が訪ねたその日七十八歳の高齢で他界し文献に同氏が明治四十三年歿とあるのは誤り傳へられたもので嶺男氏も作曲者瀬戸口さんの消息をもとめてゐるうち「愛國行進曲」の作曲者こと父の歌に生命を與へた恩人とわかってこの日の感激の訪れとなったのであった。

重荷が降りた　瀬戸口翁の話

瀬戸口翁は感慨深く語る

軍艦行進曲は私の先輩で〝天然の美〟の作曲者田中穂積氏が〝軍艦〟といふ詩を持って來られて、どうだ瀬戸口一つ作曲して見んかい？といはれたのが動機で作ったのです。はじめが歌の部分だけを作曲したが、水兵たちが歌ひ出すと足踏みして面白がるので後にマーチ風に改作した　それから老人も子供も誰知らぬものなき歌になったが、肝腎の作詞者についてはくはしいことがわからず氣がゝりだった　何とかして遺族の方にお眼にかゝりたいと思ってゐましたが何處にゐられるかわからずにゐましたところ鳥山さんの令息がけふ訪ねて來られてはじめて一切のことがわかり、これで私も四十年間の重荷が降りたやうな氣がいたしました。

地下の父もさぞや滿足　鳥山氏の話

鳥山嶺男氏は語る

瀬戸口さんが父の家を訪ねて來られた二十五年前のあの日父は息をひきとる間際で

〝軍艦マーチ〟の兩作者は互いに一面識もなくつひに生死の境を異にしたわけですその後私は瀬戸口さんの消息を知りたいと思ってゐましたところ〝愛國行進曲〟の作曲で瀬戸口さんの名がまたパッと有名になりその消息がハッキリ判りましたのでやっと二十五年間の宿願を叶へることができましたのです地下の父もけふの私どもの再會をよろこんでゐるでせう。

この記事を書いた読売新聞記者の吉本明光は、明治三十二年から三年間、海軍軍楽隊から最初にドイツに留学した吉本光藏元軍楽長の子息である。

この記事だけを読めばなんとも劇的であるが、二十五年前瀬戸口が鳥山家を訪れた〝その日脳溢血でたふれ臨終の直前〟なのに、北海道に勤務している子息が応対に出るなど、不自然なところが多い。

南方熊楠が師と仰いだ鳥山啓

雑誌『バンドの友』（昭和十三年四月号）は「愛國行進曲」特集号として、瀬戸口藤吉の人となりを中心に編集されている。その中に父親のことを書いた鳥山嶺男の一文が載っている。双方を比べると、吉本の記事はニュース・バリューを高めるためか、かなり脚色していることが分かる。

やや長いが、次に全文を紹介する。

わが父…軍艦マーチの作詞者…鳥山啓を語る

時の人瀬戸口藤吉氏の名作「愛國行進曲」が最近世間に發表せらるゝと共に氏の今一つの名作「軍艦行進曲」が再び世人の注意を喚起する様になったのは固より當然の事であるが、之に連れて其の軍艦行進曲の歌詞の作者としての我が父の名が恰度海底に沈んで居たものが時の波の動きに連れて水面に浮び上がる様に再び世間に出て來た事は自分としては勿論、自分等一家の誠に歡びに堪えぬ事である。

此軍艦なる歌は明治二十七八年戰役の時作られ他の三四の作歌と共に大捷軍歌といふ軍歌集の中に輯錄されて居ったのであるが愈々海軍の公定行進曲となったのは大正三年である。父が大正二年の年末に腦溢血で倒れて身體の自由を失ひ、臥床した儘大正三年の正月を迎へた。其の當時自分は札幌に於て北海道帝大に敎鞭を執って居ったが大學より許可を得て妻と共に看護の爲麴町下六番町の父の宅に來て居った。其際確か一月末であったと思ふ。瀬戸口氏が突然御來訪になって父の作歌「軍艦」を海軍の行進曲として使ひ度いが差支ないかといふ話、何しろ父は重態であった爲私が代りに瀬戸口氏にお會ひして差支ない旨御答した次第。其内父の病も遂に癒ゆる事なく二月二十八日に七十八歳を以て永眠しました。夫れから東京の家を片附けてしまったので海軍からは表向きには何等の交渉もなく今日迄經過したが、最近瀬戸口氏が愛國行進曲の作曲者として新聞紙に出され其御住所を判然したので、二月十八日御病氣の御見舞旁々父の作詞が海軍との間に如何なる關係になって居るかを伺ひ度く、瀬戸口氏の御宅を御訪ねしたる處、其處へ讀賣社の吉本氏が偶然に來られ、斯くて瀬戸口氏と私との劇的會見が同紙上に載せられる様になったのである。之が縁で瀬戸口氏の御盡力もあり二月二十八日父の二十五年忌に海軍省より副官近藤大佐の名を以て感謝文を寄せられた事により私始め一門今更感慨を新にした様な次第です。

茲で一通り父の事につきてお話をし度いと思ひます。父は天保八酉年三月二十五日紀州田邊の大庄屋田所佐平の二男として生れ、長して鳥山家へ養子として迎へられた。名を爲助といひ藩主直廣侯の御近従を勤めたが其博識の故を以て侯より（ヒラク）といふ名を頂戴した。蓋し能く人を啓發するといふ所から出たものと思はれる。生地の田邊には街に沿ふて流れる秋津川（音便で會津川といふ）の秋津は蜻蜓をあきつのといふ所から號をあきつの水即ち蜓水といふた。字は明鄕といひ又金星を啓明量といふので和歌の方では夕つゝの屋とか長庚舍とかいふて居た。

學歷の方では八歳から十五歳まで眞砂丈平に就き漢學を修め傍ら醫師石田三郎につき本草學を學び十五歳から十六歳まで和歌山へ出て本居内遠につき十七歳から二十五歳まで熊代瑞穗につき國學を修めた。其間天文學地理學化學博物學等を又二十八歳から三十三歳まで英學を自修した。要するに大體自力によりて修得したものである。

在世中の仕事は大體に於て教育事業に終始したといって良い様である。明治二年舊田邊藩學校に於て英語教授をしたのを振出しに、明治二十年まで和歌山縣の小學中學及師範學校にあって理科國學等の教授にあたって居った、明治二十年に東京に移住して華族女學校の教授となり、前と同様理科、國學其他の教授に當たって居ったが、明治三十九年華族女學校が女子學習院にかわる際に辭任して番町の宅に終の餘生を送った。

廢藩置縣前に藩政改革を主張した同志のものと共に藩主に直接進言をするとて江戸に出掛けたが、德川幕府の長州征伐に參加して大砲隊の一員として實戰をやったりした事もある様に聞いて居る。又自修した天文學測量學等の學問を應用して自ら測量器械を製作して田邊灣の測量をしたりした事もある。其製作した圖面、畳八枚位の大きさのもので親戚大江氏の宅に保存せられて居るといふ事である。此頃英國軍艦が此灣の測量に來た時である。此軍艦に出掛けて色々測量の話等をして自製の器械を英人に見せて驚かしたといふ様な事もあった。又明治二年舊藩で英語を教授する前には神戸に出て英國領事館に勤めて居った事もあり、其時古事記を英譯して神田孝平男に知遇を得たが生憎脚氣を病み田舎に燻ぶるの止むを得ぬ事となったらしい。

又繪畫が好きで自ら筆を取ったが主に日本畫を書いた。若い頃は油繪をやった事もある。又動物學の寫生を絶えずして居ったので、現在でも尚多數の寫生圖が殘って居る。繪は凡て左手で書いて居たが教場で生徒に教授をする際等は左右兩手を使ってボールドに書いて居った等と或る生徒の方から聞いた事もある。和歌は若い頃から好んで詠じて、或る年の如きは一日百首等といって随分澤山歌を作ったがしまいに之を記録するのが面倒になって止めた事もあった。然し旅行に出れば、旅行に出たで、宅に居れば宅に居るで晩年には終始歌を作って居た様である。勿論短歌に限らず長歌も、軍歌も琴歌から琵琶歌等も作った。琵琶歌では櫻川羽州といふ方の爲作ったといふ事です。要するに父は文學者であると同時に自然科學者であった處から、其作った和歌にも自然科學の世界を詠じたものが多い。辭世の吟も徹底せる自然科學者の極樂往生を表して遺憾がない。

草木にも　虫に鳥にも　なりぬべし
十まり四つの　元にかへれば

辞世の中の〝十まり四つの元〟とは、昔から生物を構成すると伝えられていた十四元素（酸素・水素・炭素・窒素・石炭・燐・加里・曹達・硫黄・塩素・鉄・沃素・弗素・珪素）のことだという。

死後その屍が十四元素に分解し、更に再び結合する時は、草木虫鳥になるであろうという、自然科学者らしい辞世である。

臨終に立ち会った孫の鳥山泰雄によると、啓は仰向けに寝たまま筆をにぎり、最後の力を振り絞るようにして短冊に辞世を認め、従容として息を引き取ったという。

田辺市在住の郷土史研究家の前野忠道氏の研究によれば、同地が生んだ偉大な植物学者、民俗学者の南方熊楠は、和歌山中学校時代に鳥山啓の薫陶を受け、植物学に興味を持つようになったという。

三井物産ロンドン支店に勤務していた次男嵯峨吉は、大英博物館に勤めていた熊楠とたびたび酒杯を傾けていた。酒豪で知られる熊楠が飲むほどに〝自分が今こんなに生物の研究をしているのは、君のお父さんのおかげだ！〟と感謝していたという。

令息嶺男との再会の真実

新聞記者の手にかかると美談になってしまう話が、意外と逆の場合だったりすることがあるようだが、「軍艦」の作詞者と作曲者の関係も記事のとおりではなかった。

「著作権」というと、お金がからんで若干生臭い感がなきにしもあらずだが、これほどの名曲となると、かなり紆余曲折があった。

海軍軍歌「軍艦」の作詞者鳥山啓の三男嶺男と作曲者瀬戸口藤吉との二十五年ぶりの再会は、奇しくも瀬戸口に海軍軍楽隊の先輩吉本光藏の子息明光によって、読売新聞紙上に大きく取り上げられたが、紙面に現れなかった事実が別にあった。

昭和二十六年十一月に、鳥山家の私家版として出された『夕津ゝ』（謹みて考妣の霊前に捧ぐ）という冊子がある。この中には、片山哲「多才の学者鳥山啓翁」、鳥山嶺男「亡父の伝記」（昭和二十六年遺稿）、鳥山寿々代「鳥山啓翁の事」、鳥山泰雄「祖父の憶出」の四篇が収録されている。

簡単な一文を寄せている片山哲は、昭和二十二年六月一日に成立した、社会、民主、国民協同三党連立内閣の首相となった当時の社会党委員長である。

「鳥山啓翁の事」を書いた寿々代は、片山の四つ違いの姉である。二人は明治二十三年に父母などと上京した際、麹町二番町の鳥山家に寄宿している。そのような縁もあってか明治三十四年十一月、寿々代は嶺男に嫁いでいる。

瀬戸口が大正三年一月に鳥山家を訪ね嶺男にあった際、寿々代も同家にいたはずである。ただし、その二月中旬に北海道に戻っているので、啓の臨終には二人共立ち会っていない。

「亡父の伝記」は、七十七ページにわたって詳細に鳥山啓の一切について記述されている。さすがに大学教授が書いたもので、年月日その他正確な数字が各所に織り込まれている。

「軍艦」に関しては、次のように述べている。

軍艦行進曲

(略)昭和十三年子年二月の或る新聞に、此の曲の版権所有者日本ポリドール蓄音器株式會社が、日本海軍に対し版権侵害の訴訟を提起するといふ事が出た。私は夫れならば父にも版権がある筈だと思ひ、鈴木貞一郎と共に内務省に行って取り調べた処、父は版権の登録をして居なかった事が分った。然し版権は死後三十年は之を持つ事が出来るといふ事をも聞かされた。処で今年、父が死亡してから丁度二十五年になるので残る五年間の版権を取れば、曲譜の権利者の様に海軍を相手取って権利を主張する事が出来るから、今からでも版権を取らふかとも思ったが、待て待て夫れでは却って亡父の人格を傷つける逆結果になり兼ねないと思ひかへし、色々勘案の末栗原海軍高級副官に会ひ、話をした結果、二月二十八日の父の二十五年忌の当日、軍艦行進曲が日本海軍の精神作興上多大の寄与貢献した事を海軍として父の霊に報告して感謝の意を表するといふ事に話が纏り、当日海軍高級副官近藤海軍大佐の名を以て、日本海軍としての謝辞と、銀座、青柳の栗饅頭一箱を父の霊前に供せられた。

私が栗原高級副官に面会する前に、私は軍艦行進曲の版権に関し一応今迄の経緯を瀬戸口藤吉から直接聞いて置きたいと思ひ、昭和十三子年二月十八日麻布区今井町の瀬戸口宅を訪問した。同人も快く私を引見し話は二十五年前父生前の時代にまで及んだ。話も済んだので私は同家を辞して帰らうとして処へ、一団の客が来訪した。夫れが誰あらう読売新聞記者吉本明光、京極貴族院議員、ヴィクター蓄音器会社青戸ラヂオ部長、流行歌手長門美保等だった。瀬戸口が之等の人に私を紹介すると、吉本記者は之は特種だとばかりに読売新聞社に電話をかけて写真班を呼び寄せる。写真班の来る間に吉本記者は私から色々と話を聞き、其の結果翌十九日の読売新聞に、写真入りで、私が父の療養中瀬戸口の来訪を受けて面会したのを、父臨終の間ぎわの事件とし、私と瀬戸口が長い間お互いに相手を捜して居る内、今日漸く其の目的を達したといふ様にして、大いに「ニュースバリュー」を高める様に書き立てた。此の私と瀬戸口の会見が我が国民に一大衝動を与へた事勿論である。

此の読売新聞の記事から、瀬戸口藤吉を顧問として居る音楽雑誌『バンドの友』や『海の日本』でも、夫々私を訪問して私から話を聞き之を誌上に載せた。久ケ原町の人々も亦此の読売新聞の記事から、久ケ原町へ来る迄の私の経歴を知る事になった。

尚ほ軍艦の歌詞の父自筆の草稿が、此の機会に父の遺稿の中から偶然出て来たので、私は之を原宿の海軍館に寄贈した。同館の館長北条海軍大佐が、私と同じ番町小学校の卒業生であり、又同人が海軍兵学校の入学試験準備として、父から徒然草か何か国文学の教を受けたといふ話を聞き、奇縁であると思ふた。

この文の冒頭にある〝昭和十三年二月の或る新聞に、此の曲の版権所有者日本ポリドール蓄音器株式會社が、日本海軍に対し版権侵害の訴訟を提起〟という事実は確認していない。後述するがポリドールが、その前月に〝「軍艦」の著作権を海軍省に献納した〟という新聞記事がある。

鳥山嶺男が瀬戸口藤吉を訪ねたのは、「軍艦」の著作権に関して海軍省と折衝する前に、一応話を聞いておこうということからであった。

日本における著作権制度は、明治三十二年にヨーロッパを中心とするベルヌ条約に加盟し、同条約に基づく「著作權法」(明治三十二年法律第三十九号)を制定したことから始まる。現行の「著作権法」は、昭和四十五年五月六日に制定(法律第四十八号)され、昭和四十六年一月一日から施行されている。

前掲の鳥山の文中〝版権は死後三十年は之を持つ事が出来る〟と内務省から聞いたとある。これを「保護期間」というが、平成三十年からは七十年に延長されている。

煩雑な「軍艦」の著作権

「軍艦」の著作権に関する記事が、昭和三十一年七月頃からマスコミに登場するようになった。権利の主張が激しい欧米では珍しいことではないかも知れないが、著作権が話題になった日本の行進曲は「軍艦」のみであろう。

昭和三十一年六月二十五日から七月十七日まで十八回にわたって毎日新聞に掲載された「白アリは巣食う　国有財産の実態」という特集記事がある。その十一回目の七月六日は「軍艦マーチ　評価ゼロの〝亡霊の曲〟戦記ブームにむしばまれ　著作権五十万円フイ」という見出しで「軍艦」の著作権について、詳しく取り上げている。

日付、紙名はハッキリしないが同じ月に「〝軍艦マーチ〟返して　瀬戸口家『著作権』を申請」、同年十月七日の東京新聞の「『軍艦マーチ』防衛庁へ？〝野放し〟やっとケリ」という見出しの記事と、三十六年二月二十七日号の週刊公論の「『軍艦マーチ』はだれのものか〝名曲〟の数奇な遍歴」など著作権に関して大きく取り上げられている。

「軍艦」のピアノ用の楽譜は、明治四十三年七月一日に、東京神田の音楽社出版部（後のセノオ音楽出版社）から出版されたのが最初である。瀬戸口が「軍艦」の著作権をセノオに売ったのは大正十年、セノオから日本ポリドール蓄音器会社に移ったのが昭和六年とされている。この間の事情は、いろいろとあるようだが確証がないので割愛するとして、昭和十三年一月十一日の朝日新聞の次の記事を紹介する。

〝軍艦マーチ〟献納　著作權を海軍省へ

『守るも攻むるも　鋼鐵の—』の軍艦マーチは元海軍軍樂隊樂長瀬戸口藤吉氏によって作曲されたことは有名だが、此著作權は日本ポリドール蓄音器會社にあり同會社社長鈴木幾三郎氏は十日海軍省軍事普及部を訪問して、この著作權を海軍省に獻納した。

この軍艦マーチは明治三十三年五月鳥山啓氏によって作詞され瀬戸口氏によって作曲されたもので、樂譜として頒布されたのは明治四十三年七月妹尾樂譜店から刊行されたのが最初である。

今日『軍艦マーチ』が世界的名曲の一つとして歌はれてゐる時著作權を會社が私有すべきでなく名實ともに「海軍の軍艦マーチ」として殘さるべきものだといふのだ。

昭和二十年十一月三十日に海軍省は閉庁したが、当時の法律では著作権のような無形の財産は対象とされていなかったようで「軍艦」の法的位置付けは曖昧であった。しかし「国有財産法」（昭和二十三年法律第七十三号）が制定され、第二条の「国有財産の範囲」の中に著作権も含まれるようになった。

正式に「軍艦」も楽曲としては唯一の「大蔵省所管の普通財産」となったが、扱いはずさんで関東財務局の台帳に登録されたのは、昭和三十一年三月末日のことであった。ただし、その価値は「ゼロ」と評価されていた。

時を同じくして「軍艦」の著作権に関してマスコミを賑わす話題が持ち上がった。瀬戸口楽長の次男晃氏が〝「軍艦」の著作権を瀬戸口家に返してもらいたい〟と申し出たことに始まる。当時、海上自衛隊音楽隊は盛んに「軍艦」を演奏していたので、防衛庁に移管すべく大蔵省と折衝に入る事態となった。

十月七日の東京新聞の記事の中に、関係三者の談話が載っているので紹介する。

大蔵省天野国有財産第一課長の話

海上自衛隊の高山東京音楽隊隊長から関東財務局の方へ話があったと聞いている。正式に防衛庁移管の申請がくれば調査のうえ審議会にかけ、結論が出される。

防衛庁海上幕僚監部総務課長の話

軍艦マーチはいままで著作権などを考えずに使用していたが、海上自衛隊で正式に使うにはやはり所管をこちらに譲ってもらった方がよい。大蔵省と話合いし申請を出すことになると思う。

瀬戸口氏の長男、晃氏（四十一）＝吹奏楽編曲家＝の話

軍艦マーチは亡父のものだし、いまのままでは父の遺志に反するので何とか返してもらいたいと今週中大蔵省にお願いするつもりだった。もちろん金のためではない。営利会社や個人に移るのではなく防衛庁のものとして国の役に立つならもちろん賛成だ。

「高山東京音楽隊隊長」は初代隊長高山實二等海佐（当時）、「海上幕僚監部総務課長」は続平一等海佐（同）であった。

晃氏の「瀬戸口氏の長男」は次男の誤りであり、吹奏楽編曲家となっているが、本業は東京中空鋼株式会社の常務取締役まで務めた方である。ただし、趣味として作曲、編曲も手掛けており、行進曲などの作品も残っている

学生時代、放送局からの依頼で編曲したものが、父親の指揮で放送されたことがあった。その時の編曲料が、指揮者の出演料より多かったそうで、父親が気分を損ねていたという話を、晃氏から聞いたことがある。

「軍艦」の著作権は防衛庁に移管されることなく、そのまま平成三年十二月三十一日をもって消滅した。この間、国内の演奏に関しては無料のままであったが、外国の映画やレコードからは使用料を徴収していた。「軍艦」は、ささやかながら国庫を潤していた。

四　海軍館に納められた歌詞と楽譜

『夕津丶』に鳥山嶺男が書いた「亡父の伝説」の中にある作詞者自筆の歌詞を〝原宿の海軍館に寄贈した〟という記述を追いかけているうちに、まったく予期しなかった事実に突き当たった。更に突っ込んでみたら、びっくりする史実が明るみに出るといったことに直面した。

海軍館については〝建物が原宿の東郷神社の隣にあり、社会事業大学がその施設を使って

いる〟といった程度の認識しかなかった。

作詞者自筆の「軍艦」の歌詞を、その〝海軍館に寄贈した〟という子息の記述から調べた結果、海軍館が海洋博物館としてもすばらしい内容のものであったことを知った。

歌詞が寄贈されたことにより、瀬戸口藤吉自筆の「軍艦」の楽譜も一緒に展示しようということになったのか、長年の疑問を解く鍵が見付かったようである。

しかし、海軍館は終戦の混乱に乗じ〝進駐軍の将校宿舎にする〟と偽られ見事に乗っ取られてしまった経緯も初めて分かった。

貴重な瀬戸口自筆の楽譜

海上自衛隊東京音楽隊と東京消防庁音楽隊に「軍艦（二部合唱）」という題字とピアノ楽譜付きの海軍軍歌「軍艦」のパネルが所蔵されている。

これは千葉県船橋市在住の税理士阿部宇助氏が、親交のあった瀬戸口晃氏から示された作曲者自筆の楽譜を写真に撮ってパネルにし、海軍軍楽隊に縁の深い両音楽隊へ寄贈したものである。

ハーモニカの名手であった阿部氏は、千葉県の八街農林学園時代からトランペット奏者として吹奏楽にいそしみ、戦後はＳＰレコードや海軍軍楽隊の写真を収集している好楽家であった。

現在の隆盛から見れば今昔の感があるが、『吹奏樂年鑑』（紀元二千六百一年版・管楽研究会編）の千葉県欄に〝八街農林學園ブラスバンド（印旛郡八街町）大正十二年創立、二十四人編成、指揮─西村繁〟と載っている。これが県下唯一のまともな吹奏楽団で、他は青年団などの小編成の楽団が六つあるのみであった。

指揮者の西村繁は、早稲田大学を卒業後の大正十年に欧米を視察、同十二年三月に同校を創設した初代校長であった。帝国海軍に限りない憧憬を抱いていた校長は、校舎を「生徒館」と呼ばせ、海軍軍楽隊を模して編成した軍楽部（吹奏楽部）の指揮を執っていた。

使用した楽譜は、なぜかすべてハーモニカなどで用いられている数字譜に自ら書き直して生徒に教えていた。そのため奇跡的にも戦前の貴重な楽譜が、新品同然の状態で九十三曲も西村家に保存されていた。海上自衛隊音楽隊の戦前の吹奏楽曲は、この楽譜に負うところが大きい。

平成七年四月に千葉黎明高等学校と改称した当時の理事長は、創立者の子息の西村是一氏で海軍経理学校第三十七期生であった。

阿部氏から寄贈された「軍艦」のパネルには〝元海軍軍楽隊長瀬戸口藤吉氏が天皇陛下にお目にかけるために記した自筆楽譜の写真複写版（昭和十二年から十六年頃）〟と説明が付いている。時期については晃氏も記憶が定かでなかったようで、このように証言していたという。

この自筆楽譜は、昭和四十一年五月二十八日に除幕された瀬戸口翁の出生地、鹿児島県垂水市の下宮神社境内の「瀬戸口藤吉翁之碑」の石碑の原譜でもある。

いつ、どこで、どのようにして〝天皇陛下にお目にかけた〟のか、実は長年疑問を抱いていたが、鳥山嶺男の遺稿から解決の糸口が見付かった。

鳥山啓自筆の歌詞

鳥山嶺男の「亡父の伝記」（鳥山家私家版『夕津ゝ』に収録）の「軍艦行進曲」の終りの部分に〝この読売新聞の記事から、瀬戸口藤吉を顧問として居る音楽雑誌『バンドの友』や『海の日本』でも、夫々私を訪問して私から話を聞き之を誌上に載せた〟という記述がある。『バンドの友』の記事は、第二章の三で紹介した鳥山嶺男の「わが父…軍艦マーチの作詞者…鳥山啓を語る」のことであり、『海の日本』とは創刊が大正八年五月で昭和十九年五月の第二四四号まで続いた海軍協会発行の月刊誌『海之日本』のことである。

この『海之日本』（昭和十三年五月号）に、「『軍艦行進曲』—作詞と作曲の由來—」と題し「作詞者鳥山啓翁」「作曲者瀬戸口藤吉翁」のそれぞれの写真と共に、その由来を紹介している。

鳥山啓の紹介文の一隅に〝鳥山翁自筆の「軍艦」の歌詞　鳥山氏自筆の唯一無二のもの。同家の筺底深く藏せられて居たのが、今回本稿の起草が機となって發見せられたのである〟と解説が付けられた、力強い墨痕鮮やかな「軍艦」の歌詞が載っている。

同じく「亡父の伝記」の「軍艦行進曲」の終りの部分に〝……軍艦の歌詞の父自筆の草稿が、此の機会に父の遺稿の中から偶然出て来たので、私は之を原宿の海軍館に寄贈した〟とある。その時対応したのが嶺男の番町小学校の先輩の北条大佐であり、啓から兵学校受験のため国文学の教えを受けたと書かれている。

北条大佐とは、海軍兵学校第三十五期の北条鼈三郎である。同大佐は、東京市麹町区（現千代田区）の番町小学校から学習院を経て、明治三十七年十一月十八日、海軍兵学校に入校している。啓に教えを受けたのは、その少し前ということになろう。

海軍館の落成

竣工した海軍館の全景と開館式祝賀の写真入り記事が『海之日本』（昭和十二年六月号）に、次のように載っている。

海軍館落成

海軍が海軍軍事思想の普及及び海軍精神の涵養を目的として、東京市澁谷區原宿三丁目の東郷神社建設地に隣接して、工費四十五万圓を投じ昨年一月以來建設中であった海軍館は四月末をもって竣工、五月二十一日朝野の名士約五百名を招待し盛大な開館式を擧行し、海軍記念日を期して一般に公開された。

建設延面積は千四百三十九坪、三階建で地階もあり、構造は近代式鐵筋コンクリート建で、外装は花崗岩及びグラニット張り、換氣、暖房、電氣、衛生、防火等諸設備が完備している。

内部は現代部陳列室、歴史部陳列室、講堂、圖書室等に分れ、現代部室には現代海軍の艦船兵器その他の模型、實物、圖表等を陳列し、また歴史部室には我海軍の歴史を物語る記念品、參考品、文書、繪畫等が陳列されて居り別に繪畫室があって、幕末から近代に至る壁畫を陳列してある。圖書室には海軍及び海洋に關する圖書を備へ、觀覽者の閲覽に供される。

海軍館は財團法人で總裁は海軍大臣、館長は海軍次官、理事、評議員は主として海軍省及び在京海軍官廳職員である。觀覽料は大人十錢、小人五錢。

一般の観覧料のほか、制服着用の軍人及び海陸軍生徒が五銭、教員引率の諸学校（青年学校を含む）生徒教員共二十名以上の場合は一人に付き三銭、二十名以上の団体は二割引、軍人遺族徽章を佩用する軍人遺族、傷痍徽章を佩用する傷痍軍人、金鵄勲章若しくはその略綬佩用者は無料であった。

「館長北条大佐」と嶺男の文に載っているが、館長は海軍次官であるから勘違いしたものと思われる。天皇陛下行幸の際に、ご説明申し上げたのは、当時の海軍次官山本五十六（海兵三十二期）中将であった。

歴史的絵画の誕生秘話

海軍館三階の特別絵画室には、当時の日本画壇の代表的な画伯十七名に依頼した、わが国海軍の記録的歴史画が飾られていた。

『水交』誌（昭和三十六年十二月号）に「旧海軍館絵画室の由来と画伯の眼に映じた我海軍」と題して、当時海軍省軍事普及部員だった大石堅志郎氏（海兵四十二期）が、その経緯について記述している。

幕末維新以後の海軍の歴史的な出来事を絵画として展示するのが軍事普及部の担任となったが、当初計上された予算では実現が困難であった。上野の東京美術学校（現東京藝術大学美術学部）の和田英作校長に相談したところ、次のような回答を得た。

百号大の油絵十七枚を整備するための予算二万五千円は余りに過少であって無茶な企画である。額縁費用を安価に見積もっても一人当り千円で、これでは三流画家に話を持ち掛けて見る訳にも行かないが、若しこの金額を美校生徒の卒業製作費用補助として交附する場合は希望画を揃える事も可能ではないかと考える。但し資料の整備と製作の指導は頗る面倒であって完成品の価値に就ても疑問である。

参考までに記すと和田校長は、瀬戸口藤吉と同じ鹿児島県垂水市の出身で、「瀬戸口藤吉翁之碑」と「和田英作翁之碑」と刻まれた顕彰碑が、同市の下宮神社に昭和四十一年五月二十八日に建立されている。この件に関しては後に紹介する。

歴史的絵画の制作は断念するしかないと一時は覚悟したが、どうしても諦め切れず、当時画壇の重鎮で洋画界でも令名の高かった石川寅治画伯を訪ね相談を持ちかけた。
まことに結構な企画であって予算のため実現の見込立たない事は遺憾なことである。

海軍館　全景

海軍館　絵画室

自分は尊敬し信頼する海軍の為に御指定通りのものを喜んで画かせて頂こう。勿論費用は頂かない、美術学校長の気持ちもわからぬではないが多くの画家の中には斯かる国家的な仕事に対し金銭問題を度外視し奉仕する者は居ると確信するので美術家の名誉にかけても実現させて見度いと考える。只残念な事には海洋画を自由に画きこなし得る人は数多くないので人選に若干の日時を希望する。尚此種折衝に手腕のある中村研一氏に逢い協力を求められるが宜敷からん。

との回答に勇気百倍、その足で中村画伯を訪ね応援を懇請したところ、諸手を挙げて賛同し〝数日の間に一流のメンバー十七名を揃えてご覧にいれる〟という力強い即答に接した。石川、中村両画伯の活動は直ちに始まり、その三日後には、当時の洋画界の一流画家がズラリと揃ったリストが出来上がり、海軍省の部課長連中もその真偽を疑ったほどであった。海軍側が希望した画材をどのように割り振るかも悩みの種であったが、中村画伯の斡旋的な割り付けで和やかなうちに決まった。落成開館まで半年余りという短期間ではあったが、すべて完成させて間に合わせるという申し合わせまで行われ極めて快調に滑り出した。

早速制作に取り掛かった画伯連中にも大きな難問が待ち受けていた。海軍側が用意した写真などの資料だけでは、海戦画に必要な発砲時の閃光や夜戦時の探照灯の光色などは、いかに一流の画家でもどうにも摑みようがなく、実弾射撃と夜戦演習を画伯達に見学してもらうことになった。

部外者には絶対に公開しなかった当時にもかかわらず、十七名全員が砲術学校の練習艦「比叡」に乗艦し主砲射撃を見学、更に伊勢湾から第二艦隊に便乗して壮絶な夜襲夜戦訓練も体験し、大いに自信を深めると共に、帝国海軍に対する認識を新たにさせるという効果も上がった。

この歴史的絵画作成に貢献のあった中村研一画伯は、昭和十二年五月のイギリス国王ジョージ六世の戴冠式記念観艦式に派遣された軍艦「足柄」に乗組んで訪欧していたため、海軍館の開館式には参加していない。

天皇陛下の行幸

『海之日本』（昭和十三年十月号）に、天皇陛下が初めて海軍館を行幸された記事が「叡覧に輝く片翼樫村機（御説明申上ぐるは山本館長）」という写真説明と共に、次のように載っている。

天皇陛下海軍館に初の行幸

天皇陛下には九月十五日、海軍大學校第四十一期卒業式に臨御、還幸の御途次、さらに海軍館へ初の行幸あらせられた。

この日　天皇陛下には海軍御軍装を召され大勲位副章御佩用、宇佐美侍従武官御陪乗、松平宮相、百武侍従長以下供奉の略式自動車鹵簿にて午前八時半宮城御出門、同九時品川區上大崎の海軍大學校に着御、便殿において御先着の伏見軍令部總長宮殿下、同博義王殿下、閑院宮春仁殿下に御對顔、米内海相、日比野校長をはじめ來校の親任官等に拜謁仰附られたのち、機關學生の作業品竝に作業を天覽あらせられた。ついで卒業式場に臨ませ給ひ、優等卒業生に平田侍從武官を經て恩賜品を下賜あらせられ、同十時四十五分同校發御、海軍館へ向はせられた。

かくて同十時五十七分澁谷區原宿の海軍館に着御、便殿にて海軍大臣侍立のうへ、館長山本海軍次官より海軍館の現狀奏上を聞召されたのち、海軍大臣扈從申上げ、館長の御先導御説明をうけさせられつゝ、一階側より二階、三階と館内御巡覽の玉歩を移させられ、精鋭を誇る我が海軍の諸裝備を黄海、日本海大海戰以來のわが無敵海軍の武勳と威容を語る陳列品、今事變の資料等を感慨深げに天覽遊ばされ、次で別館に成らせられ、今事變に不朽の武勳を樹てた「片翼の荒鷲」樫村機、七十三の彈痕に輝く大串機をはじめ、鹵獲の敵カーチス機等を天覽、午後零時、發御、天機殊のほか麗しく、宮城へ還幸あらせられた。

海軍大學校優等卒業生

恩賜品を下賜せられた海軍大學校卒業生は左の如くである。

▽第三十五期甲種學生　海軍少佐　松本作次　同　源田　實
▽第三十六期甲種學生　海軍大尉　室井捨治　同　大石宗次
▽第二十七期機關學生　海軍機關大尉　魚住順治

源田少佐は第三代航空幕僚長となった源田空将、魚住機関大尉は昭和三十九年に海上自衛隊を定年退職した魚住海将である。

室井大尉は、昭和十八年四月十八日にラバウルからブインに向かう途中、アメリカのP38に撃墜された山本五十六司令長官に随伴した二番機で戦死している。水交会の室井壽夫元事務局長は、室井大尉の次男である。

軍事功労者となった老軍楽長

「愛國行進曲」の入選から始まった瀬戸口藤吉と鳥山嶺男の再会は、鳥山啓自筆の「軍艦」の歌詞の発見へと展開し、海軍館に寄贈されたことが確認された。そして、長年疑問に思っていた瀬戸口自筆の「軍艦」の楽譜の説明書きの解決に結び付いたようだ。

以下は仮定ではあるが、海軍館に寄贈された「軍艦」の歌詞を展示する場合、その楽譜も一緒に並べようと考えるのが順当であろう。作曲者が健在であり「愛國行進曲」の作曲で日本中の話題になった直後であれば、自筆楽譜の寄贈を依頼しても不思議ではない。

依頼する際に〝近く天皇陛下の行幸があるので、それまでに間に合わせてもらいたい〟という話があったとすれば、瀬戸口家に伝えられていた話と辻褄が合う。

なお瀬戸口翁は、昭和十三年四月十三日、海軍省において「軍事功勞者」として米内海相から表彰されており、翌十四日の東京朝日新聞は写真入りで、次のように報じている。

輝く瀬戸口翁　軍事功勞者
けふ海相から傳達

古くは軍艦マーチ、新しくは愛國行進曲の作曲者瀬戸口翁（七一）が永年海軍軍樂方面に盡した功勞により十三日海軍省で米内海相から感謝狀、金盃ならびに軍事功勞章を贈られた。藝術方面に關する海軍の表彰はこれが最初のことである。翁は次男晃君（二四）と海軍軍樂隊内藤樂長に不自由な身體を助けられながら「音樂といふものがこれほどにも理解されたといふことは何よりも嬉しい」と感激の面持で語った。

「表彰内規」（昭和九年十一月二十四日官房第五〇〇〇号）及び「軍事功勞徽章制定竝ニ附與ニ關スル件」（昭和十年十月三日官房第四一四八号）から勘案すれば、記事中の「感謝狀」は「表彰狀」、「軍事功勞章」は「軍事功勞徽章」の誤りと思われる。

この徽章の付与範囲は〃部外ノ海軍軍事功勞者ニ付與〃するもので〃海軍大臣ヨリ金杯、銀杯又ハ木杯ヲ贈與スル者ニ付與〃するとし〃海軍ニ附廉アル式典等ニ參列ノ場合之ヲ左胸部ニ佩用シ得ルコト〃と定められていた。

海軍省は「愛國行進曲」の入選で、再び脚光を浴びた瀬戸口藤吉老楽長に対し、その功績を再認識したようである。この時期に海軍省と瀬戸口楽長との接触が確認できたことにより、「軍艦」の自筆楽譜の海軍館への寄贈の話に現実性が加わったと言えよう。

戦後の海軍館

海軍館は、軍国少年の夢が詰まった聖域であった。観艦式場の大ジオラマ、軍艦の断面模型、昭和十二年十二月九日の南昌空中戦で敵機と衝突し左主翼を三分の一ほど失いながらも帰還した樫村機など、海軍関係の展示物の外、南氷洋の捕鯨やトロール漁業の説明、世界に展開する商船隊の活躍なども展示されていて、海事博物館としても充実していた。

終戦後の海軍館について簡単に説明すると、財団法人海軍館は解散団体に指定されたものの、その成り立ちとわが国唯一の海事博物館であることから、財団法人海洋博物館として再出発することが、連合国軍総司令部（ＧＨＱ）からも認められていた。

昭和二十一年三月二十日、財団法人海軍館は解散し、同月三十日財団法人海洋博物館として文部省の認可を受けている。そして五月十七日に新たな法人として文部省に登記し、海軍館の資産は海洋博物館に譲渡され存続するはずであった。

一面焼け野原の東京で、ほぼ無傷の海軍館は、警察学校や病院など各方面から借用の申し込みがあったが、海洋博物館として開館準備中として断り続けていた。

この施設に目を付けた厚生省が、ＧＨＱの厚生行政担当サムズ准将に手を廻し〝進駐軍の将校宿舎として使うので接収する〟旨の手段を講じ、実際には進駐軍は何も使わず厚生省関係の団体が入り、更に社会事業大学へと移っていった。

この一連の流れは、ＧＨＱの占領政策として出された「覚え書き」（Memorandum）ではなくサムズ准将独自の命令だったようで、海軍館側は完全に手玉に取られていたようだ。
なぜか、東京都公文書館に次の書類が残っていた。厚生省からＧＨＱへの公文書の中に、施設利用に多大の援助を受けたことへの礼が述べられている。

社発第一九三号

昭和二十三年二月十七日

厚生省社会局長
葛　西　嘉　資

連合軍総司令官　殿
（第八軍東京軍政部デイウイス中尉）

日本社会事業専門学校用度品に関する件

日本社会事業専門学校々舎として東京都渋谷区原宿三丁目二六六番地の二所在の旧海軍館を利用する件については、先般から多大の御援助を賜って居り、深く感謝しているところであるが右旧海軍館に附属している左記調度品は同校で使用上必要なものであるから、何卒利用出来得るよう貴下の特別なる御援助を以て接収解除方をお願いする。

以下は、変電室（変圧器・発電機・配電盤・電話機）、ポンプ室（揚水ポンプ・送風機）、映写室（映写機・増幅器・スピーカー）、講堂（椅子・カーテン・シシュウ壁掛）などの付属調度品が、メーカー名を含めて列記されている。この時点でも海軍館当時のものが、そのまま使用可能だったようだ。

この書類を提出した葛西局長は、昭和二十五年三月に設置された日本社会事業短期大学（後の日本社会事業大学）の初代学長に就任している。

平成四年七月三十一日に文部大臣から財団法人海洋博物館あてに、次の文書（文生社第一七九号）が出された。

法人設立許可の取り消し通知

財団法人海洋博物館（主たる事務所の所在地、東京都渋谷区本町2丁目40番2号）は正当の事由なく引き続き3年以上事業を行っていないので、民法（明治29年法律第89号）第71条後段の規定により、その設立認可を取り消す。

ここに海洋博物館として存続を図った海軍館は、終戦後の混乱にまぎれて厚生省によって土地と建物を取り上げられ、多くの海軍関係者の労苦も空しく、細々と命脈を保ってきた望みは完全に断たれ永久に消滅してしまった。

収蔵品の行方

昭和三十六年九月号から十二月号まで『水交』誌に掲載された山田正氏（海兵五十二期）

の「財団法人海洋博物館（旧海軍館）について」の中に、終戦当時の浅野千之助主事から聞いた話として、次のようなことが載っている。

二十一年十一月頃、厚生省社会局課長（失名）自身が海軍館に来て私に会い『どうせ接収されるのだから家賃はいくらでも出すからぜひ貸して貰いたい』と云って頼んだ。私は『海洋博物館を開館するのだから他には絶対に貸さない。たとえ接収されても貸さない』と云って追っ返してしまった。そのあと二週間目（十二月九日）にGHQが接収命令をもって来た。一週間の余裕をもって退去命令が出た。引越しには進駐軍の工事用トラック（日本の工事会社）を貸してくれ、十二月十三日茨城県下館市（現住所）まで当時他に輸送の方法がない時に送りとどけてくれた。

これだけ読むと、海軍館の収蔵品を浅野主事が下館市に移動したように感じられる。あるいは下館市に、その一部でも保存されているのではないかと期待をもったが、その事実はなかった。

浅野主事の息女で一緒に引っ越しを手伝った世田谷区在住の和子さんから直接伺った話では、トラックは浅野家で手配したもので〝運んだものは浅野家の家財のみです。海軍館の収蔵品は進駐軍が持っていったはずです〟と証言された。

さて問題の十七点の歴史的絵画の行方であるが、終戦間際に空襲によって焼失したと書かれているものもあるが、年月日の記録がなく、いつの空襲だったのか特定していない。あの一帯が焼けたのは昭和二十年五月二十五日であるが、東京都の空襲焼失地図では、海軍館のあった旧池田邸の部分は焼け残っている。あのような立派な建物で絵画室だけが被害を被ったとは考えられない。

水交会会員で海軍理事生だった福田呉子さんから伺った話では、昭和十九年末には永田町にあった海軍施設本部の一部が海軍館に移り、一、二階を使用していたという。福田さんは翌年の一月十日から昭和二十一年九月十日までそこで勤務していた。

その間に空襲による被害を受けたことはなく、米軍による陳列品などの搬出は絶対になかったと断言された。また、三階の絵画室に関しては、閉鎖されていたのであろうか記憶されていなかった。

その後、オランダから同館に寄贈された「観光丸」のミニチュアの行方を捜す手伝いをした際に、昭和二十三年三月下旬から六月下旬にかけて収蔵品が〝東京都総務部特殊財産管理課へ移管され競売に付された〟という話を聞いたという。

海軍館には膨大な内外の海軍海事関係の書籍類を集めた図書室があった。寄贈された貴重な史料的、骨董的価値の高い古文書も収蔵されていた。これらの行方も気になるところである。もし競売に付されてバラバラになったとすれば、その一部は必ず市中に出回るはずであるが、これらが忽然としてまったく消え失せている

この種の図書を長年調査探索している戸高一成氏（元「昭和館」図書情報部長、現「大和

ミュージアム」館長）も「財團法人海軍館圖書之印」という蔵書印が押印された書籍が、市中に出回っているのをまったく見掛けていないという。

その行方が分からなかった海軍館の蔵書の所在を、突き止めた研究者がいた。「昭和館」準備委員として戸高氏と携わり、開館後は学芸員として勤務していた萩谷茂行氏から有力な情報をもらった。

平成二十二年十一月十九日、昭和館の海外資料調査としてアメリカのメリーランド大学を訪れた際に「財團法人海軍館圖書之印」の蔵書印が押された図書が、数百冊規模で所蔵されていることを確認したという。

この件の細部に関しては、その顛末を調査結果として、いずれ明らかになることを期待したい。

画集『海軍館大壁畫史』（昭和十五年、海軍館壁畫普及會）に収録されている「日本海々戰」（其の二）は東城鉦太郎画伯の有名な「三笠」艦橋の絵である。現在その実物が記念艦「三笠」に飾られている。正確なことは分からないが、戦時中水交社はこの絵をどこかに疎開させていたらしい。海軍館の他の絵画も、そのような処置がとられていれば、どこかに残っている可能性があるが。

作詞者鳥山啓の「軍艦」の自筆楽譜を追っているうちに、海軍館の絵画、図書、その他の収蔵品の行方が、未だ不明であることが分かった。

海洋博物館としての再生の夢は、はかなくも消え、今は警視庁原宿警察署となってしまった。しかし、すべてが散逸したとは思えない十七点の歴史的絵画や図書、その他の貴重な収蔵品と共に、鳥山啓自筆の「軍艦」の歌詞の行方も知りたいものである。

五「軍艦」の四つの記念碑

海上自衛隊音楽隊在職中、多くの記念碑の除幕式で演奏する機会があった。撃沈された艦艇や玉砕した部隊の生存者が、亡き戦友のためにとすべてを犠牲にして取り組み、苦難の末に建立した記念碑に、滂沱の涙で相対している姿には、その都度本当に心打たれるものがあった。

しかし「軍艦」のように、作曲された縁の地横須賀のみならず、作詞者と作曲者の出生地にまで記念（顕彰）碑が建立された軍歌は他にないであろう。

その最初の碑が東京の日比谷公園にあったこと、戦後取り壊されたこと、その残存部分が横須賀の記念艦「三笠」に移されたこと、更に現在は呉の「大和ミュージアム」にその一部が保存されていることなどを知る人は少ない。

終戦後、「軍艦」の記念碑と共に多くの銅像や慰霊碑も撤去された。それが、日露戦争の恨みを晴らさんがための、ソ連の力が働いていたとしか考えられない対象ばかりであった。「四つの記念碑」としたが、実はもう一つ「軍艦」の題名が刻まれている碑がある。その件に関しては、後で述べることにする。

鹿児島県垂水市の顕彰碑

鹿児島県垂水市では、郷土の生んだ二人の偉大な芸術家、画伯和田英作（元東京美術学校長、昭和十八年文化勲章受章者）と作曲家瀬戸口藤吉（元海軍軍楽長）の顕彰碑及び誕生地標識を建立するため、奥誓二市長を会長とする顕彰会を発足させ、昭和三十八年八月から事業を開始した。

予算四百八十万円は、賛同者の一般寄付及び篤志寄付をもって充当することとした。顕彰会芳名録の収支概算によれば、四百九十四万五千円の浄財が集まっている。この中には海上自衛隊からの募金三十三万九千三百九円が、鹿屋航空隊経由の分として最高額で一番に記載されている。

昭和四十一年五月二十八日午前十時、垂水市の下宮神社境内で顕彰碑の除幕式が挙行された。この日、海上自衛隊東京音楽隊は垂水市内を市中行進した後、除幕式に参加した。式典には瀬戸口楽長の次男晃氏が和子夫人と共に参列していた。

記念碑の題字の揮毫は、佐藤栄作内閣総理大臣が和田画伯、田中角栄自由民主党幹事長が瀬戸口軍楽長という豪華な顔ぶれであった。

顕彰碑は、高さ一・六三メートル、幅三メートルの山口県産の一枚石に、へ長調の前奏付き二部合唱ピアノ伴奏譜と、沖永良部出身で鹿児島大学教育学部教授として同県の音楽界を牽引してきた武田恵喜秀氏の次の撰文が横書きで刻まれている。

瀬戸口藤吉翁之碑

翁は1868年(明治元年)この地に生れ　この海を見て育ったものしずかな人であった。ひとすじの道として音楽を選び　海軍軍楽隊に入る　1897年海洋と人間への感動を「軍艦マーチ」に托して世に送った　南国的情熱の躍動する明朗なこの曲は　当時の日本を象徴した民族の讃歌であり　たちまちにして全世界の憧憬の的となった　翁は1941年74歳で逝ったが　この名曲と共に永久にわれわれの胸に生き続けるであろう

現在この碑は、平成三十年が瀬戸口楽長の生誕百五十周年と垂水市市制施行六十周年の節目の年であったことから、その記念モニュメントとして下宮神社から垂水市文化会館前広場に移動し、六月十三日に海上自衛隊東京音楽隊も参加して除幕式が行われた。

なお「瀬戸口藤吉翁誕生地」と彫られた標識は、垂水市本町の鹿児島相互信用金庫垂水支店前に設置されている。

和歌山県田辺市の顕彰碑

「軍艦」の作詞者鳥山啓の顕彰碑があることを知ったのは、昭和五十九年五月二十八日付の海上自衛新聞紙上であった。同月八日に吉田學海上幕僚長が阪神基地隊を視察した際、海軍兵学校第七十六期の安田清氏から顕彰碑の話を聞き、写真が贈られたという記事からである。

昭和六十一年七月二十四日、夏季休暇を利用して訪れた田辺市の扇ケ浜公園にある鳥山啓翁顕彰碑の前で、郷土史研究家の前野忠道、那須卯之介の両氏に会い、いろいろと貴重な話を聞くことができた。これは、同市出身の福本出氏（元海上自衛隊幹部学校長、海将）が取り持ってくれたものであった。

この顕彰碑の建立のきっかけは、その十一年前の春頃に、田辺駅前のパチンコ店の主人内芝氏から前野氏に〝ロータリークラブのために何か講演をして欲しい〟と依頼があったのが始まりだというから話が面白い。

前野氏は「パチンコ店と軍艦マーチ」の結び付きから、郷土の人にも忘れられている作詞者の鳥山啓についての講演を行った。そして最後に大分県の豊後竹田駅では、同市縁の滝廉太郎の名曲「荒城の月」を、列車が到着する度に流している例をあげ〝世が世であれば田辺駅でも「軍艦」が景気よく鳴り響いているでしょう〟と結んだ。

この講演がきっかけとなって、青木泰秀氏を会長とする鳥山啓翁顕彰碑建設委員会が組織され準備が進められていった。

昭和五十二年十一月二十日午後一時半から挙行された除幕式には、伊丹市から長谷川康正隊長指揮の陸上自衛隊第三音楽隊が派遣され式典に花を添えた。音楽隊の「軍艦」演奏の後、鳥山啓作詞の旧制田辺高等女学校校歌の斉唱が行われた。

この顕彰碑のユニークなところは、市当局はまったく関与せず、顕彰会が市民に呼び掛け、浄財を集めて建立したことにある。

田辺湾を背に「軍艦」の歌碑と並んで建立された碑には、表面に「鳥山啓翁顕彰碑」、裏面に次の碑文が刻まれている。

鳥山啓翁は天保八年三月田辺大庄屋田所家に生まれ藩士鳥山家を継いだ　天性の才能と抜群の記憶力を以て努力勉強　和歌国学英語地理理科植物絵画等あらゆる方面に長じ　田辺藩学校　和歌山師範　和歌山中学等に職を奉じた後　東京華族女学校に勤めること二十年　その間多くの著書があり　有名な軍艦マーチの詩歌や　旧田辺高等女学校の校歌をも作った　大正二年歿　齢七十七　私たちは南方熊楠翁さえ　先生　と呼んで尊敬したこの優れた学者が当地出身であることを誇りとし　その功績を顕彰すべく田辺市政三十五周年に当たり　こゝに碑を建てた

昭和五十二年十一月二十日
鳥山啓翁顕彰記念碑建設委員会

平成六年七月二十一日、田辺市の紀南文化会館で海上自衛隊東京音楽隊の演奏会が開催された。和歌山市沖の人工島で開催された「世界リゾート博」に派遣要請があり、その際に「軍艦」の作詞者の出生地での演奏会が実現した。

前年には作曲者の出生地で演奏会を行っており、音楽隊勤務最後の演奏旅行で、田辺市を訪問できたことは幸いであった。扇ケ浜公園の鳥山啓翁顕彰碑の前で「軍艦」の顕彰演奏を行い、福本氏のご母堂にご案内をいただき、鳥山啓翁の墓参を行うことができた。

その翌月の十日、三十七年半勤務した海上自衛隊を五十六歳で定年退職した。

横須賀市三笠公園の記念碑

横須賀市の三笠公園において「軍艦行進曲記念碑」の竣工除幕式が挙行された平成八年七月二十一日は、早朝から生憎の雨天であったため式典は「三笠」の講堂に変更された。

平成五年六月に記念碑再建準備委員会を開催し、多くの難問を乗り越えて三年有余、除幕式までに漕ぎ着けた関係者の労苦は大変なものであった。

帝国海軍軍人共通の心の拠り所ともいうべき行進曲「軍艦」を記念すると言う目的から、スムーズに事が運ぶと思われていたが、実際には建設の趣旨、設立場所、碑のデザインなどにいろいろと問題が発生し、紆余曲折があったことを聞いていただけに、粘り強く初志を貫徹された方々の喜びも、より以上のものであっただろうと推察する。

雨天の中の除幕は、少数の関係者のみで行われた。除幕に合せて講堂に待機していた小西龍也三等海尉指揮の海上自衛隊横須賀音楽隊が勇壮に「軍艦」を演奏し、全国各地から参集した協賛者と共に竣工を祝った。

予定では後部甲板上において音楽演奏が行われるはずであった。天候のためとは言えせっかく集まった多くの人達が、除幕の場所に立ち会えなかったのは気の毒であった。

二メートル四方ほどの黒御影石で造られた記念碑は、「三笠」の左舷後部、猿島を背にした位置に建てられている。「行進曲軍艦」の題字の下に、歌詞のない卜長調の旋律と次の碑文が刻まれている。

行進曲　軍　艦

行進曲「軍艦」は明治三十年海軍軍楽長瀬戸口藤吉氏によって作曲された　日本の勃興期における行進曲として親しまれ　未来への明るい希望と自信を与え勇気づけるものである　世界三大行進曲の一つとして　音楽史を彩る希有の名曲で　作曲されてから一世紀を迎える年にあたり　瀬戸口軍楽長がこよなく愛し　青春

の日日を送り己が終焉の地ともなったこの横須賀の三
笠公園に行進曲「軍艦」の顕彰碑を建立いたしたもの
である

行進曲「軍艦」記念碑建立協賛会

この碑面の裏面には「軍艦」の歌詞が刻み込まれていたが、除幕式当日は黒いビニールで覆い、見えなくされていた。そして、その後にコンクリートを埋め込んで完全に隠蔽されてしまった。

これは当時の横須賀市役所が〝多くの観光客が訪れる公園の記念碑に、歌詞を入れることは「平和都市横須賀」のイメージを損ね相応しくない〟という理由で、申請書の歌詞の部分は最後まで受理しなかったようである。

記念碑の建設中に公園管理課の職員が申請図面に記載されていない歌詞を見付け〝歌詞の削除をしない限り除幕式の実施を認めない〟ということになった。

このような経緯から裏面に刻みこまれていた歌詞は、ビニールで覆われての序幕式となってしまったが、関係者にしてみれば後味の悪いものであった。

横須賀水交会による修復

平成十三年五月十四日の産経新聞夕刊に、「塗りつぶされた軍艦マーチ」の見出しで、この記念碑に対する市当局の姿勢に疑問を呈している記事が載った。

〝「好戦的」と歌詞にセメント〟〝建立時に市担当者が削除命令〟〝「旋律と一体」市民ら反発〟などと見出しが列記されており、当時の市当局の対応が、いかに理不尽であったかを伝えている。

かねてから碑の修復を模索していた横須賀水交会（水交会横須賀支部）は、この新聞記事を追い風として行動を起こすことになり、長崎嘉徳総務理事が担当することになった。

長崎理事は友人の新倉商店代表新倉賢爾氏と図り、横須賀市議会議員の木村正孝氏の協力を得て、市役所の担当部課と折衝した結果、修復する方向で話し合いが付いた。

修復工事は平成十四年九月の理事会によって決定され、直ちに福田豪二会長名で募金活動に入った。期間は翌年三月までとし、一口千円以上、目標額は百万円であった。

平成八年に記念碑を建立した「行進曲軍艦記念碑建立協賛会」は解散していたため、横須賀水交会独自の計画による修復であったが、思わぬ難問が待ち構えていた。

裏面に刻まれていた歌詞の部分は、特殊な接着剤を使用してコンクリートを埋め込んだため、その部分だけを掘り起こすと碑を損傷してしまう恐れがあるなど、技術的に困難であることが判明した。

窮余の一策として同質の石材に歌詞を刻み、張り付けることになった。黒御影石の碑石は、建立後五年を経過し紫外線等により変色していることから、同質同色の石材を探すことから活動が始まった。

世界各地の黒御影石のサンプルを現場で照合した結果、その適材が台湾にあることを突き止めた。新倉商店の積極的奉仕と石平石材店社長石川孝治氏の絶大なる協力の下に、希望どおりの修復の見込みが付いた。

予想以上に募金と修復工事は順調に進み、翌十五年二月には予定より早く、会長から各方面に「行進曲『軍艦』の碑除幕式の開催について」の連絡が送られた。

三月二十八日午後一時半から三笠公園の碑前において除幕式が盛大に挙行された。各界からの多くの来賓と共に、海上自衛隊からは自衛艦隊司令官、横須賀地方総監を始め各部隊の指揮官が参列した。横須賀音楽隊の演奏が花を添えている。

退職後ではあったが招待を受け〝海軍軍楽隊と行進曲「軍艦」について〟と題して、参会者に話す機会をいただいたことは光栄であった。

日比谷公園記念碑建立の経緯

難航した平成八年の三笠公園記念碑建立の際の委員会には、「再建」という文字が含まれていたことから、失われた「軍艦」の記念碑があったはずである。

昭和十六年の十二月に『吹奏樂月報』と『バンドの友』の二誌が内閣情報局の指導により、厚生音樂専門雑誌『吹奏樂』として統合発刊されたことは前に紹介した。

その創刊号には瀬戸口藤吉翁からの祝文を掲載する予定であったが、直前の十一月八日に逝去したことにより、急遽「瀬戸口樂長を偲ぶ」という座談会に変更された。日比谷公園の記念碑は、この座談会から建立が決まった。

出席者は、大日本吹奏楽報国会会長兼海洋吹奏楽団団長武富邦茂海軍少将（海兵三十四期）、貴族院議員京極高鋭子爵、音楽評論家堀内敬三、海軍軍楽隊関係から島田晴誉（明治三十一年入団）、佐藤清吉（同三十四年）、早川彌左衛門（同三十六年）、内藤清五（同三十九年）、田邊吹奏楽器の田邊勝久、『吹奏樂月報』目黑三策と『バンドの友』佐藤香津樹の両元編輯兼発行人であった。

座談会は、瀬戸口楽長逝去の五日後の十一月十三日に銀座「藍水」で行われた。雑誌が発行されたのが十二月一日であるから、その迅速さ手回しの良さに驚かされる。

この座談会で、次のような会話が交わされた。

武富　そこで一寸、京極さん、堀内さんにお願ひしたいんですが、將來も「軍艦マーチ」といふものは、これは國民にとって、こんな親しみのある曲といふものはないのですから、あれの記念碑を一つ建てたいと思ふんですが、如何でせうか。

京極　それは良いですね。

武富　それですよ。後代に遺すものは。文化關係者としても不賛成じゃなかろうと思ひます。

内藤　「軍艦マーチ」をもって七つの海を壓する……。

武富　モニュメントに瀬戸口さんの像か何かを入れて、今、大理石ならあるから、瀬戸口さんに由緒の深い日比谷の音樂堂の附近にでも建てたいと思ふんですが……。
堀内　い丶ですね。それは、とにかく、いろいろの記念碑がありますが、そんな有意義な記念碑といふものはなかなかないですよ。
武富　それじゃ一つ、取上げて下さい。
京極　努力しませう。
早川　海軍省も武富閣下から話して頂いて……。
武富　文化事業としても意義のあるわけだから……。
堀内　そうですね。これは良い。（略）
目黒　この座談會が、さういふ意義のある、きっかけになったといふことは……。
早川　大變嬉しいね。
武富　建てる場所は日比谷公園がい丶な。
京極　市の方に交渉してね。

というような経緯から具体的な建設運動へと発展して行き、早速建設資金の調達方法から碑の設計にまで話は進んでいった。その直後の十二月八日に大東亜戦争が勃発、真珠湾奇襲作戦やマレー沖海戦で大戦果を挙げ、この運動に弾みが付いて行った。
「軍艦行進曲記念碑建設」の趣意書と計画概要は、次のとおりである。

軍艦行進曲記念碑建設趣意書

一億國民が忘れんとして忘れ得ない昭和十六年十二月八日、此の日米國太平洋艦隊をハワイ眞珠灣に於て粉碎し大東亞戰爭開始劈頭に於て前古未曽有の赫々たる戰果をあげた。次でマレー沖海戰に於て英國の東洋艦隊主力を撃滅し、續いて行はれたバタビア、スラバヤ沖海戰と共に正に世界戰史を更新すべき立體海戰の三幅對と稱すべきであり、之に依つて米英を再び起つ能はざらしめ制空、制海に決定的勝利を博したのである。

この決戰の蔭に千古不朽の響も高き名曲「軍艦行進曲」のあることを見落してはならぬ、無敵海軍の情操はこの曲によつて育くまれた。曽つては日露戰爭にバルチック艦隊を破りたる日本海に於て、今又、米英を電撃殲滅したる太平洋上に於て高くこの歌をうたひ、この曲を奏した。かくて此の歌曲は我が海軍軍人の靈肉と融和し、無限の力ある海軍魂の錬成に寄與し、未曽有の國難打開に強力なる精神的協力をなし來つたのである。

今次大戰快勝のニュース放送の前後には必ずこの曲は奏せられ、沸き立つ國民の血を彌が上にも高潮せしめ一段の感激と大東亞戰爭必勝の決意を固めしめた。之に依つて觀れば、この名曲は單り我が海軍の專有にあらずして、海國日本國民の共存する聖曲と云はなくてはならない。

作曲者瀬戸口藤吉翁客年十一月八日他界せられ、今日この感激を共にする能はざるも烈々鐵火の如き翁の生命は名曲と共に永へに國民の胸裡に生きるであろう。

茲に吾等は大東亞戰爭の必勝を期し、無敵海軍を讃へると共に國民の志氣昂揚に資し、一は名曲を後代に傳へんが爲に、日比谷公園大音樂堂に地を相して「軍艦行進曲」記念碑を建設せんと念願し「軍艦行進曲記念碑建設會」を組織した。大方の愛國の士に奮って御贊同を御願ひする次第である。

軍艦行進曲記念碑建設計劃概要

一、建設位置　東京市日比谷公園音樂堂附近
一、記念碑構造　(一)設計及彫刻製作　日名子實三氏
(二)外郭　折壁石
(三)碑面　大理石
軍艦行進曲、樂譜、軍艦、軍艦旗及海兵の浮彫
(四)碑名(軍艦)
揮毫　海軍大將　山本五十六閣下
(五)撰文　くろがね會
一、落成式　昭和十八年五月廿七日(豫定)
一、本部　東京市京橋區銀座七丁目一番地八
一、役員　名譽會長　海軍大將　高橋三吉
會長　海軍少將　武富邦茂
副會長　貴族院議員　子爵　京極高鋭

同　　　　日本音樂文化協會副會長　山田耕筰
理事長　　　　海軍少將　高崎武雄
常務理事　　　　　　　　堀内敬三

京極子爵や武富少将を中心とした建設運動が功を奏して、海軍省その他の関係官庁との調整も順調に進んだようである。

昭和十七年九月十日の朝日新聞三面に、次の記事が載っている。

軍艦行進曲の記念碑
素晴らしい模型まず完成

不朽の名曲――軍艦行進曲の大記念碑が建立される。同行進曲は明治三十年當時女子學習院の鳥山啓教授が作歌したものを當時の海軍軍樂長瀬戸口藤吉氏が彫心鏤骨の末明治三十三年完成したもので日露戰争以來國民に親しまれてきたのである。「守るも攻むるも黑鐵の」あの勇壮な旋律がラヂオから流れ出すと今や全國民はハタと鳴りをしずめ、拳を握って無敵海軍の捷報に固唾を呑む。

この壯美な名曲は大東亞戰争開始以來七洋を切り拓く帝國海軍の大戰果をのせて國民の腦裡に深く刻まれ、幾十年海軍將兵の情操を育んで來たが國民の愛敬が凝って大東亞必勝の決意を表象する記念碑建立となったものであり曲の記念碑は珍しいものとされる。

場所は日比谷公園音樂堂附近で高橋三吉海軍大將を名譽會長に武富邦茂海軍少將を會長とし、京極高鋭子爵、山田耕筰氏を副會長とする軍艦行進曲記念碑建設會が海軍の肝煎りで結成され近く工事に着手すべく彫刻家日名子實三氏にその意匠を依嘱してゐたところ素晴らしい模型が出來上り九日午後海軍省に持込まれた。碑は高さ二十尺、幅三十尺、奥行二十尺で上部を飾る逞しい海鷲は三機編隊の航空隊をあらはし、中段左は聯合艦隊の、右は巡洋艦の威容が刻まれ下段左には潜水艦に象った魚王鯱が右には陸戰隊、落下傘部隊を現す蛟龍が彫られてゐる。軍艦旗の下中央には山本聯合艦隊司令長官揮毫の軍艦行進曲の題字にこの歴史的な曲譜が記されその下に「くろがね會」作の

「軍艦行進曲記念碑」の建設に当たって昭和17年に製作された模型。彫刻家・日名子實三デザイン

碑文が彫ってある。用材は大理石と花崗岩で工費は二十万圓。遅くとも來年の海軍記念日までには竣工の豫定。

なお記念碑建設の附帯事業として毎年全國から行進曲新作を募集するほか音樂による國民士氣の作興をやるが特に昨年末物故した全國民に馴染の深い作曲者瀬戸口藤吉翁の靈を弔ふため多摩墓地に地をトして改葬することになってゐる。

記念碑建立の運動

武富海軍少将を団長とする海洋吹奏楽団は、海軍軍楽隊出身者で編成されており、戦意高揚のため各地で演奏活動を行っていた。昭和十六年十一月八日の朝、海洋吹奏楽団と共に伊豆の下田に着いた団長に、瀬戸口藤吉副団長逝去の知らせが電話で届いた。悲報に接した団長は、直ちに団員を旅館の庭に整列させ、遥かに東京に向かい涙ながらに追悼の演奏を行った。

この吹奏楽団が、記念碑建設運動の中心的存在として演奏会を盛んに行い、雰囲気を盛り上げた。昭和十七年十月四日午後六時半から日比谷公会堂で、海洋吹奏楽団主催、東京市及び海防義会後援の「第二回海洋吹奏樂團大演奏會」（軍艦行進曲記念碑建設の爲め）が実施された。

大東亜戦争開戦後に始まった片仮名追放運動に合せて楽壇は、敵性国家の音楽演奏を行わなくなった。この音楽会は当時の情勢を反映してプログラムが組まれていた。ドイツのベートーベン、ウェーバー、ワーグナー、イタリアのマスカーニと共にフランスのビゼーの作品も取り上げられている。

このプログラムには、コロムビアレコードの戦時歌謡、日本管楽器及び田邊楽器の吹奏楽器、七欧無線電気のナナオラ受信機（ラジオ）のほか、製薬会社六社の広告が載っている。ビタミン剤や胃腸薬が大部分を占めていることから、そろそろ国民は疲れて来ていたのだろうかと気を回してしまう。

同じように「軍艦行進曲記念碑建設の爲の大演奏會」なるものが、同年十月十日にも日比谷公園大音楽堂で実施されている。主催は、日本音楽文化協会、日本蓄音機レコード文化協会、演奏家協会、東京日日新聞社で、後援は、東京市、日本放送協会と幅が広い。プログラムには、前記「軍艦行進曲記念碑建設趣意書」と「軍艦行進曲記念碑建設計劃概要」が折り込まれている。

雑誌の座談会の席での提案から始まった記念碑建設計画は、時流に乗って着実に進行し、実現に向かっていった。

昭和十八年五月二十九日午後一時半から、海軍記念日週間の一つの催しとして「軍艦行進曲記念碑」除幕式が、日比谷公園旧音楽堂で盛大に執り行われた。主催が日本音楽文化協会と軍艦行進曲記念碑建設会、後援が海軍省、内閣情報部、東京市、日本放送協会、海軍協会であった。

国民儀礼、修祓の後、大日本吹奏楽連盟、大日本吹奏楽報国会、海洋吹奏楽団の伴奏で、

舳会の乙女達が合唱の中「軍艦行進曲記念碑」の除幕が行われた。ただし記念碑の揮毫は、当初の予定と異なり有馬良橘海軍大将によるものであった。

軍艦行進曲記念碑建設会会長の武富邦茂海軍少将の経過報告、高橋三吉海軍大将、嶋田繁太郎海軍大臣の挨拶の後、岡部長景文部大臣、天羽英二情報局総裁、岸本綾夫東京市長、乗杉嘉壽東京音楽学校長の祝辞が続いた。

引き続き午後三時からは、日比谷公園大音楽堂において記念演奏会が開催された。参加団体は、大日本吹奏楽連盟、大日本吹奏楽報国会、海洋吹奏楽団、大日本連合合唱団、日本放送合唱団、東京市民合唱団による二千名の楽団と合唱団であった。

山田耕筰、和田小太郎、宮下豊次、早川彌左衛門の指揮で「軍艦行進曲」「太平洋行進曲」「護れ太平洋」「君が代行進曲」の大合奏が行われた。また、坂西輝信（明治四十一年入団）指揮の海洋吹奏楽団の伴奏で「聯合艦隊行進曲」その他を、長門美保、原信子、奥田良三が歌い、不朽の名作の記念碑の建設を祝った。この模様は、午後三時からラジオ第一放送で実況放送されている。しかし、戦局がかなり逼迫していることもあってか、新聞記事は控え目で建設発表当時の華やかさはない。

碑銘の揮毫を予定されていた連合艦隊司令長官山本五十六海軍大将は、作戦指導中の四月十八日、ソロモン群島方面ブーゲンビル島上空で壮烈な戦死を遂げていた。遺骨と遺品が戦艦「武蔵」で木更津沖に到着したのが五月二十一日、大本営発表として同日の午後戦死が公表された。

華やかに執り行われるはずであった「軍艦行進曲記念碑」の除幕式は、連合艦隊司令長官戦死公表の直後とあっては、盛り上がりに欠けても致し方のないことであった。

その一週間後の六月五日、日比谷公園に設けられた斎場において、山本司令長官の国葬が執り行われた。墓所は多摩墓地の東郷元帥の隣に埋葬されている。まだ就学前ではあったが筆者は、その葬列を甲州街道まで見送りに行った記憶が残っている。

昭和十七年九月十七日の朝日新聞の記事では〝瀬戸口藤吉翁の靈を弔ふため多摩墓地に地をトして改葬することになつてゐる〟と掲載されていたが、横須賀市長浦町の常光寺に葬られていて、改葬されてはいない。

平成三十年七月十四日、生誕百五十周年を記念して同寺において、地元吹奏楽団による音楽法要と郷土史家山本詔一氏が「海軍音楽と瀬戸口藤吉翁」と題して講演を行っている。

「三笠」に移された記念碑

昭和五十四年十一月五日付の読売新聞に、次の見出しの記事が大きく掲載されている。

『軍艦行進曲』の碑見つかる
東京・日比谷公園から姿消して三十四年
三笠艦底にひっそり　補修に備え点検中に偶然

（内容要約）

横須賀の記念艦「三笠」艦底から、昭和十八年に日比谷公園に建立された記念碑が、補修のため艦内を点検していたところ見つかった。碑がどのような経路で運ばれたかつまびらかでない。

記事は非常に好意的に取り上げられているが、初演が横浜沖の凱旋観艦式（明治三十八年）だったり、連合艦隊が欧米諸国を歴訪するなど、細かいことも含めてかなり事実でないことが書かれている。

ただし、実際にはそれほどのニュースではなく、ここに記念碑の碑文があることを知っていた関係者は大勢いた。終戦後に解体撤去された「軍艦行進曲記念碑」の重い碑文が、遠く「三笠」の艦底に、人知れず移動するわけがない。

三笠保存会事務局に「横須賀商工会議所観光部会議事について」と題する簿冊が残されている。この記録によれば、昭和四十年十一月十六日午後二時から横須賀商工会議所において「軍艦マーチ碑再建の件」を議題にした会議が行われていたことが分かる。平成の記念碑再建の前に一度その話が持ち上がっていた。

参加者は、商工会議所から横川観光部会長、手島専務理事、新倉観光課長、柳下課員の四名、地元観光業者などから観音崎ホテル（木村）、日本交通公社（菊池）、東洋観光（浜津）、京浜急行（美濃島・関・小野）、国際シップ（三橋）の七名と三笠保存会の茶谷東海常務理事であった。

この会議では募金方法、時機、金額、設置場所、規模などに付いて、かなり具体的に話し合われていた。そして建設費の目安とするために日比谷公園に解体され保管されている廃材の払い下げを申請することが決まった。

東京都知事への申請書類は、次のとおりである。

昭和四十年十二月二十五日

財団法人三笠保存会会長　浅　尾　新　甫

東京都知事　東　龍太郎　殿

軍艦行進曲廃材払下の件お願い

厳寒の候愈御清栄の段大慶に存じます

日頃は本会の事業に種々御協力いただき厚く御礼申上げます

さてこの度本会の事業の一端として、昭和十八年日比谷公園に建設せられその後終戦により解体せられました軍艦行進曲記念碑を記念艦三笠の舷側附近（横須賀市稲岡町三笠公園内）に再建したいと思いますので、右の解体材を本会に御払下方特別に御配慮下さいますようお願い申上げます

この依頼文書に対する承認の回答文は、山崎瀧三東京都南部公園緑地事務所長から三笠保存会会長宛に、昭和四十一年一月十日付で送られている。

以後、正面図、側面図、背面図、平面図と、記念碑位置を記した東京市会市民動員委員会の「軍艦行進曲記念碑建設寄附受領ノ件」と題する関係書類の写しなども入手しているが、なぜか再建までこぎ着けることはできなかった。

終戦から記念碑撤去まで

日比谷公園から「軍艦行進曲記念碑」が撤去され、その一部が横須賀の三笠艦に移されていたことは、海軍軍楽隊関係者にとっても謎とされていた。しかし、三笠保存会から東京都知事に宛てた依頼文書と、その回答文が現存していることから、昭和四十一年以降の比較的早い時期であろうと推測される。

敗戦というかつてない経験をした当時の人々にとって、GHQの命令は絶対のものであった。〝なにしろ初めてのことですので……〟と言った総理大臣はいなかったが、次々と出される「覚え書き」には翻弄されたことであろう。

終戦から記念碑が撤去されるまでには、占領政策の一環として次のような流れがあった。

まず昭和二十年十二月十五日に、GHQから出された「國家神道（神社神道）ニ對スル政府ノ保證、支援、保全、監督及弘布ノ廢止ニ關スル覺書」から始まった。

次いで昭和二十一年十一月一日に文部次官から大学高専校長宛に〝學校及び其の構内に存在するものは之を撤去すること〟という内容の通達が出された。

そして追いかけるように、同月二十七日に内務省警保局長から警視総監、地方長官宛に

「忠霊塔、忠魂碑等の措置について」という通達が出ている。
内務省警保局長の通達を受けた東京都は、撤去作業を進めるべく、次のような告示を出したので、一部を紹介する。

東京都告示第三十八号
忠霊塔、忠魂碑等の撤去審査委員会規定を、次のように定める。
昭和二十一年一月二十五日
東京都長官　安井誠一郎

忠霊塔、忠魂碑等の撤去審査委員会規程

第一条　忠霊塔、忠魂碑等の撤去審査委員会（以下委員会と称する）は、東京都における忠霊塔、忠魂碑等の撤去その他の措置に関する審査を行ふことを目的とする。
第二条・第三条（略）
第四条　委員は左に揚げる者をこれに充て、都長官がこれを命じ又は依嘱する。
一　関係官公所職員　若干名
二　学識経験者　若干名
第五条〜第八条（略）

委員会会長は伊藤清東京都次長、副会長は宇佐美毅教育局長と大森健治建設局長が当たった。学識経験者の中には、市川房江、加藤シズエ、朝倉文夫などの名前が見られる。

東京都公報第百八十六号（昭和二十二年六月二十八日）には、次のような公告が載っている。どのような審査結果だったかを知ってもらうため、少し長いが次のとおり紹介する。

忠霊塔、忠魂碑等撤去公告

忠霊塔、忠魂碑等の撤去審査委員会で、左記の通り審査要領及び希望条項により審査決定したので、この決定に基いて撤去する。

昭和二十二年六月

東　京　都

審査要領

一　撤去すべきものは、内務省警保局長通牒に記載の撤去条項に厳密に該当するものと認めたものを先決する。

二　撤去条項に該当するものでも、芸術品として貴重なものは、他の開放しない場所に移し保存する等の適当な処置を講ずること。

三　存置するものでも、戦利品その他穏当でない付帯設備等は撤去又は改造すること。

四　社寺境内の解放地域内に存在する碑像類に対しても、今回の審査の対象とすること。

希望条項

一　撤去に関しては一般にその趣旨を了解せしめ、その作業は丁重に行うこと。

二　撤去すべきものの台座その他付帯施設は、適当に整理すること。尚すでに撤去せるものの台座等も亦同じ。
三　撤去又は移転に莫大な資材労力を要するものは一定の猶予期間を認めること。

撤去物

一　軍艦行進曲記念碑（日比谷公園）
　この碑は、楽曲の碑であるが、その精神は日本海軍を礼讃し、国民の戦意発揚を目的としたものであるから撤去する。

（以下　撤去物の設置場所及び理由を略す）

二　佐渡丸遭難記念碑、三　尼港殉難之碑、四　常陸丸殉難記念碑、五　シベリア出兵田中支隊忠魂の碑、六　旅順白襷決死隊忠魂塔、七　東郷坂記念碑、八　廣瀬武夫及杉野孫七銅像、九　東郷元帥胸像、一〇　大村兵部大輔銅像、一一　大楠公像、
一二　西郷隆盛像、一三　有栖川宮熾仁親王銅像、一四　北白川宮能久親王銅像、
一五　小松宮彰仁親王銅像、一六　有栖川宮威仁親王銅像、一七　品川彌二郎銅像、
一八　長岡外史胸像、一九　和気清麻呂銅像、二〇　忠魂碑、二一　大山巌銅像、
二二　山縣有朋銅像、二三・二四　彰忠碑、二五　榎本武揚像

なぜ日本人の撤去審査委員が、「軍艦」の記念碑を一番に挙げたのか、不思議でならない。靖國神社境内にあった一〇番の「大村兵部大輔銅像」は〝撤去条項に該当せず、且つ明治

時代に於ける美術史上の代表的作品と認められるので、存置する〟と理由が付され、以下一七番まで同様に撤去を免れている。

ここで注目しなければならないのは、二〇番の「忠魂碑」の扱いである。内務省警保局長指令（通達）二の二項〝単に忠霊塔、忠魂碑、日露戦役記念碑など戦没者の為の碑であることを示すに止るものは原則として撤去の必要はない〟が適用されていれば、大部分がそのままでよかったのではなかろうか。

撤去理由の中に〝国民の敵愾心を刺戟し且つ国際友好を害する虞れがある〟の語句があるのが気になる。委員の作文であろうが、この裏にはＧＨＱの指示というよりも〝日露戦争の屈辱を晴らさんが為の、極東委員会ソ連代表部の圧力があったのではないか〟という疑念が、撤去された記念碑から湧いてきても不思議ではない。

撤去作業を扱った昭和二十二年七月二十三日の読売新聞の記事を紹介する。

消えた東京名物　廣瀬中佐の銅像きのう取り拂い

東京名物のひとつとして親しまれてきた神田須田町の廣瀬中佐像も〝追放旋風〟のあおりをくって二十二日ドウとばかり夏草の中に引き倒された――。

都土木課の撤去作業がこの朝八時から始まったのだが、この巨体を台から引きおろすのは容易ではなく、中佐はうつ伏せに、杉野兵曹長は首へロープをかけられて同様無残な最後、台石と共に近く民間に拂い下げとなるが、それまでは行く先も定まらず、このま、で夜露に打たれねばならぬという。

見物した顔馴染みの土地ッ子連中、さすがにこの工事には顔をそむけ、うつ向けの中佐をせめて仰向けにと両手に力をこめてたかったが重くて動かばこそ――あきらめ切れずに須田町南町の「須南青年会」員三十人は今朝からお別れの日まで、連日この夏草のネグラを清掃する。

「軍艦」記念碑の残存部分

昭和六十二年三月から平成元年三月までの二年間、私は横須賀音楽隊長を勤めた。この間に横須賀音楽隊の隊舎の増築が行われた。相模灘の向こうに富士山をいただく素晴らしい景勝地武山の音楽隊練習所に、なにかシンボルとなるようなものを設置したいと考えた折、記念艦「三笠」の「軍艦行進曲記念碑」の新聞記事のことを思い出した。

さっそく三笠保存会の平峰照総務課長に面会し、碑文が刻まれた石板の移譲を申し入れた。話はスムーズに進み〝横須賀音楽隊が引き取ってくれるなら！〟と大喜びで賛同してくれた。輸送方法などを検討していた矢先〝理事会で反対意見が出たから諦めて欲しい！〟という連絡を受け、断念せざるを得なかった。

その後、昭和五十年度の遠洋練習航海でご一緒した元練習艦隊司令官で三笠保存会理事長の常広栄一氏から〝僕は大賛成だったが総監部が反対したので、あの話はつぶれたのだよ！〟と真相を伺った。〝総監部を通さずに音楽隊長が勝手に話を進めた！〟という程度の担当部長の面子の問題だったようであった。

「三笠」に移された記念碑の残存部分は、石板、大理石に彫られた軍艦旗の一部、軍艦などのレリーフの断片であった。軍艦旗の一部の所在は不明であるが、大理石の軍艦などのレリーフは、後部左舷の舷梯の脇に敷き詰められていた。

そして碑文の石板は、横須賀音楽隊が貰い損なった当時とまったく同じ状態で「三笠」の通用口に置かれたままになっていたが、現在は「三笠」右舷の海側に移動し、人目に付かない所で安住の地が決まるのを待っているかのようである。

日比谷公園に設置されていた「軍艦行進曲記念碑」の石板に刻まれていた碑文は、次のとおりである。

軍艦行進曲は海國日本の表象てあるこの曲を聴く時われら一億日本人の胸には深き畏敬の念か湧き高き勇武の氣か盛り上って來るこれはわれらか尊信する帝國海軍を讃ふる熱情の詩てあると共に國民の士氣を鼓舞する最も雄渾なる音律てあるからたわれらは幼き時より常にこの詩を口吟み常にこの音律を耳にしてよく帝國海防についての關心を強めることか出來たしかもまた帝國四面の海洋に對して大いなる憧れを抱くに至っ

た軍艦行進曲こそは未來永劫日本人によつていや高に唱へられいや高に奏てらるへき大樂曲なのてある

茲にその意義と功績とを明らかにし大東亜戰争完遂への國民的感激を發揚せんかため此の地を選みて軍艦行進曲の碑を建てる

昭和十八年五月二十七日

軍艦行進曲記念碑建設會

第三章
各地での「軍艦」演奏の話題

一　大東亜共栄圏に残る日本の吹奏楽譜

海上自衛隊練習艦隊の遠洋練習航海で外国に入港する際、出迎えの軍楽隊が「軍艦」を演奏することが多い。乗組員は〝さすがに「軍艦」は世界の名曲だなぁ！〟といたく感激してしまう。

しかし一例を除いてその使用楽譜は、すべて海上自衛隊の練習艦隊音楽隊が以前に寄港した際に贈呈したものである。

その一例は、タイ国海軍軍楽隊の演奏を聞いて明らかになった。もし、その演奏を聞き流していれば、多くの吹奏楽譜やレコードが、大東亜共栄圏に贈られていたことを、明らかにすることはできなかったであろう。

大東亜戦争に関しては、いろいろと研究されているが、文化工作と言ったソフト面に関しては、取り組む人があまり居ないようで参考になるものが少なかった。しかし、こと音楽に関する限り、さまざまな記録とエピソードが残されていた。

タイ国海軍軍楽隊の楽譜

昭和五十六年度の遠洋練習航海は、練習艦隊司令官菅田昭男海将補率いる練習艦「かとり」と随伴艦「やまぐも」の二隻で、オセアニア、東南アジアコースで実施され、音楽隊長として参加した。

十月十六日の朝、メナム河を遡行してタイ国の首都バンコクに入港した練習艦隊は、三人の女性隊員を含む海軍軍楽隊の歓迎演奏で迎えられた。音がやっと届くような遠くから「軍艦」を盛んに演奏していたが、四度目の訪問であれば当然のことと思っていた。

何曲か交歓演奏を重ねているうちに聞き覚えのある行進曲を演奏した。確かに日本の曲であるが曲名を思い出せず、演奏が一段落したところで岸壁に降り楽譜を見て驚いた。「行進曲『海の進軍』海軍軍樂隊作曲」と印刷された戦前の日本の楽譜を「軍艦」を含めて、そのまま使用していた。

聞き覚えのある行進曲だったはずで偶然にもその前夜、仮泊地で海軍軍楽隊演奏のその曲をカセットテープで聞いていたのである。その時聞いていなければ、多分聞き逃していたであろう。

この演奏を聞いて日本の行進曲だと分かった人が二人いた。医務長の春名英彦一等海佐と同行者の航空自衛隊幹部候補生学校の村田好正教官であった。さすがに年配の方は違うと兜を脱いだ。

〝あの日揚がったZ旗を……〟と歌い出す海軍省選定、読売新聞社選歌、海老名正男作詞の「海の進軍」は、古関裕而作曲のメロディーで、今も軍歌愛好家に愛唱されている。

その同じ歌詞に、海軍軍楽隊の斉藤丑松兵曹が作曲した別の「海の進軍」があった。その歌をトリオにした行進曲は、昭和十八年二月に管楽研究会から吹奏楽譜が出版され、内藤清五軍楽長指揮の海軍軍楽隊の演奏でビクターからレコーディングもされている。カセットテープで聞いたのは、こちらの「海の進軍」であった。

タイ国海軍軍楽隊の指揮者の話では、そのほかにも日本の楽譜を持っているとのことで、有名な「暁の寺」（ワット・アルン）に近い軍楽隊を訪ねた。

大切に保管されていた楽譜には、日本の軍楽隊の整理番号は付いていなかった。タイ国海軍軍楽隊の整理番号順に記すと、次の二十四曲である。

行進曲「祝勝」、同「海の進軍」、同「國民の意氣」、同「護れ海原」、小品「三つの港風景」、圓舞曲「御社の朝」、祝典序曲「觀喜」、圓舞曲「薫る菊花」、同「櫻」、行進曲「軍艦旗」、同「ハワイ大作戰」、同「帝都の守り」、同「勝鬨」、同「太平洋」、序曲「悠久」、行進曲「建國」、同「千代田城を仰いで」、圓舞曲「東亞の空」、行進曲「進め！荒鷲」、同「大東亞戰爭海軍の歌」、同「大東亞戰爭陸軍の歌」、陸軍観兵式「分列行進曲」、行進曲「觀艦式」、同「軍艦」

（注「東亞の空」以外はすべて管楽研究会版）

現在日本国内で、これだけの楽譜を持っている吹奏楽団は、まずないであろう。海上自衛隊東京音楽隊は、これらの楽譜をほとんど保有しているが、その数年前に遺品の寄贈を受けるなど、たまたま幸運が重なって入手できたものばかりである。

日本ではほとんど演奏されず、忘れ去られようとしている戦前の吹奏楽曲が、遠いタイ国の海軍軍楽隊の貴重なレパートリーとして、今も演奏されていたのである。

この例外を除くと、ほとんどの外国の軍楽隊には「軍艦」の楽譜はなかったと言って良いであろう。帝国海軍軍楽隊は遠洋航海の際に交換楽譜を持参していかなかったということを、この楽譜のルーツを調べている時に海軍軍楽隊出身者から初めて聞いた。

楽譜の入手ルーツについてはタイ国海軍軍楽隊長のサムパウ少佐も定かでなかった。しかし、円舞曲「東亞の空」が「陸軍戸山學校軍樂隊」と印刷された五線紙の手書き楽譜だったことから、戦時中タイ国に駐留していた陸軍軍楽隊から贈られたものではないかと推測した。帰国後、直ちに初代陸上自衛隊中央音楽隊長だった須摩洋朔氏を、勤務先の武蔵野音楽大学に訪ねた。

楽譜のリストを一瞥して〝これは陸軍軍楽隊からのものではありません〟と断言された。「東亞の空」を含む五曲以外は海軍軍楽隊の作曲であること、終戦時に陸軍軍楽隊はタイ国に駐留していなかったこと、そして楽譜を贈呈したという事実がないからであった。

大東亜戦争の際、南方総軍軍楽隊副隊長当時の須摩少尉は、シンガポールを本拠地として、マレー、タイ、ボルネオ、仏領インドシナ（仏印、現在のベトナム）方面において演奏活動に従事していた。

南方総軍軍楽隊は昭和十七年七月十六日に陸軍戸山学校軍楽隊において編成された。隊長は戸山学校軍楽隊長だった大沼哲（明治四十年入校）軍楽大尉で、総員五十六名という大編成であった。

昭和十八年の夏頃、仏印に進出した軍楽隊はサイゴンのサッカー場で日仏合同演奏会を行っている。ドイツに降伏したビシー政権下のフランスは、当時日本の敵国ではなかった。しかし、欧州情勢の変化により二十年の三月には、敵国となった仏軍楽隊の楽器、楽譜などトラック二台分を接収するという事態になった。

南方総軍軍楽隊は、昭和十九年十一月十八日にマニラからサイゴンに移動の際、乗船の「白鹿丸」が雷撃を受け、大沼隊長以下二十九名全員が戦死するという悲劇に見舞われた。

同年九月下旬に須摩氏は、第二方面軍軍楽隊の編成を命ぜられ、マニラから南京に移動していたことから、この難を逃れていた。

須摩氏がタイ国内での演奏活動の中でも特に記録すべきことは、映画『戦場に架ける橋』で有名になった泰緬鉄道の、ノンプラドックにおける起工式とコンコイターにおける落成式に参加したことであろう。

サイゴンに響いた「軍艦」

昭和四十年二月二十五日、戦争が泥沼化しつつあった南ベトナムのサイゴンに、韓国海軍のＬＳＴ（揚陸艦）から韓国陸軍の歩兵、工兵、輸送兵など約五百名の部隊が上陸した。

この模様をサイゴン川に面したマジェスティック・ホテルの一室から眺めていて〝おや、

日本軍と間違えたのではないかな?〟と奇異に感じた人がいた。歓迎演奏をした南ベトナム軍楽隊の行進曲が「軍艦」だったからである。

産経新聞の特派員だった小山房二氏は、この時の模様を昭和五十八年六月二十四日の日本工業新聞に、「軍艦マーチの連想ゲーム」と題して寄稿している。

これはウイリアムズバーグ・サミットで、中曽根首相に対する歓迎式典で「軍艦」が演奏され、日本のマスコミが大騒ぎした一カ月ほど後のことである。当時、外交評論家として活躍していた小山氏は、マスコミの「軍艦」に対する異常な報道を〝まだ消えない自虐的脳細胞〟と断じている。

南ベトナム軍楽隊が「軍艦」を演奏したという事実は、いろいろな面で不思議に感じられる。まず、その楽譜をいかなる経路で保有していたかということである。

少なくとも戦後の日本の吹奏楽関係者が、楽譜を提供したとは考えられない。また、ベトナムの軍楽隊の創設課程で、日本の吹奏楽界が関わったという話は聞いたこともなく、多分その事実はないだろう。

南方総軍軍楽隊と合同演奏をした軍楽隊は、フランス人で編成されていたことからも、南ベトナム軍楽隊とは繋がりはないであろう。楽器楽譜は日本陸軍が接収している。

ビルマ軍の分列行進曲

昭和四十五年の万国博覧会の際に、儀典関係担当として出向していた外務省職員から、興味ある話を聞いたことがあった。

同氏がかつてビルマ（現ミャンマー連邦）に勤務していた際〝陸軍軍楽隊が観兵式で演奏した行進曲が「愛馬進軍歌」だったので驚いた！〟と言う。

この歌は、昭和十三年十月に「無言の戦士」と言われた軍馬の勲功を称えるため、陸軍省馬政課と農林省馬政局が協力して、歌詞と作曲を公募して作られたものである。硫黄島玉砕時の司令官栗林忠道陸軍中将が、馬政課長時代に提唱したとされている。

応募総数三万九千余篇の中から選ばれたのが、香川県琴平町の久保田信夫の作品であった。直ちに作曲が募集され、小倉中学校教諭の新城正一の曲が選ばれた。

この歌を主題とした行進曲は、当時陸軍戸山学校軍楽隊に勤務していた須摩洋朔氏の作曲で、トリオ（中間部）に自身も応募して入選したメロディーを挿入している。

ビルマの演奏の話を聞いた時は、戦前の日本陸軍の軍楽隊が残したものを、大切に保存して使っているのだろう位の感覚で聞いていた。

一八八六年以降インド帝国の一州として併合されたビルマは、大東亜戦争が終わって正式に独立するまで、一植民地としてイギリスに統治されていた。

日本で軍事教練を受けたアウン・サン（アウン・サン・スー・チー女史の父）などによって組織されたビルマ独立軍は、日本軍と共にイギリス軍と戦い、一九四三年に中央行政府を樹立し独立を宣言した。しかし、一九四五年に入ると敗色濃い日本に見切りをつけ、水面下でイギリスと手を結び、敗退する日本軍に対し一斉に攻撃を始めた。

当時、ビルマには第十五軍と第二十八軍の軍楽隊が派遣され、将兵の慰問と宣撫活動に従事していた。山口常光編著『陸軍軍楽隊史』（昭和四十八年、三青社）所載の両隊の活動の記録からは、ビルマ軍の軍楽隊に関することは何も触れていない。

おそらく軍楽隊は編成されていなかったと思われるが、仮にあったとしても指導する余裕などなかったであろう。

したがって、陸軍軍楽隊から現在のビルマ陸軍軍楽隊の前身が、楽譜を譲り受けたということは、その当時の戦況などからなかったものと推察する。

南方向け楽譜とレコード

タイ、ベトナム、ビルマの軍楽隊が「軍艦」「愛馬進軍歌」などの日本の吹奏楽譜を保有して演奏しているということは不思議でならなかった。調べた限りでは日本の軍楽隊が楽譜を提供したという事実は確認できなかった。

タイ国海軍軍楽隊の演奏を聞き、楽譜の存在を確認してからずっと疑問に思っていたが、解決の糸口をやっと見付けることができた。

昭和十八年十月一日付で『音樂公論』『音樂之友』『音樂文化新聞』『國民の音樂』『吹奏樂』『レコード文化』の六誌が、情報局等の指導の下に統合を行い、同年十一月号から『音樂文化』と『音樂知識』の二誌が、それぞれ創刊されることになった。

その前の統合で、吹奏楽関係の唯一の雑誌となった『吹奏樂』の最終号（昭和十八年十月）に、日本音楽文化協会発行の『音樂文化新聞』から転載された「南方向吹奏樂譜」と題する記事が目に止まった。

昭和十六年十一月二十五日に、社団法人として認可された日本音楽文化協会は、会長が徳川義親侯爵、副会長が山田耕筰、理事長が中山晋平であった。会員組織で、作曲部、演奏部、教育部、国民部に分かれていた。

設立の目的及び事業は〝肇國の精神に基づき音樂文化を確立し之を内外に宣揚するを以て目的とし、次の事業を行ふ〟として、十二項目の事業が謳われていた。その八番目に「音樂に關する國際的事業」という一項がある。

昭和十八年七月一日付の『音樂文化新聞』に、「國際音樂專門委員會の第一次南方向樂譜決る」と題する記事が載っている。

その第二回選考委員会で選ばれた第一回南方向け吹奏楽譜は「君が代」「軍艦行進曲」を含む十一曲である。引き続き選考された第二回吹奏楽譜の中には「愛國行進曲」「太平洋行進曲」と共に「愛馬進軍歌」をはじめタイ国海軍軍楽隊が保有していた楽譜は「東亞の空」を除きすべて含まれている。

その他、クラシック音楽部門に属する早坂文雄作曲「古代の舞曲」、大木正夫作曲組曲「五つのお話」、箕作秋吉作曲「小交響曲ニ長調」、江文也作曲「臺灣の舞曲」、平尾貴四男作曲「古代讃歌」、阿部幸明作曲「セロ協奏曲ニ短調」の管弦楽曲をまず上海へ、そして順次共栄圏の大都会へ、大東亜省南方事務局文化課を通じて発送している。

その年の『音樂文化新聞』三月二十日と四月一日号には、日本蓄音機レコード文化協会が、総計四百五十枚に及ぶ南方向け音盤の第一回分を選定したという記事と共に、コロムビア、ビクター、キング、大東亞、テイチクから選定されたレコードの曲名が、すべて掲載されている。

これは共栄圏各地に根強く食い入っている米英の敵性音楽徹底駆逐を目指して、原住民の愛唱、鑑賞に適する音盤を選定し、日本に親しませると共に、少年少女向けに日本語の普及、教育に重点を置くという壮大な計画であった。

しかし、このような事実は一般紙にはまったく取り上げられず、軍楽隊も関与していなかったため、軍楽隊出身者は楽譜の存在を誰も知らなかった。

楽譜とレコードの行方

行進曲「海の進軍」が昭和十八年二月に管楽研究会から発刊されているように、東京音楽隊がこれらの戦前の吹奏楽譜を入手した際〝なぜこの時期に、こんなに沢山の楽譜が出版されたのだろう？〟と疑問に思ったことがあった。

「國家總動員法」（昭和十三年法律第五十五号）には、次のような条文がある。

第八條　政府ハ戰時ニ際シ國家總動員上必要アルトキハ勅令ノ定ムル所ニ依リ物資ノ生産、修理、配給、讓渡其ノ他ノ處分、使用、消費、所持及移動ニ必要ナル命令ヲ爲スこの第八条の規定に基づく「金屬類回収令」（勅令第八百三十五号）が、大東亜戦争開戦前の昭和十六年に施行された。昭和十八年三月二十四日には、金属回収本部が商工省の外局として設置され、これに伴う官制及び関係勅令は、同日公布され即日実施された。

このような状況下で金属の使用制限が厳しくなり、軍隊に納める管楽器と信号ラッパ以外は、民需としての製造と販売が事実上できなくなっていた。出征兵士を送るための小規模なバンドは活躍していたものの、吹奏楽界全般としては衰退の兆しが見られていた。

大本営海軍報道部の平出英夫大佐の〝音楽は軍需品なり！〟〝ラッパは兵器なり！〟という勇ましいスピーチも、物資不足のこの頃には何の説得力もなかった。

更に雑誌類も第二次統合をされようとしている時期にもかかわらず、雑誌『吹奏樂』には次々と発刊される新刊吹奏楽譜が掲載されている。最終号には、この年の新刊四十七曲のリストで一ページを埋め尽くしている。

『音樂文化新聞』に発表された吹奏楽譜は〝印刷中のものを含んでいる〟とも書かれていることから、南方向けという大義名分に便乗して、国内向けにも増刷、発刊されたとも考えられる。

これだけの楽譜やレコードが、どのくらいの量、どの方面に、どんな方法で配布されたかは、今のところ明らかでない。これからの調査研究の課題である。

断定はできないが、タイ国海軍軍楽隊、南ベトナム軍楽隊、ビルマ陸軍軍楽隊が演奏した吹奏楽譜は、これらの一部であると考えるのが自然であろう。

その他の東南アジアの国々にも、このような楽譜やレコードが、今もどこかで密かに眠っているのではなかろうか。

ミャンマーで歌われている「軍艦」

昭和十八年九月一日の『音樂文化新聞』に載ったビルマにおける日本の音楽に関する次の記事を紹介する。この中には今でも歌われている歌があるだろうか。

ビルマの日本音樂熱
喜ばれる軍歌や歌謡

【ラングーン發同盟】ビルマ人の生活に音樂は切放せないもの、一つであるが、今次の戰爭はビルマの歌の世界にも一大變革を齎らし、これに關係した幾多の歌が作られ唄はれてゐる。一方日本の軍歌や流行歌はラングーンや主要都市は勿論、どんな片田舎へ行っても聞かれるほど一般に普及してゐる。日本の歌の方がビルマの歌より遙に好んで唄はれる場合が多い。ビルマの國で眞先に唄はれたものは「愛國行進曲」と「上海の花賣娘」で「兵隊さん有難う」「太平洋行進曲」「隣組の歌」がこれに次いでゐる。最近では日本の歌謡をビルマ語に翻譯したものを逆にこれらの歌の譜をそのまゝビルマの歌に操ったものなど相當の數に上ってゐる。

平成十年四月にキングレコードから発売された瀬戸口藤吉生誕百三十年記念『軍艦マーチのすべて』（ＫＩＣＧ３０７３）は、二十六曲の各種「軍艦」が収録されているが、その中で最も興味を持ったのは、ミャンマー軍楽隊演奏の「軍艦」の旋律であった。

当時毎朝、ミャンマー陸軍のラジオ放送で流れていて誰でも知っているという。平成十年十一月に東京の臨海副都心のビックサイトで開催された「世界旅行博」の際、ブースに居たミャンマー人に尋ねたところ、軍の歌だということを全員が知っていた。これは新宿の居酒屋でアルバイトをしている留学生も同様であった。

そのルーツを訪ねるべく平成二十五年度の練習艦隊（司令官北川文之海将補）が、九月下旬にミャンマー連邦共和国のヤンゴンを初訪問するという情報を入手し、その入港に合わせて同地を訪問し、軍楽隊を訪ねて楽譜を確認する計画を立てた。

やがてこの計画がまったく無謀であることが判明した。あらゆるルートを通じて調整を試みてみたが、長年軍政を敷いている国の軍の施設に〝民間人が立ち入ることなど不可能である！〟というのが知人を通じて連絡を取った同国人からの回答であった。

〝中止せざるを得ないかな！〟と諦めかけていた八月下旬、海上自衛隊幹部学校長の福本出海将から思いがけない電話が入った。〝今日、ミャンマー国防大学校長一行が幹部学校に来校しました。軍歌を話題にしたところ、一行が「軍艦」のメロディーをミャンマー語で歌い出し、こちらも日本語で歌って大合唱になりました。そこで〈元東京音楽隊長が練習艦隊の入港に合わせて貴国を訪問し、軍歌の調査を計画しています〉と伝えました〟という内容であった。

ティン・アウン・チッ国防大学校長一行は、八月二十五日に実施された陸上自衛隊の富士総合火力演習見学のため来日し、その一日をカウンターパートの自衛隊幹部学校表敬訪問に当てていた。

東京・目黒地区には、統合幕僚学校と陸海空幹部学校の四校があるが、対応したのが海上自衛隊幹部学校だけだったことが奇跡を生んだ。その一カ月ほど前、よこすか芸術劇場で開催された「陸・海・空自衛隊合同コンサート」で旧知の福本海将に会った際〝ミャンマー訪問の調整が上手く行っていない！〟と話していたのが幸いした。

国防大学校長は、同行の駐日ミャンマー大使館の駐在武官ティン・チョー・トュ陸軍大佐に〝極力便宜を図るように！〟と命じたとのことで、事態は思いがけず急転回した。以後、武官が直接本国と要望事項などを調整してくれた。

いろいろな問題を解決し一カ月後の九月二十八日、ヤンゴンから車で五時間以上もかかる首都ネピドーの軍楽隊を、土曜日にも拘わらず訪問することができた。

日本から音楽隊関係者が訪れるのは初めてのことだったことから、ミャンマー側も興味をもって丁重に迎えてくれた。軍楽隊の講堂には、約六十名の儀仗隊軍楽隊が待機し、各地から参集したのであろう少佐、大尉の軍楽隊長も十人程居並んでいた。

軍楽隊トップのアォン・チォン・ミン陸軍中佐のプレゼンの後、日本の曲が元歌と思われるミャンマー軍歌を歌入りで十曲演奏してくれた。その中、はっきりと題名が分かったのは、演奏順に「軍艦」「大東亞戰争陸軍の歌」「歩兵の本領」「愛馬進軍歌」「國民進軍歌」の五曲であった。他に日本のものらしい曲があったが、曲名は分からなかった。

日本の陸軍士官学校で教育を受けた「三十人志士」や緬（メン）甸（デン）幹部候補生隊出身者が、習い覚えた日本の軍歌を今も歌い継いでいるのであって、原曲の楽譜を使った「軍艦」「愛馬進軍歌」ではなかった。

代表的軍歌「バーマ・ドゥ・イェ・タッマドウ（ミャンマー国軍）」Bama Doe Ye Tatmadaw は、軍歌「軍艦」とほぼ同じである。ただし、ミャンマー語のイントネーションとアクセントに合わせてか、若干メロディーに違う部分もあるが、誰が聞いても原曲が「軍艦」であることは分かる。

ネピドーには、世界一広大な敷地を持つ軍事博物館があることは、どの旅行案内書にも載っていない。翌二十九日に館長の案内で見学することができた。

館内には「軍艦」と「愛馬進軍歌」のメロディーが絶えず交互に流れていた。〝日本人が来たので特に流しているのですか?〟と館長に聞くと〝いつものとおりです〟と回答があった。両曲共に、今はミャンマーの曲として定着しているようである。

二　終戦後「軍艦」の演奏は禁止されたか？

〝いざとなれば「神風」が吹く！〟と本当に信じ込んでいた人も決して少なくなかった「神国日本」が、敗戦を迎えるとは思いもよらないことであった。

日清、日露と世界中が日本の勝利を考えてもみなかった大国相手の戦争に勝ち抜いてきただけに、そのショックは計り知れないものがあった。

同じように敗戦の憂き目を見たとはいえ、初めてではないドイツはしたたかであった。日本人に〝今度はイタリア抜きでやろう！〟と真面目に言う者がいるというからすごい。

初めての経験はいろいろな面で日本人の本当の強さと共に弱点をさらけ出したようである。今となっては笑い話になりそうな「軍艦」演奏の自粛も、ある面では卑屈であったようにもとれるが、やはり率直な国民性のなせる結果であったのだろうか。

ドイツと日本の違い

かつて「大銀座まつり」のハイライト「音と光のパレード」には、在京の陸海空自衛隊音楽隊が例年参加していた。

平成九年十月十七日、第三十回を迎えたこの祭りで、海上自衛隊東京音楽隊はドイツの行進曲「バーデンヴァイラー」(Badenweiler) で初めて行進した。重厚なこのドイツ行進曲は、ヒットラー総統のお気に入りで、公式の席に臨席する際には必ず演奏されたことから、現在もドイツの軍楽隊では演奏禁止になっているいわく付きの曲である。

この行進曲を都心のパレードで使うのに際しては、念のためドイツ大使館に問い合わせたところ担当者から〝問題はありません。どうぞ演奏して下さい!〟との回答を得た。

現在のドイツには、この行進曲以上に神経を使わなければならない歌があり、時々話題になることがある。「フォルスト・ヴェッセル・リート」と呼ぶ「ナチス党歌」で、当時は国歌に準ずる扱いを受けていた。

日本では昭和十四年に『ドイツ國歌とナチス黨歌』と題する吹奏楽譜が管楽研究会から出版されていて、当時の青少年は原語で愛唱していた。戦後この年代の人が、ドイツで歌って警察に逮捕されそうになったり、友人からきつく注意された話が、いくつか伝えられている。

これはドイツの憲法にあたる基本法で、民主主義を脅かすナチス関係の諸々を、ドイツ国内で禁止した大衆扇動罪に当たるものとして、厳しく取り締まっているからである。

このドイツと比べて日本はどうだったのだろうか。終戦後、海軍軍楽隊員を中心に編成された東京都吹奏楽団が、第二復員局の職員(大部分が元海軍省勤務)に対する慰安演奏会で、熱烈に「軍艦」をアンコールされたのにも拘わらず演奏しなかったことがあった。

当時としては当然であったのだろうが、今になってみるとなぜ「軍艦」の演奏を自粛したか不思議でならない。連合国軍総司令部は、いろいろな「覚え書き」を出して占領政策を進めたが、どこをどう捜しても「軍艦」をはじめとして、軍歌や戦時歌謡の演奏を禁止した記録がない。また、当時から吹奏楽界で演奏活動していた人からも〝そのような記憶はない！〟という証言を得ている。

今も法律で自国の過去を厳しく取り締まっているドイツと、なにも規制がないのに自発的に自粛した日本、歴史と文化、民族性のなせる違いであろう。

日本ではあまり知られていないこのドイツ行進曲を演奏した、東京音楽隊の歴史にも残るすばらしい演奏会があった。

昭和五十五年九月二十日、「日独修好百二十周年前夜祭　ブラスムジークアーベント（吹奏楽の夕べ）」と銘打たれた演奏会が日比谷公会堂において実施された。主催は日独協会、後援がドイツ連邦共和国大使館とドイツ行進曲愛好会であった。

演奏は海上自衛隊東京音楽隊であったが話題を呼んだのは、前ドイツ連邦軍陸軍第五軍楽隊長ハインツ・シュリューター（Heinz Schlüter）退役中佐を客演指揮者として迎え、日本とドイツの行進曲だけで二時間のプログラムを組んだことであった。

プログラムの中に問題の「バーデンヴァイラー」が含まれていた。これはドイツ行進曲愛好会メンバーの強い希望によるものであったが、シュリューター中佐は、この選曲にはかなりの戸惑いを見せていた。

演奏会前に中佐は〝この行進曲を演奏して問題はないだろうか？〟と大使館付海軍武官フーフシュミット大佐に尋ねた。〝なぜです？　これも立派なドイツ行進曲でしょう！〟という回答に、安心してステージに立ったという隠れたエピソードがあった。
この演奏会のアンコールでは、「旧友」と「軍艦」が揃って演奏されている。

米軍軍楽隊の「軍艦」演奏

武蔵野音楽大学の図書館・博物館長だった古荘隆保教授から〝終戦の翌年頃に新橋の闇市近くで、米軍軍楽隊がパレードで「軍艦」を演奏していた！〟という話を聞いたことがあった。白い脚絆が印象に残っているという。

昭和二十一年三月十日の朝日新聞に、次の記事が載っている。

絢爛米軍の分列式

米騎兵隊第一師団第七連隊の閲兵分列式が九日朝十時半から二重橋前広場で行はれた、黄、赤、銀など色彩豊かな分列式が槍旗を先頭にして、軍楽隊のマーチに乗る、絢爛たる中にもスピーディな分列式
この日、アイケルバーカー中将、チューズ少将などの他、マックアーサー夫人も令息同伴で臨場、装甲車の行進や地上すれすれに舞ひおりる飛行機の分列など終始興味深げに眺めていた

当時、アメリカの独立記念日、イギリス国王の誕生日などを祝う式典、指揮官の交代式な

どが、皇居前広場で実施されていた。これらの式典後、有楽町、新橋一帯で市中パレードを行っている。記事では演奏曲目に触れていないが、このうちのどれかで「軍艦」が演奏されていたのであろう。

敵性音楽としてジャズの演奏を禁止した反動としてか、戦後の日本は軍歌や戦時歌謡の演奏はタブーとされていた。しかし、日本人が気にするほど進駐軍はうるさくなかったようである。

海軍軍楽隊では復員の際、貸与楽器の持ち帰りを許可しており、多くの軍楽隊員は戦後の混乱期を、バンドマンとして生計の道を開いていくことができた。進駐軍のキャンプ内のクラブで演奏するバンドは、当初その軍楽隊員が大部分を占めていた。

海上自衛隊東京音楽隊の第二代隊長片山正見元一等海佐は、戦後横須賀で進駐軍向けのジャズバンドを編成して活躍した草分けの一人であった。各地で演奏した際、米兵から「ピース」(Peace) と呼ばれていた「軍艦」のリクエストをよく受けたという。

終戦後の一時期、火曜日の夜に放送されていた「陽気な喫茶店」という人気番組に、米軍軍楽隊が出演し、「軍艦」を「ピース」という題名で演奏したことは、私も克明に覚えている。

連合国軍総司令部による焚書

文化面に関しても連合国軍総司令部は、いろいろと「覚え書き」を出して指導したようであるが、焚書に近い行為を行ったことは案外知られていない。

焚書資料刊行会企画編集、文部省社会教育局編纂の『連合国軍総司令部指令「没収指定図書総目録」』（昭和五十七年、今日の話題社）という復刻本が手元にある。この原本は、横書きでありながら右開きという出版常識を無視した編集がなされている。焚書に対する無言の抵抗を示していたかのようである。

同書の「まえがき」にある「宣伝用刊行物の没収」とは「昭和二十一年三月十七日附連合国軍総司令官の覚書」により、次のように指令されていた。

一、宣伝用刊行物の没収に関する覚書

1. 日本政府は次の如き宣傳用刊行物を多量に保有する倉庫、書店、書籍取扱業者、出版社、配給会社及び総ての商業施設又は日本政府諸官廳等一切の個人以外の筋から次の出版物を蒐集すべく指示される。

書　　名	著　者	発行者	発行所所在地	
War and Construction（戰爭及び建設）	平田時次郎	朝日新聞社	東京都麹町区有楽町2の3	昭和18、12

（以下9種略）

2. 右の出版物は中央倉庫に蒐集保管し、蒐集したその出版物をパルプに再製するための措置については將來本司令部から指示せられる。

3．本司令部に提出すべき蒐集状況についての定期報告は毎月15日及び月末とし、その開始時期は3月31日として、報告の内容には次の各項を含むものとする。
(イ)当該期間に蒐集した出版物の名称及び数量。
(ロ)蒐集場所及び各出所毎に蒐集された出版物の名称及び数量。
(ハ)蒐集した出版物の総数量。
(ニ)全重量。
(ホ)特定の保管場所。
4．一般民家或は図書館に於ける個々の出版物は本指令の措置から除外する。
(以下二から一九まで略)

「覚え書き」が出された十日後の三月二十七日に、覚書追加第一号が出され、没収指示出版物六種が新たに追加された。以後、ほぼ半月毎に出された覚書追加は、当初二桁だった刊行物が第三十一号で一挙に五百種と増加し、昭和二十三年四月十五日の第四十八号をもって終了した。

リストの中には、観艦式や遠洋航海の記念アルバムから子供向けの戦記物まで〝なんでこんなものまで！〟と思われるような刊行物が多数含まれている。

昭和二十一年十月二日付で出された覚書追加第十一号には、日本放送出版協会発行「興亜奉公の歌」「出征兵士を送る歌」「紀元二千六百年頌歌」「英靈讃歌」「誓ひ」「燃ゆる大空」

「海を渡る荒鷲」「航空日本の歌」「靖國神社の歌」「嗚呼北白川殿下」「青年歌」「空をゆく」「南方の歌」の楽譜十三種が加わった。

これらは昭和十一年六月からラジオで放送された「國民歌謡」全七十八輯の一部である。当初は、芸術的な香りの高い歌曲を国民に提供しようという目的で、国威発揚、軍国主義昂揚といった目論見はなかった。島崎藤村の「朝」「椰子の實」など、今でも歌われている格調の高い作品が含まれている。

時代と共に戦時歌謡的なものが登場するようになっていった。取り上げられたのは第五十輯から第七十八輯までの曲である。しかし第四十九輯までには、「萬歳ヒットラー・ユーゲント」「愛馬進軍歌」「太平洋行進曲」その他、指示された曲よりも没収出版物にふさわしいと思われる曲が沢山ある。

多分この十三曲を指定した段階において「國民歌謡」の現物が全部揃っていなかったのであろうと推察する。発行年月日はすべて大東亜戦争開戦前のものであり、どのような事情があったにしろ、この指示は一貫性のない、まったくずさんなものである。

戦時中に作られた「ハワイ大海戰」「英國東洋艦隊潰滅」「比島決戰の歌」などは、連合国側として決して放置しておけない憎い戦時歌謡だったはずである。ここに挙げられていない出版楽譜に関しては〝お構いなし〟という免罪符を与えたことになる。

この覚書は、「宣伝用刊行物の没収」に関するものであって、演奏に関してはなにも触れられていない。「軍艦」はじめ軍歌、戦時歌謡の自粛は、必要なかったのである。

パチンコ店での「軍艦」の始まり

パチンコ店で「軍艦」が鳴り響くようになった起源は諸説あるようだが、もっとも信憑性の高いものを紹介する。

パチンコ産業の歴史は古く大正末期から昭和初期にかけて欧米から渡来し、当初は露店で営業していたという。「パチンコ」という呼び方もその頃からすでにあった。

平成三年に鹿児島テレビは『軍艦異聞《くろがね》』というドキュメンタリーを制作した。作曲者瀬戸口藤吉の出身地のテレビ局として、「軍艦」と作曲者をあらゆる角度から検証しようという意欲的な企画であった。

この中で日本遊戯協会の担当者が〝戦後名古屋辺りからパチンコ機械が製造され全国に普及した〟と話している。名古屋を中心に集中していた航空機の製造工場に残されていたボールベアリングと、知多半島で盛んに行われていたハウス栽培用のガラス板が結び付いてパチンコ機械が作られたという。敵航空機の攻撃目標にされる恐れがあったため、地中に埋められていたガラス板が物資の乏しい当時としては、いち早くパチンコ台の製造を可能にしたのだという。

昭和二十六年の春頃、東京・有楽町の一軒のパチンコ店から突然「軍艦」が大きく鳴り出した。びっくりして飛んで来た丸の内警察署有楽町交番の渡辺巡査部長が〝行進曲停止、許可あるまで待つように！〟と申し渡した。そして経営者を日比谷交差点の角にあったＭＰ

（「ミリタリー・ポリス」の略、憲兵隊）本部に連れて行った。占領下の当時としては大変なことをしでかしたかのようであった。

この話をしてくれたのはパチンコ店「メトロ」の元店主田中友治氏であった。同氏は、昭和十三年六月に、第四十八期偵察練習生として横須賀海兵団に入団した航空機搭乗員であった。大東亜戦争開戦直後、イギリス東洋艦隊の「プリンス・オブ・ウェールズ」「レパルス」を撃沈したマレー沖海戦には、元山航空隊員として高井中隊の「九六式陸上攻撃機」に搭乗して参戦し、大分航空隊の艦上偵察機「彩雲」搭乗員として終戦を迎えた歴戦の勇士であった。

五反田駅近くで和風割烹「赤のれん」を経営していた田中氏から、当時の話を直接聞くことができたのは幸運であった。

復員後事業に成功し、有楽町の東京駅寄りの喫茶店を買い取り、当時大衆に流行り始めたパチンコ店に改装して営業を始めた。終戦後六年目とはいえ朝鮮戦争が始まった当時、米兵と腕を組んで歩く日本女性が目に付き、大東亜戦争を戦った帝国海軍軍人には気分の良い光景ではなかった。

ある日、店内にあった「軍艦」のレコードが目に止まり、気晴らしに表に向かって思い切りボリュームを上げてかけてみた。その結果が前述のとおりとなったわけである。

丸の内警察署から通訳を同行し、ＭＰ本部で問題のレコードをかけることになった。単なる行進曲に担当官は〝ＯＫ　何も問題はありません！〟と答えなんのお咎めもなかった。

連合国軍総司令部が管内にあった丸の内署は、いろいろな面で神経を使っていたようである。そのお膝元で「軍艦」が鳴り響いたことによる過剰反応であったようだ。MP本部のお墨付きをもらったことから、以後安心して連日「軍艦」が鳴り響くことになった。近くの東京都庁職員も朝から威勢の良い「軍艦」を聞きながら出勤し大喜びだったという。

娯楽の少ない当時としては、パチンコ店は大繁盛で田中氏は東京都内に十軒の店を持つまでに成功した。その店がすべて「軍艦」を景気よくかけるので、他のパチンコ店もこれに倣い、やがて全国的に波及していった。現在のパチンコ店は、機械も複雑になったようで、流れる音楽も「軍艦」は皆無のようである。

三　「軍艦」は「世界の名曲」か？

オタワ・サミットで「旧友」「星条旗よ永遠なれ」「軍艦」の三曲が演奏されていた。日本でだけ言っている「世界三大行進曲」が出揃ったようで面白い。

最近はあまり聞かれなくなったが「世界三大美港」「世界三大学生スポーツ」、その他「世界三大○○」に、日本が含まれている場合がよくあった。

「軍艦」には未だに〝「世界三大行進曲」の一つ〟というキャッチ・フレーズが付いている。レコード会社などは、販売戦略の一つとして必ず謳っているようであるから、あまり目くじらを立てない方が良いのかとも思うが、どうしてこのように言われるようになったのか、果たして世界では「軍艦」がどのように知られているかを調べてみた。

「世界三大行進曲」の疑問

いつの頃からか〝行進曲「軍艦」は、アメリカのスーザ作曲「星条旗よ永遠なれ」、ドイツのタイケ作曲「旧友」と共に「世界三大行進曲」と言われている「世界の名曲」である〟と誇りを持って日本国内では語られてきている。

しかし、その根拠を問われるとはなはだ心許ない。前にも述べたように「軍艦」が、それほど世界中に知られていないことは、練習艦隊の遠洋練習航海で世界中の軍楽隊と交流を持つ海上自衛隊音楽隊員が一番よく知っている。

そもそも「世界の名曲」とは、どのような条件を揃えたものを指すのであろう。行進曲に関して言えば、少なくとも世界中の主な軍楽隊や吹奏楽団が楽譜を所有し、時にはコンサートで演奏し、「世界の名行進曲集」というタイトルのレコードなどには必ず収録され、多くの人がそのメロディーを耳にしたことのある曲を言うのではなかろうか。

「星条旗よ永遠なれ」と「旧友」の二曲に関する限り、そのすべての条件を備えていると言えよう。特別音楽に興味のない人でも、曲名は知らなくても、そのメロディーは知っている。「軍艦」が「世界の名曲」「世界三大行進曲」と言われるようになったのは、いつごろ、どこで、誰が言い出したのかとなると、これがどうもはっきりとしない。

世界中の軍楽隊長や吹奏楽団の指揮者が集まって、「世界三大行進曲」を選定したという話は聞いたこともないし、その事実はないだろう。もし「軍艦」を含むこの三曲を選んだとしたら、イギリス、フランスをはじめ他の多くの国から異論が出たはずである。

日本では長年そのように語られてきており、そう思い続けて来た方々が多い中で〝「軍艦」は外国ではあまり知られていません！〟と公言するのには反論もあった。

昭和五十八年六月十八日付の海上自衛新聞に〝サミットの度に演奏され、そのつどマスコミをにぎわすことが続けば「日本の名行進曲」として世界中に知れ渡り、文字どおり「世界の名曲」になる日が来るのではないかと期待している〟という結びの記事を投稿したところ〝「世界三大行進曲」のはずだが！〟と呉を地盤にしていた元国会議員からの電話を受け、我われの体験を説明し納得してもらったことがあった。

堀内敬三が聴いたヨーロッパの「軍艦」

昭和十五年九月十七日の日比谷公会堂における「軍艦行進曲四十年記念大音樂會」開催のきっかけを作り、昭和十八年五月二十九日に日比谷公園に建立した「軍艦行進曲記念碑」には常務理事として参画するなど「軍艦」とは縁の深い人が堀内敬三であった。

昭和二十一年十二月三日から始まった水曜の夜の「話の泉」は、ラジオ初のクイズ番組であった。格調の高い内容で人気があり昭和三十九年三月三十一日まで続いた長寿番組であった。和田信賢アナウンサーの名司会で、大田黒元雄、サトウハチロー、徳川夢聲、山本嘉次郎、渡辺紳一郎など錚々たるメンバーと共に、堀内もレギュラー回答者として幅広い知識を披露していた。

昭和二十四年九月十一日から始まった「音楽の泉」は、日曜日の朝、シューベルトの「楽興の時」のテーマ音楽で始まる超人気番組であった。クラシックの名曲を、やさしく解説した堀内の放送を聞いてクラシック・ファンになった人が、かなりいたようである。

海上自衛隊東京音楽隊が、防衛庁長官直轄部隊として正式に編成が認められたのは、昭和三十一年六月一日であった。霞が関の防衛庁大講堂で披露演奏会が実施された。私は音楽隊入隊希望の高校三年生で、この演奏会を聞くことができた。

その際、全日本吹奏楽連盟の堀内敬三理事長が祝辞を述べたが、その中で印象に残った話が二つあった。

一つは〝薩英戦争の際、夜になるとイギリスの軍艦の上では軍楽隊の演奏があり、それが明治二年の薩摩藩士三十余名による伝習のきっかけになりました〟という話である。これが日本の吹奏楽の初めとされていたが、正確ではないことを後で知った。

もう一つは〝海軍軍楽隊の伝統を受け継いで行進曲「軍艦」を演奏する音楽隊が誕生したことは、大変愉快です〟と喜び〝我われがパリのナイトクラブやドイツのビヤホールに行くと、日本人が来たということでバンドは「軍艦行進曲」を演奏してくれました。つい気分を良くしてチップを弾みました。このように世界的に知られている名曲であります〟と言う話であった。

昭和三十七年四月二十八日、日比谷公会堂において東京音楽隊の創立十周年記念特別演奏会が実施された。それまで定期演奏会を行っていなかったことから、これが東京音楽隊の第一回定期演奏会となった。

この演奏会でも祝辞を述べた堀内大先生の話は、その六年前に防衛庁講堂で聞いた内容とほぼ同じであった。聴衆もステージ上の音楽隊員も蘊蓄を傾けた祝辞に耳を傾け、世界の名行進曲「軍艦」の偉大なることを改めて認識した。

この二つの祝辞で「軍艦」を「世界の名曲」とはっきり言っていたが、「世界三大行進曲」ということに関しては、言及したかどうか定かでない。

堀内敬三著『明治回顧軍歌唱歌名曲選』（昭和七年、文京社）、『ヂンタ以來《このかた》』（昭和十年、アオイ書房）、『音樂五十年史』（昭和十七年、鱒書房）、『日本の軍歌』（昭和十九年、日本音樂雑誌株式會社）の四著書にも「世界三大行進曲」という記述はない。

堀内は、明治三十年十二月六日に東京神田の浅田飴本舗の三男として生まれ、何不自由なく育てられた。東京高等師範学校附属中学校を経て大正六年二月に渡米し、ミシガン大学で機械工学を専攻した。そして大正九年九月から三年間、マサチューセッツ工科大学（ＭＩＴ）大学院に学んだ科学者であった。

渡米中の大正十一年六月から九月まで、夏休みを利用してヨーロッパ旅行を行った。長男の堀内一夫著『「音楽の人」堀内敬三―その時代と生涯―』（平成四年、芸術現代社）には、その間の行動が次のように載っている。

堀内はまずロンドンに一週間滞在した後フランス・ベルギー・オランダを経てドイツに入りミシガン時代の友人たちと合流して一ケ月を過ごした。さらに南ドイツからウイーンで三日間、イタリアのローマ・ナポリ・ミラノを廻って再びパリに至り一ケ月逗留した。

パリとドイツに一カ月ずつ滞在しており、この時にナイトクラブやビヤホールで「軍艦」の演奏を聞いていると考えられる。南ドイツからウイーンに移動していることから〝ミュンヘンのビヤホールではなかろうか!〟と勝手に推測してみた。

ドイツのビヤホールの「軍艦」

本格的なドイツのビヤホールでは、バンドがマーチやポルカを演奏して雰囲気を盛り上げている。南ドイツのミュンヘンには、世界最大のビヤホールと言われる「ホフブロイハウス」がある。二十マルク払うとバンドの指揮をさせてくれるそうで、日本人のにわか指揮者によって「軍艦」の演奏が度々あったようだ。

昭和四十九年九月十一日から二十四日までの間、航空自衛隊航空音楽隊長斎藤高順一等空佐、陸上自衛隊中央音楽隊長蟻正晃二等陸佐と共に、当時の海上自衛隊東京音楽隊長服部省二二等海佐は、スイスにおける国際音楽祭に参加のため渡欧した。その際「ホフブロイハウス」を訪れ〝日本の海軍軍楽隊長〟と紹介され「軍艦」を指揮して大喝采を博した。

ミュンヘンのビヤホールのバンドが「軍艦」を演奏するという話は、いろいろな方面からも聞いていたので、是非とも確認して見たいと思っていた。平成九年七月にオーストリアのシュラットミンクという避暑地で世界吹奏楽大会（ＷＡＳＢＥ）が開催された。その途上、単身ミュンヘンに赴き「ホフブロイハウス」を訪ねた。

当時、「ホフブロイハウス」の唯一の海外支店が、東京新宿の歌舞伎町にあった。戦後、東京藝術大学音楽学部となってからの声楽科第一期生で、その店の社長麻生彌壽子さんから紹介され同行してくれたのは、同地在住のバイエルン国立歌劇場舞台美術部の三浦真澄氏であった。

「ナチス発祥の地」として有名なのが、この「ホフブロイハウス」である。ドイツ労働者党の二十五カ条の綱領を発表した場所がビヤホールの三階で、現在はショーを見ながら食事をするレストランとなっていた。

一階の大ホールで演奏していたのは、僅か六人のバンドであった。十七年そこで吹いているという一番年配のトランペット奏者に「軍艦」の楽譜を見せてもらった。戦前の古い日本の楽譜を期待していたが、小編成に書き直された手書きのものであった。

トランペット奏者が加わる前に、すでに日本からピアノ譜が送られて来ていて、バンドに合せて適当に編曲して使っているとのことであった。

「ホフブロイハウス」は、ビールの味と建物は変わらないものの経営者は何度も交代し、バンドマンもその都度契約で雇われるので、戦前からの伝統的なものは何もないことが分かった。

若き日の堀内敬三が、「軍艦」を聞いたビヤホールが「ホフブロイハウス」だったという確証を得ることは、残念ながらできなかったが多分そうであろう。

四　練習艦隊訪問国の「軍艦」二題

平成八年十一月三十日、東京・原宿の水交会において「海軍と海上自衛隊の集い」が開催された。懇親会に先立ち、練習艦隊司令官山田道雄海将補の講演が、東郷神社和楽殿で実施された。

航海中、艦内で作られた川柳を交えたユーモアたっぷりの内容で参会者一同楽しく拝聴した。自らが肴にされた〝副官に　歩調を合わす　司令官、笛吹童子〟は、講演前に演奏した東京音楽隊の指揮者内堀豊一等海尉（同年の練習艦隊音楽隊長、フルート奏者）の作であった。

ニュージーランドのウエリントン近郊で埋もれていた「軍艦」演奏の発掘と、初めての韓国釜山寄港に関連して、韓国内における「軍艦」の意外な事実を紹介する。

レヴィン小学校の「軍艦」

阿川弘之著『米内光政』（昭和五十三年、新潮社）の第一章に、大正十三年二月に練習艦隊「磐手」艦長の米内大佐がニュージーランドで、〝I am very glad to see you. Thank you〟という〝もっとも短い英語演説〟を小学校で行ったという話が載っている。

山田司令官は、その舞台となったウエリントン郊外のレヴィン小学校を訪れた時の話をされた。平成八年十月四日付の海上自衛新聞に、副官の中釜義之一等海尉が、その時の詳細を寄稿している。

司令官がこの小学校を訪問することができたのは、いろいろと幸運が重なったようである。まず〝レヴィンのような辺鄙な所へ、なぜ日本の練習艦隊の一行が訪れたのか？〟というニュージーランド駐在の遠藤哲也大使の疑問を耳にしたことである。

司令官は、入港したクイーンズ埠頭にあるウエリントン海事博物館長を表敬訪問した際、その話をスカッドン館長にしたところ、直ちにレヴィン小学校の所在地を調べ連絡を取ってくれた。

寄港中の練習艦隊司令官は、スケジュールが過密で自由時間などほとんど取れないのが普通であるが、出港前日の七月十五日、予定していた市内観光の時間をレヴィン小学校への小旅行に充てることができた。

レヴィン小学校のスマレス校長は、日本の提督が突然訪問するという連絡に急遽古い記録を調べ、一九二四年二月六日に日本海軍軍人が訪問した新聞記事を見付けた。驚いて地元の新聞社に連絡したことから、記者とカメラマンが待ち構えていた。

同校に残されていた当時の新聞には、練習艦隊軍楽隊による国歌と「軍艦」の演奏、萬歳三唱を行ったことなどが載っていた。この時の指揮者は、内藤清五軍楽長と同年兵で明治三十九年に横須賀海兵団に入団し、共に軍楽少佐まで栄進した藤咲源司軍楽兵曹長だったはずである。

いくつかの偶然が重なったとはいえ、このような形で海外での「軍艦」の演奏記録が発掘されたのは初めてである。阿川氏の著書を遠藤大使が話題にしなかったり、司令官がレヴィン小学校を訪問する時間が取れなかったり、小学校に記録が残っていなかったら、この事実は日の目を見ることはなく、埋もれたままになっていたであろう。

山田司令官からは、七十二年振りの日本の提督のレヴィン小学校訪問を報じた写真入りの地元紙『クロニクル』や古い新聞記事のコピーなど貴重な資料をいただいた。

練習艦隊の韓国初訪問

平成八年九月二日、山田司令官の指揮する練習艦隊は、遠洋練習航海の最後の寄港地である韓国の釜山に初めて入港した。この模様は、日韓両国の新聞、テレビなど約四十社によって取材される大ニュースであった。

長い練習艦隊の歴史の中でも、このように外国で多くの日本のマスコミに注目されたのは初めてであろう。韓国側の比較的穏やかな報道と同様に日本側も次のように無難な見出しで取り扱っていた。

朝日新聞　〝海自艦が釜山入港　二隻が戦後初の訪問〟
毎日新聞　〝自衛艦が釜山入港　初の韓国訪問〟
読売新聞　〝自衛艦が韓国を初訪問　訓練航海の途中静かに釜山入港〟

韓国海軍軍楽隊は、日本民謡や海上自衛隊歌「海をゆく」などを演奏したのに対し、練習艦隊音楽隊も韓国民謡や「韓国海軍の歌」を演奏して親善ムードを盛り上げた。練習艦隊音楽隊は、この入港時「軍艦」の演奏は行っていない。もしここで演奏していたらウイリアムズバーグ・サミットで前例があるように、次のような見出しの新聞記事となり大騒ぎになったであろうと推察する。

〝親善ムードに水を差す「軍艦マーチ」の演奏〟
〝無神経な親善訪問　韓国側の神経を逆なで〟
〝あきれた感覚　親善無視の選曲〟

そして、過去の通例として「識者」と呼ばれる何人かの見当はずれのコメントが、もっともらしく掲載され〝軍艦マーチの演奏は今後論議を呼ぶことでしょう！〟と、煽るような決まり文句で結ぶテレビ・ニュースも想像される。

韓国学究の研究

「中村理平さんを偲ぶ会」が、平成九年三月二十三日に東京のアルカディア市ヶ谷（私学会館）で開催された。中村氏は、薩摩藩の伝習生を指導したイギリス人のジョン・ウィリアム・フェントンが、それまで海軍とされていたのを、当時の文献をつぶさに検証し、今では一般的となった陸軍説を立証した研究者であった。

その会に韓国から参加した閔庚燦《ミンキョンキャン》氏と話す機会を得た。閔氏は、一九五七年生まれのソウル大学出身者で、平成五年四月から二年間、東京藝術大学大学院に留学した新進気鋭の音楽学者であった。

東京藝大における修士論文は、『「韓国における西洋音楽の受容」―朝鮮総督府の音楽教育政策と日本の洋楽の影響を中心に―』という題名である。

たまたま話題が「軍艦」に及んだと言うより、そちらに仕向けたのであるが〝韓国では行進曲「軍艦」は、どの程度知られていますか？〟と尋ねたところ、まったく予期せぬ答えが返ってきた。

〝今では反日歌としてよく歌われています。若い人は日本の曲だと言うことを知りませんよ！〟と言うので、一瞬耳を疑って改めて聞き直したが同じ答えであった。

そして〝調べたところでは現在十種類の替え歌があります。近く本を出しますので、そのことも書いてあります〟と言って、わざわざゲラ刷りの原稿を鞄から出して見せてくれた。ハングル文字で内容は分からないものの、明らかに〝守るも攻むるも　くろがねの〟の部分の楽譜が書かれていた。

音楽学者として幅広く調査研究をしたのであろう〝このような歌が沢山あるのです〟と更にいくつかの例を披露してくれた。

『月刊韓国文化』（一九九四年三月号）に、留学中の閔氏の「『韓国洋楽の歴史』—朝鮮総督府の音楽教育の影響—」という日本語の論文が載っている。そして〝韓国洋楽に最も大きな影響を与えたのは植民地教育であった。洋楽の発展と日本との関係を明らかにするこれまでにない研究〟と説明が付いていた。

また、平成八年九月十日付の日本経済新聞の文化欄にも、「『唱歌がつなぐ日韓の近代』◇植民地時代の音楽教科書からルーツを探る◇」と題する一文も寄稿している。

〝汽笛一声、新橋を……〟で歌い出される「鉄道唱歌」が〝韓国では「学徒歌」〈日本の唱歌に相当〉として知られていて〈日本人の作曲だと知ったら驚くに違いない〉。まして反日革命歌として歌い継いで来た北朝鮮の驚きは、さらに大きいだろう〟と説いている。

閔氏の話と二つの文章から推測すると、現在の韓国の学徒歌のルーツは、日本統治以前の賛美歌とする説が一般的で、留学前の閔氏もそう信じていたらしい。

東京藝大の図書館で統治下の音楽教科書を見付けたのをきっかけに研究を重ねた結果〝韓国洋楽の一つの重要なルーツは日本の植民地時代だ〟と確信を抱いた。しかし今なおキリスト教等の宗教界をはじめとして、この説を取りたがらない風潮があるという。

閔氏に会った直後の三月三十一日、産経新聞朝刊の「二十世紀特派員」欄で、黒田勝弘ソウル支局長が、その話を裏付ける記事を書いているので紹介する。

学徒歌に……

ところでぼくは韓国（朝鮮）歌謡史でもう一つ「オッ」と思ったことがある。

ずっと以前に日本で「朝鮮労働党創建三十周年記念行事」を紹介する北朝鮮の記録映画を見たときだった。スタジアムで例の大マスゲームが展開され、その最初に流れた軍楽隊のマーチ風の曲が何と日本の「鉄道唱歌」だったのである。

もちろん韓国（朝鮮）では昔から「学徒歌」といわれ、「学徒よ学徒よ、青年学徒よ……」とか「青山に埋もれし玉も、磨いてこそ光あり……」など別の歌詞をつけて親しまれてきた。韓国近代歌謡史の第一ページに出てくる。

韓国の文献によると、日本支配時代には独立の気概を歌う国民歌謡だったという。今では「作者不詳」とした文献もあり、元は日本の「鉄道唱歌」と知っている人はだれもいない。

日本の交通博物館に電話して聞いたところ「汽笛一声、新橋を」で知られる「鉄道唱歌」は多梅稚ほか作曲、大和田建樹作詞で明治三十三年（一九〇〇年）に作られたという。まさに二十世紀の幕開けである。韓国には当時の日本留学生たちによってもたらされた。

この連載企画の冒頭の「ハーグ密使事件」のところで、八〇年代に北朝鮮で造られた映画「帰らざる密使」を紹介したが、この映画の主題歌も実は「鉄道唱歌」いや「学徒歌」なのだ。北朝鮮で今なお「鉄道唱歌」が健在なのは実に楽しい。

中国で歌われていた「勇敢なる水兵」

関氏の話で一番驚いたのは、日清戦争の際に作られた「勇敢なる水兵」に関してであった。佐佐木信綱作詞、奥好義作曲のこの歌は、明治二十八年二月十三日発行の『大捷軍歌』第三編に収録されている。その後にできた軍歌で〝旋律は「勇敢なる水兵」のものを用ふべし〟と書かれたものが、かなりあるように歌い易い旋律である。

〝黒いからだに　大きな目　陽気で元気に　生き生きと　少年倶楽部の「のらくろ」は　いつも皆を　笑わせる〟と歌われた田河水泡作の漫画『のらくろ』は、講談社の雑誌『少年倶樂部』に昭和六年の新年号から十六年の十月号まで百三十四回にわたって連載された。当時の少年少女は、この歌を「勇敢なる水兵」の旋律で歌っていた。

今の日本の少年少女がほとんど知らないであろうその旋律が、中華人民共和国で中国語の歌詞で歌われていることを、関氏は突き止めていた。

〝日本が清国を破った歌ですよ、本当ですか？〟〝本当ですよ　まだ沈まずや定遠は……の、あの歌ですよ。でも誰もそんな歌だったことは知りませんよ。昔から歌われていたので自分の国の歌だと皆思っていますよ！〃と断言した。

「鐵道唱歌」と同じように、この話を裏付ける話が平成九年五月十五日のNHK教育テレビ「人間大学」で放映された。作曲家の團伊玖磨氏が講師の「日本人と西洋音楽―異文化との出会い―」第六回放送「全国に広がる唱歌」の中で、中国の西洋音楽の受容を、次のように紹介していた。

（略）十九世紀末に西洋的教育を取り入れる場として、中国各地の大都市に新式学堂《しんしきがくどう》というものが設けられましたが、そこで使う教科書「学堂楽歌」には、外国曲の替え歌と創作とが混在していました。そして、面白いことに、そこでは日本の創作唱歌が「替え歌」の対象となっていたのです。「中国男児」と題された曲の原曲は「寄宿舎の古釣瓶」（小山作之助作曲・明治三四年）であり、また「革命軍」という曲の原曲は「勇敢なる水兵」（奥好義作曲・明治二八年）です。前者は後に八路軍の軍歌となり、歌舞劇「東方紅」にも登場してきて、私は仰天したおぼえがあります。また後者は、日清戦争を歌った内容ですが、それが「革命軍」となったわけです。これらは、学堂楽歌の指導者の一人で、日本に留学した李淑同《りしゅくどう》が持ちかえったものでした。（略）

團氏との僅かの会話の中に出た「軍艦」「鐵道唱歌」「勇敢なる水兵」の三曲は、明治時代に作られた日本の名曲である。今この歌を正確に歌える日本人は、果たしてどれ位いるだろうか。やがては海の向こうの人々にだけ歌い継がれていることになりそうである。

日韓吹奏楽界の交流

練習艦隊の初訪問では演奏されなかった「軍艦」が、すでに韓国では演奏されていた。海軍軍楽隊出身の坂本圭太郎氏（昭和十四年入団）の著書『物語・軍歌史』（昭和五十九年、創志社）には、次のような記述がある。

釜山に鳴りひびく「軍艦行進曲」

もう七年前のことになるが、私が「釜山市消防音楽隊」を公式訪問したときのこと。隊舎前に整列した音楽隊は先ず、日、韓両国の国歌を演奏した後、高らかに「軍艦行進曲」を演奏したのである。思いがけないことにびっくりするやら嬉しいやら……。使用した楽譜も日本海軍が使用した制定譜で、演奏も中々立派なものであった。

後で聞いたところによると、私が海軍軍楽隊の出身であることを知った金隊長（韓国海軍軍楽隊）は、ぜひ共「軍艦行進曲」で出迎えたいと考えて、市長に許可を求めたところ「笑われないように立派な演奏をするように……」とのことで許可になったという。

消防本部長は「今日は、終戦このかた絶えて久しく演奏されることのなかった軍艦行進曲が、戦後はじめてこの釜山の空に鳴り渡りました。坂本先生のために演奏されたのです。どうか、私たちの心からのプレゼントを受取ってください」と、実に流暢な日本語でにこやかに語ってくれたのである。

又、金隊長によれば、釜山市のホストバンドでもあるこの音楽隊は各国の代表行進曲を常備しているが、日本のは「軍艦行進曲」一曲になっていて、今までは一度も演奏されたことはなく、恐らく今度の演奏は戦後、韓国ではじめてのものではないかと言うことだったが、まことに光栄である。

隊員に聞いて見たが演奏面からは、やはりトリオからのコルネット（トランペット）のバリエイションが難かしいとのことだった。

日本と韓国の吹奏楽界の交流は、アメリカを除くと一番盛んであったことは一般にはあまり知られていない。昭和四十二年一月に創立した日本吹奏楽指導者協会（ＪＢＡ）は、昭和四十九年の総会から〃アジアと手を結ぼう！〃をテーマとして国際交流を始めた。

この創立総会には、韓国音楽協会管楽隊指導者協会から金鐘奭、金永昉、安応均の三名の役員が参加し、「韓国の吹奏楽事情」と題する特別講演を行った。日韓の吹奏楽交流の幕開けであった。

以後、それぞれの協会の支部間で姉妹提携をするなど親密な交流が始まり、高等学校の吹奏楽団が相互に訪問し、合同演奏会を行うなどして親善を深めていた。

坂本氏は、この日本吹奏楽指導者協会の常任理事として国際的にも幅広い活動をしていて、韓国国際文化協会の名誉会員であった。

平成九年三月二十九日から三日間、静岡県浜松市のアクトシティ浜松で開催された「第一回パン・パシフィック・バンド・フェスティバル」には、韓国から海軍軍楽隊出身の張成坤氏指揮の坡州工業高等学校吹奏楽部が参加した。男女学生は全員浜松市内のボランティア家庭にホームステイで迎えられていた。

同行した百済芸術大学音楽科教授の金永昉氏は、元韓国海兵隊軍楽隊長で前記ＪＢＡの総会で講演した一人であった。

この二人と話をする機会を得たが、若い張氏は「軍艦」のことはまったく知らなかった。金教授は〝年配の人だったら誰でも知っています。懐かしがるでしょうね！〟と語った。

このイベントの実行委員会顧問でＪＢＡの秋山紀夫会長（現名誉会長）は、海外の吹奏楽関係者との交流が多く、韓国との付き合いも長い。その秋山氏も〝「軍艦」が話題に上ったことは一度もなく、反日歌として歌われていることも知らなかった〟と言う。

異常に反応するマスコミが存在するために、腫れ物にでも触るように「軍艦」の演奏には神経を使い過ぎているが、私の知る限り海上自衛隊音楽隊が海外で演奏して、問題になったことは一度もないことは断言できる。

残念ながら心配するほど「軍艦」は、まだ世界的に知られていないのである。

五　行進曲「軍艦」による記念すべき三つの大行進

最近は道路事情により、音楽隊の演奏行進、いわゆる街頭パレードを行うことが少なくなった。かつては演奏旅行の際などは、日本全国どこへ行ってもパレードと演奏会は一対になっていて、やるのが当たり前であった。

海軍軍楽隊が、昭和十二年にドイツのベルリンで行った「軍艦」を演奏しての大行軍は、大評判だったようで多くの記述が残されている。忘れられないように紹介しておきたい。

また、戦後のことでも、国家的、国際的行事の中で演奏されていたのにもかかわらず、まったく報道されていないこともある。その現場にいて「軍艦」を演奏した者として、報道されなかった行事について、紹介しておきたい。

ウンターデンリンデン通りの大行軍

昭和十二年五月二十五日、ドイツの首都ベルリンのウンターデンリンデン通りを、軍艦「足柄」の陸戦隊と軍楽隊が、歴史的とも言える威風堂々の大行軍を行った。

同年五月十二日、ロンドンのウエストミンスター寺院において、イギリスのジョージ六世の戴冠式が盛大に執り行われた。この盛儀には秩父宮殿下ご夫妻が、天皇陛下のご名代として参列されている。

「足柄」は、五月二十日に、スピットヘッド沖で実施された戴冠式記念観艦式参列のため派遣された一等巡洋艦であった。

十七カ国が参加したこの観艦式に、ドイツからは有名なポケット戦艦「アドミラル・グラフ・シュペー」が派遣されていた。観艦式終了後同艦は、直ちに抜錨し全速力で帰国して行った。当時の両国関係を示す象徴的な行動であった。

「足柄」には、内藤清五軍楽特務大尉を隊長とする甲編成（四十四名）の軍楽隊が乗り組んでいた。全海軍軍楽隊から最優秀の軍楽隊員を選抜し、管弦楽演奏も可能な編成であった。髙山實（大正十二年入団）初代海上自衛隊東京音楽隊長も、一等軍楽兵曹でコルネット奏者として参加していた。

五月二十二日午前十時、イギリスのポーツマスを出港した「足柄」は、二日後の二十四日にキール運河を通峡しキール軍港に入港した。出迎えのドイツ海軍軍楽隊が「君が代」と「軍艦」を演奏したのに対し、「ドイツ国歌」と「舊友」でお返しをし、親善ムードは大いに盛り上がった。

当時の日独関係からもドイツ側は官民挙げての歓迎態勢であった。乗員は二組に分かれ総員ベルリン見学に招待され、前年に実施されたオリンピック競技場などを見学した。

ベルリンでの大行軍が実施された二十五日、レールター駅に到着した「足柄」乗員は、突然駅構内に響くドイツ軍楽隊のドラムロールと「君が代」の演奏で迎えられた。

昭和12年5月25日、ベルリンのウンターデンリンデン通りを行軍する「足柄」軍楽隊と陸戦隊

午前十一時に発進した行軍は、内藤楽長の指揮する軍楽隊を先頭に、軍艦旗をはためかせた五十名の陸戦隊が続いた。臨時休校で動員された学童を含めてウンターデンリンデン通りを埋め尽くした群衆は、右手を挙げるナチス式の敬礼で歓迎の意を表した。

この時の写真をよく見ると、陸戦隊の後には興奮したベルリン市民が、飛び入りで整然と行進に加わっている。歓迎がいかに熱狂的であったかを伺い知ることができる。

〝それほど距離はないだろう〟と演奏曲目は、切れ目なしに「軍艦」のみを吹き通すことに決められていた。興奮と歓迎の波の中を行軍が終わったのは、発進後五十分以上もたっていた。この長い連続吹奏が、また大きな話題となった。

当時のドイツの軍楽隊は、シュピールマンスツーク（Spielmannszug）と呼ばれる鼓笛隊が一緒に行進し、軍楽隊と交互に演奏する習慣であったため、休みなしの吹奏行軍は脅威であった。「息の長い日本海軍」と翌日の新聞は大きく報じた。そして〝軍楽隊でさえあんなに強いのだから、兵隊はどんなに強いのだろう！〟と評判が更に上がった。

この航海には「海軍省事務嘱託」の辞令を受けて同行した民間人が四人いた。政治学者の藤澤親雄、洋画家の中村研一、同盟通信社記者の皆藤幸藏、そして漫談家の徳川夢聲であった。

徳川夢聲は、民間人の目で見た航海記を、『五ツの海』（昭和十七年、興亞書局）と題して出版している。装幀は中村研一画伯であった。しかし、イギリスで大病を患い、キールでは「足柄」の病室に閉じ込められていたため、この歴史的大行軍は見ていない。

ご成婚パレードと行進曲

皇太子明仁親王殿下（現・上皇陛下）と正田美智子さんのご成婚は、昭和三十四年四月十日に執り行われた。

当日午後二時三十分、お二人がご同乗の馬車は皇居を出発、二重橋、祝田門、桜田門、半蔵門、四谷見附、明治神宮外苑を経て三時三十分、渋谷常盤松の東宮仮御所に到着した。

馬車の通過直後、在京の音楽隊、米軍軍楽隊、東京都吹奏楽連盟の楽団などは、桜田門から半蔵門、半蔵門から四谷見附、四谷見附から四谷三丁目。四谷警察署前から明治神宮外苑の四区間を、四つの梯団に分かれて祝賀パレードを行った。

第三梯団長は、東京音楽隊長の髙山實一等海佐であった。東京音楽隊は梯団の先頭を四谷見附から四谷三丁目までの間を行進した。当時、この通りには新宿、月島間の都電が走っていたがパレードが始まる前に、東京都交通局の職員によって砂が引き詰められていた。馬が滑らないようにという配慮であったが、半蔵門で待機していた第二梯団の音楽隊の前で、騎馬が一頭見事に転倒している。

東京音楽隊は、パレード・コースと直角の隊形で上智大学方向に待機していたため、馬車が非常によく見える位置にあり、両殿下を肉眼で拝顔できる光栄に浴した。

馬車通過後、音楽隊は車道に整列し梯団長の合図で祝賀行進を開始した。交通規制は布かれたままであり、沿道両側には日の丸を持った観衆で文字どおり立錐の余地がなかった。その中を五列縦隊で堂々と吹き通した曲は当然「軍艦」であった。

我われにとっては晴舞台であったが、テレビは馬車の進行を追っていて、この祝賀大パレードは放映されていない。当然、東京音楽隊が「軍艦」を演奏して行進したことなど、どの新聞にも載っていなかった。

パレード終了後、午後五時から明治神宮外苑の国立競技場において朝日新聞社主催、東京都後援による「皇太子さま御結婚お祝いの夕」が実施された。

團伊玖磨作曲「祝典行進曲」は、この奉祝行事の際に、陸上自衛隊中央音楽隊、海上自衛隊東京音楽隊、航空自衛隊航空音楽隊、警視庁音楽隊、皇宮警察本部音楽隊、東京消防庁音楽隊、アメリカ第五空軍軍楽隊の大合同演奏で初演された。

皇太子殿下と雅子妃殿下（現天皇・皇后両陛下）を祝賀演奏でお迎えする海上自衛隊音楽隊。平成5年6月9日、四谷の学習院初等科前にて（指揮・２等海佐谷村政次郎）

以後、日本の代表的行進曲として東京オリンピックの入場行進にも使用されたほか、各種の祝賀行事で演奏されている。平成二年十一月十一日の「即位の礼」の際、沿道奏楽で各音楽隊が演奏したのも、この「祝典行進曲」であった。

平成五年六月九日、皇太子徳仁親王殿下（今上天皇）と小和田雅子さんのご成婚が執り行われた。在京の音楽隊は、ご婚儀を終えられた皇太子殿下と雅子妃殿下が、皇居から赤坂御所に向かわれる沿道で、お祝いの演奏を行った。その際に演奏曲として選ばれたのが、新たに作られた團伊玖磨作曲の「新・祝典行進曲」であった。

海上自衛隊東京音楽隊の沿道奏楽の場所は、皇太子殿下の母校である四谷の学習院初等科前であった。正門前のゆるやかな傾斜は整列するのに都合がよく、各テレビ局が正面に陣取っていたため、演奏場面は全国に放映された。

その三十四年前に「軍艦」を演奏して行進し、二度目のご成婚パレードに参加した自衛隊音楽隊員は、指揮者の私と侍立した真丸秭亨准海尉の二人だけであった。

東京オリンピック開会式の入場行進

第十八回オリンピック東京大会の開会式は、昭和三十九年十月十日午後二時から始まった。その一時間ほど前に国立競技場で繰り広げられた音楽隊の入場行進は、一般にはほとんど知られていない。

音楽隊の入場行進に関して映画監督の稲垣浩氏が、翌日のサンケイスポーツ紙に、次のように寄稿している。

開会式ムードにひたる
泣かせた軍艦マーチ

オリンピックの開会式というものは、憲章で定められた式次第を忠実に行なっていくだけのことである。したがって、式の演出そのものに伝統があり、定型がある。問題は、この脱線のできない式次第に、どのようなアクセントをつけていくかだ。わたくしは、そこに興味をもって、記念すべき日本のオリンピックの開幕をみた。

できるだけ、冷静にみるつもりだった。しかし、わたくしはいつの間にか、じぶんが開会式ムードのなかにはいってしまっているのを、おぼえた。まず、胸にきたのが、式の前の音楽隊のパレードである。陸上自衛隊の服装の美しさに感心し、消防庁の演奏のみごとさにシタをまき、最後の海上自衛隊の隊列の整然さに拍手を送った。とくに、海上の曲目が軍艦マーチなのがうれしかった。日本人というものは、この曲によわい。きめ手として、しんがりにこれをだしたのは、なかなか芸のこまかいところである。

音楽隊は、二時間半にわたるセレモニーの進行係的役割りを、実にうまくつとめた。強い日ざしのなかの二時間半を、まったく退屈されなかったのは、この音楽隊の功績であろう。場内の音響効果がよかったことも、いっそう音楽隊の存在を印象づけるに役立った。（以下略）

テレビの中継はその頃、東京都内を国立競技場へと向かっている聖火リレーを放映していたため、この音楽隊の入場行進は競技場に居た人しか知らない。

開会式当日の朝日新聞夕刊には〝バンドは軍隊調が過剰！〟という作曲家芥川也寸志氏の批判的な評が載っている。他紙では確認できなかったが、温かい目で音楽隊の演奏に触れたのは、この稲垣監督のものだけだったようだ。

開会式の公式プログラムの八ページには、音楽隊の入場行進に関しては、次のように記載されている。

各音楽隊入場行進

北口　陸上自衛隊音楽隊（一〇五名）　隊長　斎藤徳三郎
　　曲名　大　空　須摩　洋朔　作曲
南口　陸上自衛隊音楽隊（一〇五名）　副隊長　玉目　利保
　　曲目　君が代行進曲　吉本　光蔵　作曲
北口　航空自衛隊航空音楽隊（七〇名）　隊長　松本　秀喜
　　曲目　コバルトの空　レイモンド服部　作曲
南口　警察音楽隊（一一五名）　隊長　岡田与祖治
　　曲名　新しき日のわれら　山田　耕筰　作曲
北口　消防庁音楽隊（一〇〇名）　隊長　岡　英　男
　　曲名　雷　神　スーザー　作曲
南口　海上自衛隊音楽隊（七〇名）　隊長　片山　正見
　　曲名　軍　艦　瀬戸口藤吉　作曲

他隊からも隊員を補充して大編成となった各音楽隊は、トラックを四分の三ほど行進し、聖火台下方の定位置に付いた。

九十四カ国、約五千五百名の選手団の入場行進は、四十五分ほどかかった。指揮は、前半を航空自衛隊航空音楽隊長松本秀喜一等空佐、後半を海上自衛隊東京音楽隊長片山正見一等海佐が受け持った。

公式プログラムに載っている選手入場行進曲名と作曲者を、次に紹介する。参考までに国名を書き加えた。

選手入場行進曲

古関裕而作曲「オリンピック・マーチ」（日本）
タイケ作曲「旧友」（ドイツ）
アルフォード作曲「後甲板にて」（イギリス）
スーザ作曲「海を越える握手」（アメリカ）
プランケット作曲「サンヴレ・エ・ミューズ連隊」（フランス）
團伊玖磨作曲「祝典行進曲」（日本）
シュタルケ作曲「劒と槍」（ドイツ）
スーザ作曲「エル・カピタン」（アメリカ）
タイケ作曲「ツェッペリン」（ドイツ）
ビゲロー作曲「われらの先駆者」（アメリカ）
モルネー作曲「連隊行進曲」（不明）
ドゥーブル作曲「ブラビューラ（華やかな行進曲）」（アメリカ）

殿《しんがり》の日本選手団入場の際は〝「オリンピック・マーチ」に切りかえ、日本チームが定位置に着き足踏みを止めると同時に、切れの良いところで演奏を切る〟という難しい注文が付いていた。今、録画を見てみると、奇跡的と言えるほど見事に演奏は終わっている。

国名のプラカードを奉持して各国選手団を先導した防衛大学校学生、陸上自衛隊中央音楽隊副隊長玉目利保三等陸佐指揮による三十名のファンファーレ隊、鈴木信吉一等海尉以下八名によるオリンピック大会旗掲揚、是本信義二等海尉指揮の電光掲示板上の旗章隊、松下治英三等空佐の率いる航空自衛隊ブルーインパルスが描いた見事な五輪など、自衛隊の実力を遺憾なく発揮して開会式を盛り上げた。

開会式も滞りなく進み、天皇陛下ご退場の後、各国選手団退場の演奏に移った。完全に選手団が退場し終わらないうちに、片山隊長から演奏中の海上自衛隊音楽隊員に、直ちにトラックに整列するように命令が出た。

これは公式プログラムには載っていないが開会式終了後、入場行進とは逆順番で各音楽隊の退場行進が決められていた。〝そんなに急ぐ必要はないのでは？〟と思いながらも整列し、選手団退場の演奏が終わり興奮さめやらぬ中、「軍艦」を演奏して音楽隊としては最初に退場した。

場内放送もなく、完全に流れを無視したフライング気味の勝手な退場行進であったが、これが終了間際のテレビの実況放送に見事に拾われていた。音楽隊に帰隊した時には〝ご苦労さま、見事な「軍艦」の演奏に感激！〟というＯＢからの電報が届いていた。

なお、閉会式の公式プログラムの式次第には「各音楽隊入場行進」が、開会式とまったく同じに載っていることから、音楽隊の入場行進を行う予定だったはずである。

しかし、なぜかこの入場行進は実施されなかった。開会式終了後の海上自衛隊音楽隊の勝手な行動が原因だったかどうかは定かでない。

第四章
歴史的な「軍艦」演奏

一 『坂の上の雲』に描かれた海軍軍楽隊

第二章の一「薩英戦争と英国軍楽隊」で触れた、歴史小説に新境地を開いた作家司馬遼太郎の代表作である壮大な長編『坂の上の雲』は、下高原健二画伯の挿し絵でサンケイ新聞（現産経新聞）夕刊の一面に、昭和四十三年四月二十二日から四十七年八月四日まで千二百九十六回にわたって連載された。

小説の中で海軍軍楽隊と「軍艦」を丁寧に紹介している部分がある。あらゆる文献を調査して記述しているのであろうが、明らかに誤りであるという個所がいくつかあった。当時としては致し方なかったであろうが、そのままにしておくとそれが真実となって独り歩きしてしまう恐れがあるので訂正しておきたい。

呉市在住の生き証人、河合太郎元海軍軍楽長（明治三十四年入団）に直接会って取材する予定だった筆者が、風邪のため代理人が面会したため、正確に伝わらなかったようだ。もし二人が会っていたならば、間違いがなかったと思われるだけに惜しまれる。

軍艦旗の掲揚降下

昭和四十六年七月三日紙上の『坂の上の雲』に、海軍か海上自衛隊関係者が読めば〝これはおかしい！〃と思ったはずの個所があった。

海軍軍楽隊と「軍艦」に関して四回にわたって詳しく触れている「鎮海湾」の中で海軍軍楽隊の長老、河合太郎元軍楽長が丁寧に描かれている。しかし、その中の次の一文が気になる。

航海中、軍楽隊としての日常的な任務が毎日二度あった。軍艦旗が午前八時にあげられ、日没時におろされる。そのつど軍楽隊は「君が代」を演奏するのである。あとは水兵と一緒に甲板をかけまわって訓練をうけた。

この記述が、いかに誤りであるかを説明する。軍艦旗の掲揚降下は国際慣例に習って、次のように定められていた。

海軍旗章條例（勅令第一号　明治二十九年十二月二十四日）

第二十三條　軍艦旗ハ在泊中午前八時ニ之ヲ掲揚シ日歿ニ至テ之ヲ降下スヘシ

（第二十三、二十四條略）

第二十六條　艦船海洋航行中ハ軍艦旗ヲ掲揚セサルヲ例トス但陸地ヲ望見シ或ハ之ニ近ツクトキ殊ニ砲砦砲臺燈臺市邑ノ近傍ヲ通過シ或ハ之ニ接近スルトキハ第二十四條ノ例ニ寄リ之ヲ掲揚スヘシ

海上自衛隊では航海中常時掲揚することになっている自衛艦旗が、軍艦旗と呼ばれていた頃は、必ずしもそうではなかったようだ。

常に掲揚されている自衛艦旗は、航海中強い風にはためいて白地の部分からちぎれていく。しかし、大洋のど真ん中でも民間船が近くを航行したり、陸地が近い場合は、きれいな艦旗に取り代えている。

帝国海軍の全艦船が四六時中軍艦旗を掲揚した場合、その消耗する量は膨大な量になるので、経済的観点からも大洋の真ん中では、掲揚しなくても良いように定めていたのであろうか。海上自衛隊は、帝国海軍のこの伝統は継承しなかった。

しかし、不必要な時には降ろしてしまう軍艦旗を軍楽隊が〝日常的な任務〟として定時に「君が代」を演奏して掲揚、降下するわけがない。これは航海中ではなく碇泊中のことである。

どう考えてもこの稿はおかしいが、引き続き書かれている次の文で疑問は氷解する。

筆者はこの稿を書くについて、この早春（昭和四十六年）、呉の河合氏に会っていただきたいとおもっていたが、せっかくのご承諾をえたのに当日風邪をひいてゆけず、サンケイ新聞の影山勲氏に行ってもらった。

筆者が直接話を聞くことができなかったことから、このような誤りが生じてしまったのであろう。

なお「軍艦」に関する記述は、その初演も含めて大部分が、当時一般的であった堀内敬三説を引用している。

三等軍楽手河合太郎

日露戦争の際、連合艦隊旗艦「三笠」には第一艦隊軍楽隊が乗り組んでいた。楽長は、黄海海戦時が軍楽師本村四郎（明治七年・十七年再入隊）、日本海海戦時には同丸山壽次郎（明治八年）に交代している。軍楽長瀬戸口藤吉に代わったのは日本海海戦直後であった。

「鎮海湾」では、明治三十七年二月二十日に、長崎港を出港して鎮海湾へ向かった場面として、次のように描いている。

「軍艦行進曲」というポピュラーな曲が三笠艦上で演奏されたのは、日本海海戦を通じてこのときだけであった。

戦地に向かう軍艦は、軍港で戦備を整え出撃していくはずであり、長崎は妙だと思ったが、案の定『明治三十七・八年軍艦三笠戦時日誌』には佐世保軍港を出港し、二十八分後に合戦準備が下令され、九分間で整備が完了している。そして、翌日の午前九時四十五分には鎮海湾に投錨している。

第二艦隊旗艦「出雲」の戦時日誌にも、次のような興味ある記述があるので紹介する。

明治三十七年二月六日　晴　佐世保
一一四五　佐世保丸ニ軍樂隊ヲ乗組マセ數多ク見送リ人アリテ「成功ヲ祈ル」ノ信號アリ本艦ヨリ確カニ帝國ノ名聲ヲ掲クノ答信ヲナセリ

この「佐世保丸」には、鮫島員規佐世保鎮守府司令長官が座乗しており〝總員ヲ舷側ニ就カシメ祝聲三回ヲ唱ヘ告別〟と、軍艦「敷島」戦時日誌にも記されている。

この軍楽隊は佐世保海兵団軍楽隊であろう。しかし「三笠」と同様に「出雲」の軍楽隊も演奏した形跡がない。湾口には機雷が敷設されていて、かなり神経を使っての出港だったようだ。

河合太郎三等軍楽手は、旗艦「三笠」の前部十二インチ砲塔伝令兼無線電信助手として日本海海戦に参戦した。厚生音楽雑誌『吹奏樂』（昭和十七年二月号）に「日露戰爭の回顧」、月刊『吹奏楽研究』（昭和三十六年六月号）に「戦艦三笠・軍楽隊奮戰記」と題して、それぞれに手記を寄せている。

「日露戰爭の回顧」の一部を紹介する。

軍樂隊は戰爭になると下甲板の一室に閉じ込んでゐたなど、當時の新聞記事を見て大いに私は憤慨した事もあった。

軍樂隊本來の任務も全然ないでもなかったが、今度（註・大東亞戰爭）に比較すると全くお話にならぬ位で、決死隊出發とか重要任務を帶びて退艦する場合とかに演奏する位でそのときの曲は始めロングサイン（特に敵性語を用ふ）で見送ったが、どうも我われにはピンと來ない、何んだか日本軍樂には女々しいと云ふので軍艦行進曲に變更したが、何んと此れは又勇ましい限りで、勇氣百倍したものだった。其外日曜などたまの休養日には故國を偲ぶ様な日本樂曲で慰安したり他の艦船へ交互に演奏に出かける位が關の山であった。勿論、軍艦旗昇降などの儀禮式には必ず奏樂するが、後年インチキ日本海々戰の記事に、全艦出動するとき或は戰ひに勝ったとき嚠喨たる軍樂の響が起りなどゝあったが、あれは全く噓で、そんな呑氣千萬なものではなく、軍樂器は艦底深く納めて私達は配置についてゐたのである。

「軍艦」が「三笠」艦上で演奏されたのは、出港時の一度だけだったように『坂の上の雲』に書かれているのが不思議である。

河合氏が書いているように、佐世保出港時の演奏はともかくとして、「ロングサイン」（スコットランド民謡「Auld Lang Syne」「蛍の光」）から「軍艦」に変更して決死隊などの見送りに、盛んに演奏されていたようである。

明治十七年四月二十四日、金沢市の官吏の家に生まれた河合太郎は、三十四年六月一日に横須賀海兵団に入団、コルネットを担当し海軍軍楽隊員としての一歩を踏み出した。

呉海兵団軍楽隊から第一艦隊軍楽隊に異動したのは、明治三十八年一月十二日であった。この年の五月一日付で三等軍楽手（下士官）に昇任している。

明治四十年二月二十日に横須賀を出港した遣外艦隊旗艦「筑波」に乗り組み、欧米十六カ国を歴訪している。この時の楽長は瀬戸口藤吉であった。

明治四十一年には、上野の東京音楽学校に海軍委託学生として通学している。

大正三年十二月に海軍軍楽師、同八年に海軍軍楽長に昇進、この間、六年度の練習艦隊楽長として、北米、南洋方面の遠洋航海に参加している。以後、九年十二月一日付で呉海兵団楽長となり、昭和三年十二月一日まで勤務し予備役となった。

退役後は呉に定住し、広島県の吹奏楽発展に多大な貢献をしている。特に戦後は、呉市警察音楽隊、海上保安大学校吹奏楽部、海上自衛隊呉音楽隊、呉造船所音楽隊、海上自衛隊第一術科学校（生徒部）吹奏楽部などの指導に当たった。

昭和三十七年から亡くなるまで中国吹奏楽連盟会長として中国地方の吹奏楽の指導的立場にあり、呉市芸術文化功労章（二十九年）、中国文化賞（四十一年）を受賞した。そして四十五年四月に〝吹奏楽の指導育成に尽くし地方文化の進展に寄与した〟として勲五等双光旭日章が授与されている。

昭和五十一年一月九日、急性肺炎により眠るように大往生を遂げた。享年九十二歳であった。その死は〝吹奏楽一筋興隆に力尽くす〟の見出しで中国新聞に大きく掲載された。

生前〝お経よりも「軍艦」で盛大に送ってもらいたい！〟と言っていた。葬儀では、呉市長が弔辞を読み、慈しみ育てた海上自衛隊呉音楽隊によって故人の希望どおり「軍艦」が演奏された。

「日本海海戦」の最後の生き残りであろう、海軍軍楽長河合太郎にふさわしい野辺の送りであった。

認識不足の新聞報道

月刊『吹奏楽研究』の「戦艦三笠・軍楽隊奮戦記」で河合氏は、次のような新聞記事に対し大いに憤ったことが記されている。

　戦争中でも士気を鼓舞するため上甲板で奏楽してゐたのかと云う質問は、まだ〳〵上等な方で腹の立つのになると芸名はありますかときいた奴が居た。（略）

　大阪の某新聞の日露戦争実記連続講談中黄海々戦の巻に「此日は非常な激戦で雇兵の楽隊でさへ皆んな下甲板に集まって短剣を用意してイザと云うふ場合は何時でも死ぬ覚悟をしていた位だった」云々、と凡そ侮辱した記事が出ていたので、私達一同癪に障ってたまらず、抗議を申込んだ事もあった。

このような認識不足の例として、明治三十七年八月二十九日の東京日日新聞三面に載った、次の記事を紹介する。

◎軍樂隊の奮戰

去る八月十日黄海沖に於ける海戰は日露開戰以來の大激戰として史上に特筆すべきものなるが、就中美談中の美談とも云うべきは旗艦三笠乘組海軍軍樂隊に甚だ多數の死傷者ありたる一事なり由來海軍に於ける樂隊は廿七八年戰役の頃には非戰闘員として乘組居たりしが今回日露戰端を開くに當り樂長元村某は各樂團員を代表し司令長官に出願して曰く「不肖等と雖も身は軍籍に委ねる以上は非戰闘員として徒らに戰闘を傍觀するは本懷に非す願くは國家の爲め戰闘に參加し出來得る限り働きたし」と申でたるを以て長官は其申請の志殊勝なるを諒とし直ちに信號助手として之を採用するに至れり勿論彼の二十七八年の頃に於ける樂隊員にして他の任務に當る時は指先太くなり且聲を惡しくして奏樂に差支ゆると稱して戰闘中と雖も敢て何事をも爲さゞるを常としたりき去れど今回は彼等自ら出願して戰闘に參加したるのみかに一艦廿六名を以て組織せる軍樂隊は戰闘後樂を奏せしめん爲め點呼を行ひたるに僅々十名の生存者を殘し他は悉く戰死するに至れりと以て如何に彼等が奮闘力戰したるかを想見すべし此事たるや實に美術《ママ》界中の佳話として其壯烈の名を後世に傳へざる可らず云々と某將校は語れり。

しまうのであった。

「元村某」とは、本村四郎軍楽長のことであろう。〝……戦闘に參加し出來得る限り働きたし〟などと軍楽長が代表して申し出をしなくとも、軍楽隊員の戦闘配置は決められていた。しかし、〝彼の二十七八年の頃〟と日清戦争当時の先輩のことを、このように書かれては黙ってはいられなかったのであろう。

明治二十七年九月十七日の黄海海戦を歌った「勇敢なる水兵」（作詞佐佐木信綱、作曲奥好義）という有名な軍歌がある。この軍歌の主人公である連合艦隊旗艦「松島」乗り組みの三等水兵三浦虎次郎が瀕死の重傷を負った直後、最初に駆けつけた負傷者運搬員は軍楽隊員であった。

これは昭和十六年十一月、元海軍軍楽長瀬戸口藤吉の通夜の際、その当事者である元海軍軍楽隊員高見喜安（明治二十三年入団）から直接聞いた話として、堀内敬三著『日本の軍歌』に詳しく載っている。

日清戦争の際の「松島」の軍楽隊員は、四名の戦死者と三名の戦病死者が靖國神社に合祀されているほか、四名の負傷者を出している。

二 日露戦争と海軍軍楽隊

日露戦争における黄海海戦、日本海海戦で連合艦隊旗艦「三笠」乗り組み軍楽隊員に死傷者が多く出たことはよく知られているが、案外と正確な記述がない。軍楽隊員の奮戦を讃えるあまり〝日本海海戦でも多くの戦死者が出た〞などと誤り伝えられていることもあるので明らかにしておきたい。

横須賀の記念艦「三笠」の艦内に、「日露戰役黄海海戰參加人員表」「日露戰役日本海海戰參加人員表」と書かれた両海戦時の総員配置表が掲示してある。表には、〝本表ハ明治三十八年九月十一日軍艦三笠火災沈降ノ後浮揚リシ書類ヲ拾輯シ或ハ残員ノ記憶等ニ依リ調製セシモノナレバ誤謬ナキヲ保シ難シ〞と注意書きがあることから、必ずしも正確ではないようだ。

その表から軍楽隊員のみを抜き出してみたところ、両海戦に参加している隊員が一人もいないことに気が付いた。

当時は各鎮守府及び各艦隊旗艦に軍楽隊が配置されており、「三笠」の隊員が総員入れ代わったということは、交代、補充がスムーズにできるように、予備役も含めてかなり人員のやりくりを計画的に行っていたようである。

「軍艦三笠戦時日誌」

『明治三十七年・八年戦役　軍艦三笠戦時日誌―戦艦三笠すべての動き―』（平成七年、エムディ出版）と題する全四巻の資料が出版されている。明治三十七年二月六日から佐世保軍港で爆沈する前の翌三十八年八月三十一日までの詳細な記録である。これは防衛庁防衛研究所に保管されていた多くの戦時日誌の中でも、特に資料的に価値の高い「三笠」のものを出版したものである。

今までにも何度か出て来ている「戦時日誌」とは、海軍内令で次のように定められていたものである。

内令第三十六號

戰時報告例、機密作戰日誌、戰時日誌別册ノ通定ム

但別册ハ之ヲ要スル向ヘ軍令部ヨリ配附ス

明治三十年九月一日

海軍大臣　侯爵　西郷従道

内令とは、明治二十九年一月二十二日官房第二一四号の「軍令軍政ニ屬スル法令發布ニ關スル件」が裁可されたことにより、同年三月二十八日官房第一〇三六号によって「内令號發

布竝取扱ニ關スル件」として海軍次官から各庁長、軍令部長宛に出されたものである。
出師の命を受けた日から記述を始めることとされている戦時日誌作成の目的は、次の二項である。

甲　各艦隊、鎭守府其他各艦、團船隊等ノ經歷若クハ遭遇シタル實況ヲ記載シ、一ニハ後來戰史ノ用ニ資シ、一ニハ各人ノ任シタル勤務ニ附後來ノ參考ニ供ス

乙　戰時ノ間編成、教育、補充、衞生、給養、兵器、材料、被服、工作等凡ソ軍事ニ關スル事物ノ經驗ヲ錄シ、後來其各事物ヲ漸次改良セシムヘキ材料トス

以上の目的を達するため、二十項目の諸件を注意して記載するよう定めている。そして日誌は、月日時と毎日の位置と天候の概要を含めて、将校若しくは相当官などによって記載され、毎月順序を経て海軍省に提出、海軍省は所要の事項を抄録したものを軍令部に送っていた。

防衛研究所には分厚い原本がかなり保存されている。黄海海戦、日本海海戦において海軍が、いかに戦ったかを知る上で正確に記録されている貴重な史資料である。

軍楽隊に戦死者を出した黄海海戦

日露戦争に際し、いつ頃から軍楽隊が「三笠」に乗り組んだのかは、戦時日誌では明らか

でないが、明治三十六年十二月二十六日の連合艦隊旗艦となった時からであろう。その前は「敷島」で日本一周を行っている。

戦時日誌に軍楽関係の記録が登場するのは、初日の明治三十七年二月からで「被服物品出航當時現在高」の中に〝軍樂手胴衣　拾壱、軍樂生胴衣　拾九〟とある。以後、物品の補給や人員の交代、昇任などがかなり詳細に記載されている。

奏楽に関しては、次のような記録が一度だけ載っている。

七月三一日　晴　南東ノ風力三

午後五時假裝砲艦三隻（九、十二、十四）艦載水雷艇八隻來テ本艦側ニ集ルノ後旗艦樂隊ノ奏樂、各艦總員ノ萬歳聲裡旅順口ニ向發ス

日露戦争において軍楽隊員が戦死したのは、明治三十七年八月十日の黄海海戦の時のみである。海戦当日の「三笠」戦時日誌に、次の記載がある。

八月十日　晴　南ノ風力一

露國艦隊ト戰闘中死傷者救治ノ状況

第一回交戰中一時三十六分、敵ノ巨彈一發本艦大檣ニ命中爆發シ、爲ニ後部右舷「セルターデッキ」上甲板大檣附近ノ配置ニ在ル者二等軍樂手古田金一外七名即死シ、五分隊

長大尉市川菅太郎、上等機關兵曹上村庄太郎外下士卒三名負傷ス

この海戦の「三笠」の戦死者三十三名の中、六名が軍楽隊員であることは驚くべきことで、いかに危険な場所に配置され奮戦したかを、その数字が物語っている。

軍楽隊員からの戦死、戦傷者は、次のとおりである。

戰死者

一等軍樂手　山本　寅一　前艦橋傳令（信號助手）
同　山口　朝藏　前艦橋傳令（信號助手）
二等軍樂手　古田　金一　上甲板負傷者運搬
一等軍樂生　進藤市太郎　同
同　早川　貞承　同
同　堀内　宗一　同

戰傷者

一等軍樂生　加藤　昉　後砲塔傳話管
一等軍樂手　田中　豐明　上甲板負傷者運搬
同　佐々木門藏　同
二等軍樂手　沼田市之丞　同

一等軍樂生　水洞清兵衛　同
同　三品　正文　中甲板負傷者運搬
同　島崎光之助　同

多大な人的被害を被った軍楽隊に対し、八月二十三日に横須賀海兵団から一等軍楽手別府活磨、予備一等軍楽生西村公明外五名が補充されている。通信、交通事情からしても迅速に処理されており、楽器、階級、技量などを勘案した綿密な補充計画が作成されていたのであろう。

『軍艦三笠戦時日誌』の「偉業を偲びて」と題する筑土龍男（海兵六十三期）東郷神社宮司の一文から、この海戦における一軍楽隊員の活躍の模様を伝える有名な話を紹介する。

後部砲塔内で指揮をとっておられた海軍少佐伏見宮博恭殿下（後元帥、軍令部総長）も砲塔への命中弾で肋骨三本折損の重傷を負われたが、たまたま左舷を向いたまま故障中の砲塔が自然に旋回して艦尾を向いたため艦橋甲板（マストの根元の一段高いデッキ）へ渡ることができ、殿下は傷者運搬配置の軍楽兵に扶けられて艦中部の治療所へ赴かれた直後、今渡ってこられた通路に敵弾が命中した。殿下はまことに幸運であられた。

この軍楽兵は、後部砲塔間伝令の配置にあった一等軍楽生加藤昉である。戦時日誌の死傷者人員表には軽傷者の中に入っており〝應急處置ヲ加ヘス依然戰闘配置アリ〟と奮戦している。

戦時日誌によれば、明治三十八年一月十二日に呉船渠で修理中の「三笠」の軍楽隊は、次のように大部分が交代している。

一等軍樂手林力外二十四名第一艦隊司令長官旗艦増加員トシテ呉海兵團ヨリ乗艦ス
軍樂師丸山壽次郎乗艦
一等軍樂手別府活磨外二十四名、呉海兵團入團ヲ命シ本日退艦セシム
軍樂長本村四郎退艦、舞鶴海兵團へ

鎮海湾に進出後の「三笠」艦上では、二月二十四日から三回にわたって軍楽隊員に対する救急法の訓練が行われたことが、戦時衛生日誌に載っている。これが後の実戦で大いに役立つことになる。

日本海海戦と「三笠」軍楽隊

日本海海戦の戦闘詳報から、軍楽隊員の奮戦について言及している部分を紹介する。「三笠」の軍医長が書いたものと思われるが、軍楽隊員の面目躍如たる記述である。

日本海海戰ニ於ケル負傷者救治ノ状況

傷者ノ士氣及慰安

傷者ハ輕重ヲ論セス士氣旺盛ニシテ衝天ノ概アリ　輕傷者ハ裝創ヲ終リ再ヒ部署ニ就キシカ重傷戰闘ニ堪エヘサル者モ強テ部署ニ復センコトヲ望ミシカ辛シテ休養ヲ保チシ者アリ　治療所補助員（筆記、軍樂隊員）及防火隊員ニシテ傷者収容所ニ在ルモノハ休養セル傷者ノ病苦ヲ問ヒ、或ハ傷者ノ爲メ團扇ヲ使用シテ痛苦ヲ慰スル等懇切ヲ極メタリ　敵艦被害ノ状況或ハ沈歿降伏等ノ報ヲ接スルヤ直ニ之レヲ傷者ニ傳達セシカ瀕死ノ重傷者ニ至ルマテ苦痛ヲ忘レテ快哉ヲ唱ヘ一種ノ感ニ打タレツツアルヲ觀テ、小官ハ一層斷腸ノ感ニ堪ヘサリシ　二十七日、手術ヲ終リシ以來、小官等三名ハ毎夜當直ヲ定メ一時間毎ニ傷者ヲ廻診シテ看護手以下補助員ヲ督シタル

傷者運搬手動作

傷者運搬手タル筆記、従僕ハ歴戰ノ素養アルモ、軍樂隊員ハ本年一月乘艦シテ爾來傷者運搬裝創法ヲ教育シ漸ク熟練セシモ、海戰ノ經驗ナキニ因リ實戰ニ際シ狼狽ノ虞アランコトヲ疑念セシカ、意外ニモ斯ル杞憂ヲ認メサリシノミナラス、敏捷勇敢ニ動作シテ裝創ヲ完フシ、且ツ豫想セシヨリ負傷者ノ少カランコトヲ以テ運搬手ノ不足ヲ認メス遺憾ナク職務ヲ盡シ尚ホ戰後傷者ヲ送院スルマテ寝食ヲ忘レ熱心看護ノ労ヲ執リシハ小官最モ滿足ヲ表スル處ナリ

他の兵科からは、やっかみもあってか〝海軍芸者〟などと言われていた軍楽隊員が、いかに海軍軍人としても立派であったかということを立証している。

この海戦では軍楽隊員からは八名の戦傷者が出たのみで戦死者はいない。最高見張りの配置にあった三名の中、一等軍楽手詫摩直彦と三等軍楽手渡邊泰の二名は共に負傷している。最高見張りであるから、かなりの高所にいたのであろうが、本職の乗員の見張り員のみ無傷であった。

「三笠」爆沈と殉職軍楽隊員

河合太郎元軍楽長は「『三笠』爆沈の記事」と題して、明治三十八年九月十一日の佐世保軍港における思い出を、次のようにＪＯＦＫ（ＮＨＫ広島放送局）と印刷された五線紙に書き残していた。その一部を紹介する。晩年白内障を患い不自由な状態で書いているため、分かりやすく一部手直ししたことをお断りしておく。

私は上陸していたが二回目の爆音でどの艦の爆発か不明のまゝ上陸波止場まで駆足で戻り三笠の爆沈を始めて知ったが舟がないので帰艦出来ず、やっと民間の伝馬船を見つけ三笠の兵員七名で三笠へ行こうとしたら海上非常線を張って通行止め。石炭積の大型舟には救助された兵員満載。救助された者が三笠の兵員と判り三笠に戻ったが舷梯は焼けて登れず、艦のつないであるブイのケーブルから登ろうとブイに七名が乗る（ハシケ

舟は五十銭払うと急いで返っていった）
機関兵曹長から順次登って行く（先任順に）私は三等下士官で終わりから二人目六番目につたわって登って行くとき第三回の爆発で艦は沈み始めたが海水は渦をまいて艦内に流れこみブイは横にまわる。私と私の上下にいた三人はブイにもどり危険をおかして朝日のボートに助けられ九死に一生を得た
沈没の三笠のまわりを板囲をして海水を吸上出して引上げようとしたが、いつの間にか又もと通りに海水が一ぱいになる。沢山の船が引上御用船と立札をしていたが成功しないので口のわるい兵隊雀は（引上よをせん）とやじっていた
生存者軍楽隊員十五名のうち十三名づゝ毎日カッター一隻にのり港内のあらゆる浮く物を拾ひあげ海岸で干し司令部に納める日課（ヒミツ書類があるため）

日本海海戦では一人の戦死者も出なかった軍楽隊ではあったが、九月十一日の佐世保軍港における爆沈で、なんと十名の殉職者が出ている。

記念艦「三笠」の艦隊機関長室にある戦没者銘板には、日露戦争時の「三笠」乗員の死者三百三十九名の氏名が刻まれている。

その中には先任下士官だった一等軍楽手河野定之助以下九名の軍楽隊員の官姓名が、左記のように載っている。五月一日付で昇任したばかりの千葉清助、鈴木幸八、加藤武一以外は一階級特進している。

海軍軍樂師　　河野定之助
海軍一等軍樂手　渡邊　祐藏
海軍二等軍樂手　千葉　清助
同　　　　渡邊　　泰
海軍三等軍樂手　大矢　彌六
同　　　　鈴木　幸八
同　　　　水野　良江
同　　　　渡邊富四郎
同　　　　加藤　武一
（戦没者銘板に不記載）
海軍三等軍樂手　上田　耕二

大矢、水野、上田の三名は、瀬戸口軍楽長と一緒に日本海海戦後に交代要員として「三笠」に乗り組んだ一等軍楽生であった。上陸していて難を免れた軍楽長を除き、不運にもこの事故で殉職している。

なぜ一名だけ銘板に不記載なのか、長いこと疑問に思っていた。『靖國神社忠魂史』巻四（昭和十年）には、九名の軍楽隊員の死没場所が〃明治三十八年九月十一日　佐世保軍港艦内〟と記載されている。

病院に収容された後息を引き取ったものと推測される上田三楽手のみ〝九月十二日　佐世保海軍病院〟と別のページに載っている。病院で死亡したため「三笠」の銘板には記載されなかったようである。

同じように『靖國神社忠魂史』には二等軍楽手大日向萬吉が〝九月十一日　病院船神戸丸〟で死亡したと載っている。大日向二楽手の場合は、五月二十七日の日本海海戦の際重傷を負っており、たまたま死亡日が爆沈の日と重なったようである。

大日向二楽手も銘板には刻まれていないことから、「三笠」で負傷しても別の場所で死亡した場合は除外され、艦上での戦死、殉職した者のみ銘板に記載されているようである。

日露合同演奏と収容所の「軍艦」

日露戦争が終わってから九十三年後の平成十年七月二十四日午前九時、海上自衛隊の第二護衛隊群の護衛艦「くらま」と「やまぎり」は、女性隊員二名を含むロシア太平洋艦隊軍楽隊の歓迎演奏に迎えられて、ロシア極東の海軍基地ウラジオストクに入港した。

「くらま」のヘリコプター甲板では、東京音楽隊から選抜された二十四名の音楽隊員が、大北廣二等海尉の指揮で「軍艦」を高らかに演奏した。

この訪問は、平成八年七月二十八日に同港で実施された「ロシア海軍創設三百年記念観艦式」に、同じ「くらま」が参加したのに続いて二度目のことであった。前回の親善訪問とは

海上自衛隊東京音楽隊とロシア海軍軍楽隊との行進曲「軍艦」合同演奏。平成10年7月26日、ウラジオストク中央広場にて(指揮・1等海尉 内堀豊)

異なり、日本海における日露初の「共同救難訓練」が主目的であった。

音楽隊の最大行事は、二十六日夕刻に中央広場特設ステージでのロシア海軍軍楽隊との合同演奏会であった。小雨の中の演奏会ではあったが二千人ほどの聴衆は、最後まで熱心に聞き入っていた。

演奏は、日本側の単独演奏、日露の合同演奏、ロシア側の単独演奏の順で実施された。合同演奏の際、内堀豊一等海尉の指揮により「軍艦」が演奏された。

「軍艦」が作曲されてから、百年を迎えようとしている長い歴史の中でも、ロシアの軍楽隊と合同で演奏する日が来るとは考えられないことであった。

オーバーな表現を借りて〝歴史的快挙であった!〟などと言ったら、何かと難癖を付けたがる向きには、格好の攻撃材料を提供したかも知れない。

〝日露戦争の際、勝利を祝って日本中に鳴り響いた曲を、親善訪問で演奏するとは、無神経もはなはだしい！〟などと、したり顔で吼え立てたであろう。

しかしロシア海軍軍楽隊員は、誰一人として「軍艦」を知らなかった。前にも紹介したように、反日的日本人が意識的に煽らない限り、「軍艦」演奏で目くじらを立てる国も人もいない。

通常はすべて暗譜（楽譜を暗記すること）で演奏しているロシア海軍軍楽隊員にとって、数日前に渡された「軍艦」の楽譜には、手古摺ったようである。音楽隊の派遣日誌には〝特に新しい「軍艦」は耳で音をさぐりながらの演奏である。自国の（曲の）演奏では、いつも演奏している曲なので荒いながらも、それなりに演奏していた〟と記載されている。

京都府舞鶴市の「舞鶴引揚記念館」に、珍しいロータリー式のトランペットが展示されている。説明文は〝トランペット　収容所内では、演芸会などが開かれることもあった。このトランペットは抑留中実際使用されたもの〟と簡単である。

このトランペットに関しては岡本嗣郎著『シベリアのトランペット』（平成十一年、集英社）に詳しく載っている。シベリアのライチーハ第十九収容所は、ボヤルキン所長の方針で日本人捕虜の楽団や劇団がある特別の存在だったようだ。

ある日所長が〝日本のマーチをやってくれないか！〟とリクエストをした。指揮者は「軍艦」を指示し堂々と演奏したから、他の日本人捕虜たちが心配顔で駆け付けた。皆は〝「軍艦」など演奏したら大変なことになる〟と思ったらしい。

演奏が終わると所長は、にこやかに〝ハラショー、スパシーボ（すばらしい、ありがとう）！〟と声をかけたという。舞鶴引揚記念館に展示されているトランペットは、この時に使用されていたことを、岡本氏の著書が明らかにしている。

ロシアの海軍軍楽隊員が戸惑ったように、当時「軍艦」をロシア人が知っていたとは考えられない。日本人が心配するほど「世界の名曲」ではない。

三　明治三十八年の「軍艦」演奏

日本海海戦の大勝利で〝日本中に「軍艦マーチ」が鳴り響いた〟といった記述があるが、まったく根拠はない。当時、「軍艦」を演奏できるバンドが「日本中」には存在しないし、レコードも普及していなかったことから、どう考えても無理である。

明治時代に「軍艦」が演奏された記録を探ってみたが、意外とその数は少なく日比谷公園の奏楽を除くと、明治三十八年に三度あることが確認できただけである。

初めて「軍艦」の演奏が載っている記録は、意外にも陸軍軍楽隊によるもので、日比谷公園奏楽のプログラムに載るのは、それから五年後のことである。

二度目がイギリスの支那艦隊が親善訪問で横浜に入港し、東京市の歓迎行事に参加のため乗員が上京した時の新聞記事である。

三度目が素晴らしい。日露戦争も終わった直後の十月十七日、伊勢湾に集結した連合艦隊の第一艦隊から第四艦隊までの軍楽隊が四隊揃って「軍艦」を演奏し、伊勢神宮参拝隊の先導をした時である。

雑誌の座談会で河合太郎元海軍軍楽長が話していたことから、初めて明らかにできたものである。そのような熱気溢れる中でも、人間くさい海軍軍人の姿が見られて面白い。

旅順陥落の日の「軍艦」

須藤元夫編著『明治の陸軍軍楽隊員たち―吹奏楽・黎明期の先達―』(平成九年、私家版)という本がある。筆者の父親は、明治三十四年四月一日に陸軍戸山学校に軍楽生徒として入校した須藤元吉である。

須藤元吉は非常に几帳面な性格だったようで、日記、辞令、写真、書簡、絵葉書、手書き楽譜、軍服、勲章、勲記、軍隊手帳などを保存していた。これらは北清事変頃から日露戦争に関わる貴重な記録である。

日露戦争の際陸軍軍楽隊は、第一軍に近衛師団軍楽隊の半隊(隊長永井岩井楽長)、第二軍に第四師団軍楽隊の半隊(隊長小畠賢八郎楽長補)、第三軍に第四師団軍楽隊の残員による半隊(隊長古谷弘政楽長)の三隊が参戦した。

当時陸軍軍楽隊は五十名を超える大編成で、これを「一隊」、その半数を「半隊」と呼んでいた。第〇軍臨時軍楽隊の名称で編成された軍楽隊は、隊長、楽手・楽手補二十五名、計手一名、従卒一名の計二十八名であった。海軍の軍楽長（軍楽師）、軍楽手・軍楽生二十六名の計二十七名と若干編成は異なっている。

三等軍楽手須藤元吉が所属した第二軍臨時軍楽隊は、明治三十七年六月十七日に編成を完結し、同月二十三日大阪梅田から広島に向かった。二十六日午後三時に運送船「幸運丸」で宇品港から大陸に向かい、活発な演奏活動を行っていた。

海軍軍楽隊のような戦闘配置はなかったものの、時には〝ロシア軍も発砲を止めて一緒に演奏を聞いていた〟というエピソードがあるほど最前線まで進出していた。また、外国の観戦武官団に対する演奏も頻繁に行っている。

このように日清戦争同様、陸海軍共に軍楽隊が参戦していた。一方、ロシア側も同様のようで、捕虜の中には軍楽隊員がかなり含まれていた。

明治三十八年二月末までに内地に移送された捕虜の総数は、将校約五百名、下士以下三万二千九百六十一名で、松山、姫路、福知山、名古屋、静岡、浜寺、似島、大里の各地に収容されている。

その階級別表の「陸軍の部」に三名、「海軍の部」に一名、計四名の軍楽隊長が載っている。したがって多くの軍楽隊員も捕虜として収容されていたと考えられる。国際法を忠実に守り、比較的自由に扱われていた捕虜収容所では、軍楽隊員による演奏も盛んに行われていたようである。

明治三十八年元旦の元吉の日記に、「軍艦」演奏の記録が載っている。

一月一日　日曜　四方拝　晴

午前七時十五分起床して祝杯を上げ、雑煮を祝ひ、朝食後一同、二三分隊の部屋に集りて屠蘇を酌み、（小畠）隊長殿の發聲にて天皇陛下萬歳を三唱し、夫より第二臨時陸軍々樂隊の萬歳及び隊長殿の萬歳を唱ふ

十時より軍司令部將校集會場に到り、君が代、國歌行進曲、軍艦行進曲等を吹奏して歸る

このように旅順陥落の元日の朝に、陸軍軍楽隊によって「軍艦」は演奏されていた。

英国艦隊歓迎行事の「軍艦」

日露戦争の日本の勝利には、いろいろな事が挙げられるが、そのもっとも大きな要因の一つは「日英同盟」が締結されていたことであろう。

明治三十八年十月に、その友邦英国の艦隊が親善訪問で来日した。この艦隊は、支那方面艦隊司令長官ノーエル海軍大将麾下の巡洋艦六隻、報知艦一隻、駆逐艦六隻の計十三隻で、朝野を挙げての大歓迎が繰り広げられた。

神戸寄港後の十月十一日、横浜に入港した艦隊の将士約四千名は、十二、十三の両日、日

比谷公園で実施された東京市主催の歓迎会に二回に分けて全員が招待された。新橋駅に到着した一行は、陸軍軍楽隊の先導で歓迎会場に向かい大歓迎を受けた。

その後の将校以上を招待した紅葉館での晩餐会の模様が、十四日の東京日日新聞に、次のように載っている。

英艦隊來　紅葉館請待會

昨十三日第二回の紅葉館の請待會は前日の如く夕刻五時頃より開會せり、主賓ノーエル提督は各艦の艦長副長以下高級将校を随へ路上の群衆より萬歳の聲に送られながら紅葉館に入れり、斯て一行は先ず南側の大廣間に於て膝を組みながら暫時休憩したるが此時庭前陰暗き處一棟の數寄屋を占領して提督の入來を待ち居たる音樂隊は提督の姿を見ると同時に壮快なる調子を以て軍艦行進曲を奏し始め　續いて歌劇ローヘングリン大序、リゴレット歌劇、ワルツ御門を奏し引續いて清元梅の春の三絃あり　又續いてポルカ（タラ、バウム）、戦勝進行曲の演奏あり（以下略）

紙面では音楽隊となっているが、この演奏を担当したのは海軍軍楽隊であろう。この時期は各種の歓迎行事が頻繁に行われており、横須賀海兵団軍楽隊だけでは対応できず、艦隊の軍楽隊にも演奏の訓令が海軍大臣から出されている。

記事の中に「軍艦行進曲」と載せていることから、この時点ですでにこの行進曲が一般に知られていたのであろうと推察する。

英国艦隊旗艦「ダイアデム」にも軍楽隊が乗り組んでいたが、この歓迎会で演奏した記録はない。連合艦隊の凱旋観艦式前日の十月二十二日午後二時半から日比谷公園奏楽堂において、アノル・ユッチ・ナエロル楽長指揮の演奏会が行われている。

明治政府の欧化政策の一環として造園された日比谷公園は、明治三十六年に開園された。しかし音楽堂がなかったことから〝歐風公園の體をなしていない！〟として急遽設置が計画され、翌年二月に勃発した日露戦争の最中も工事は続けられた。

明治三十八年五月四日、東京市事務員の山香他我一が横須賀に出張し、八月から始まる日比谷公園の演奏会に、横須賀海兵団軍楽隊の出演を鎮守府に依頼している。

ロシアのバルチック艦隊が〝間もなく日本近海に迫って來る〟と日本中が緊張していることの時期に、八月から始まる演奏会の出演依頼であった。鎮守府からは〝月に一、二回で土日ならば差支えない〟という回答を得ている。

〝皇國の興廢〟を賭けた日本海海戦の直前に、頼みに行く方も行く方だが、引き受ける方も引き受ける方である。明治の先人の自信と気概、気宇壮大さに驚嘆する。

八月一日に無事開堂式を迎えた。東京市長尾崎行雄が挨拶を述べた後、永井建子楽長指揮の陸軍戸山学校軍楽生徒隊により、記念すべき第一回演奏が実施された。第二回は吉本光藏軍楽長指揮の横須賀海兵団軍楽隊が、同月十二日に実施している。

九月二日の第三回までは順調に進んだが、日露の講和条約に不満を持つ国民集会から始まった九月五日の「日比谷焼き討ち事件」により、戒厳令が布かれたため演奏会は中止せざるを得ないことになった。

十月二十二日の日比谷公園奏楽堂の英国艦隊軍楽隊の演奏会は、このような状況下で行われ、生演奏に飢えていた音楽愛好家には大好評だったようである。

連合艦隊の伊勢湾集結

雑誌『音樂之友』(昭和十七年二月号)に、日清・日露の両戦役に参戦した陸海軍軍楽隊出身者による「軍樂征戰記座談會」が載っている。

その中で日露戦争の凱旋観艦式の前に連合艦隊が伊勢湾に集結し、伊勢神宮に参拝した時のことを、海軍側の河合太郎元軍楽長が述べている。

明治三十八年十月八日、佐世保に停泊中の「敷島」に将旗を移していた連合艦隊司令部の戦時日誌に、次の記載がある。

一　軍令部長ヨリ左ノ訓令(電報)ヲ受領ス

一、平和克復ノ上ハ艦隊ヲ東京海灣ニ凱旋セシメラレ横濱沖ニ於テ観艦式擧行ノコトニ内定セラル

二、貴麾下艦船艇中日本海ニ對スル三海峡ノ監視ニ任スル大汽力艦船ヲ除キ其他ノ艦艇ハ便宜東京海灣へ凱旋ノ途ニ就カシメ横濱港以外ノ東京海灣錨地又ハ館山灣清水

等ニアリテ後命ヲ待タシメラルヘシ但シ横須賀ヘハ修理其他差置キ難キ必要アルモノ、外到ラシメサルヲ可トス

三、貴官ハ東京海灣到着ニ先チ伊勢灣ニ寄泊神宮參拜ヲ命セラルヽ筈ナリ

四、此電訓ハ北遣艦隊司令官ヘモ差出シ置キタリ

一　觀艦式期日ハ二十日以後ナル旨海軍次官ヨリ内報アリ

この時点でも観艦式挙行日は、まだ正式には決定していなかった。日露戦争も終わりに近付き各方面に展開していた艦船は、十月十三日から伊勢湾に集まり観艦式の諸準備を整え、十九日に抜錨して東京湾に向かった。

約一週間の寄港中、艦隊に対する地元官民の歓迎は大変なものであった。英国艦隊の歓迎記事で溢れている中央の新聞には、ほとんど取り上げられていないが、地元の伊勢新聞は連日大々的に報道している。

日露戦争は日本海海戦で大勝利を収めたことにより、そこで終わったかのように思われがちであるが、この時点でもまだ終わってはいなかった。したがって戦時の例としてか伊勢新聞には〝帝國軍艦○○以下五隻は……〟〝東鄉大將には昨日午前八時過を以て旗艦○○、○○の精鋭を率ゐて當伊勢灣に入り……〟などと伏字を用いている。

各地から伊勢湾に集結したのは、第一艦隊（司令長官東郷平八郎大将）、第二艦隊（同上村彦之丞中将）、第三艦隊（同片岡七郎中将）、第四艦隊（同出羽重遠中将）の十四隻であっ

た。

連合艦隊に対する歓迎行事は、津市を中心に盛大に催された。艦隊側は、これに応えるべく十四、十五の両日一般公開を行ったが、更に十七日にも追加実施している。

このような大艦隊の入港は空前の事であり、地元は大わらわであった。見物客の対応に津警察署は臨時派出所を設け、署長以下詰め切りで整理に当たった。津郵便局も電信が輻輳して五名の局員が大繁忙を極めた。艦隊に納入する生糧品が多量だったため〝野菜が値上がりした〟といったような記事が紙面を賑わしている。

十七日の夜は、観艦式の予行を兼ねてイルミネーション（電灯艦飾）が「敷島」「春日」「浅間」「満州丸」外一隻により実施された。

四軍楽隊が先導した伊勢神宮参拝

伊勢神宮参拝は、連合艦隊日令第五十九号として、十月十七日に発令され、翌日に実施された。

連合艦隊司令長官麾下の各司令長官、在港の司令官、艦長、幕僚は、十八日午前神宮司庁差し回しの馬車に分乗し、東郷大将と共に両宮を参拝している。

神官の案内によりただ一人、内玉垣南御門に参進した東郷大将が、神前に最敬礼をしている写真はよく知られている。

総指揮官「敷島」艦長吉松茂太郎海軍大佐以下約千名の連合参拝隊の編成表が残されてい

る。参集した艦隊の諸々を勘案して、司令部が大急ぎで作成したのであろう。

連合艦隊日令には、連合参拝隊の集合場所、時間、列車の時刻など大隊、団毎に指定した表が付いている。そして、各大隊、団には軍医官と衛生隊を同行させるなど、細部に対する配慮も行き届いている。

上陸地点の贄崎波止場から阿漕停車場まで隊伍を組んだ参拝隊は、小雨の沿道を埋め尽くした市民、学童などの〝萬歳、萬歳！〟の声に迎えられて、軍楽隊の先導で堂々の行軍を行った。

車中の慰めにと〝市から菓子が一袋ずつ贈られた〟といった記事はあるものの、神宮参拝に関する詳細は、翌日の伊勢新聞にも載っていない。神域での取材は許されていなかったのだろうか。

参加軍楽隊の所属（楽長）は、第一大隊が第一艦隊（軍楽長瀬戸口藤吉）、第二大隊が第二艦隊（軍楽師野坂栄太郎）、無銃隊第一団が第三艦隊（同内田誠太郎）、無銃隊第二団が第四艦隊（同佐野国盛）であった。

第一艦隊軍楽隊のコルネット奏者として、この歴史的伊勢神宮参拝に参加した河合氏は〝各軍樂隊は揃って「軍艦」を演奏し、壮観だった！〟と「軍樂征戰記座談會」で述べている。

この参拝隊には、伊勢湾に入港しているはずの「淺間」の乗員は一人も参加していない。御召艦に指定されたことにより、その準備に忙殺されていたこともあろうが、それ以上に伝染病などの予防対策上〝総員上陸止め！〟の缶詰状態に置かれていたのであろう。
佐世保停泊中の九月二十六日の「淺間」戦時日誌には、次の記載がある。

左ノ訓令を領ス
乙隊機密第六一五號
明治三十八年九月二十六日
八代淺間艦長ニ訓令　於Ｓ地點旗艦出雲
第二艦隊司令長官　上村彦之丞
一、貴艦ハ呉軍港ニ回航シ不日擧行セラルベキ内定ノ観艦式ニ於テ御召艦ニ供セラルヽモ差支ナキ諸準備ヲナスベシ

呉入港後の十月二日から十日までと伊勢湾停泊中の十四日から十八日までの戦時日誌には、それまで諸事克明に記載されていたのにもかかわらず、連日〝特ニ記スベキコトナシ〟と簡単に記されている。十六日に〝午後九時三十五分敷島ヨリ總艦隊ニ左ノ無線電信アリ　平和克復ハ本日發布サレタリ〟と載っているのみである。
名誉ある御召艦に指定された忠勇なる「淺間」の勇士も、他艦の乗員が大歓迎を受けている光景を、艦上から眺めているだけのやるせない思いが、戦時日誌の行間に込められているようである。

四　最後の「軍艦」演奏と復活

昭和二十年八月十五日、七十有余年の歴史と伝統を誇った大日本帝国海軍は、終戦により解体の憂き目を見ることになった。正確には同年十一月三十日まで存続し、終戦の事後処理を第二復員省に委ねて海軍省閉庁により正式に消滅した。

海軍省最後の日の「米内海相の談話」は、海軍に寄せられた国民からの後援、厚情に対する感謝の言葉をもって締め括られていて胸を打つ。

終戦と共に解散したはずの海軍軍楽隊は、しかしながら形を変えながらも生き残った。荒廃した日本の復興に音楽で大いに貢献したのである。その海軍最後の日に、海軍省でお別れ演奏を行い〝涙の「軍艦」演奏を行った〟という話が独り歩きしていた。

海軍軍楽隊による最後の「軍艦」演奏と、海上自衛隊の儀礼曲として正式に制定されるまでの経緯を明らかにしておきたい。

海軍省閉庁時の「軍艦」演奏

平成八年七月二十一日、横須賀の三笠公園で「行進曲軍艦記念碑」の除幕式が行われた。横須賀プリンスホテルで行われた祝賀会で、海軍軍楽隊出身で第四代東京消防庁音楽隊長の常数英男氏から、次のような質問を受けた。

〝最近話題になった本を読んだのだが、どうも納得のいかない部分があるが、事実はどうなのだろうか？〟と、山口大学の纐纈《こうけつ》厚教授の著書『日本海軍の終戦工作』（平成八年、中公新書）を出された。

この本の内容に関しては、海軍関係者にはいろいろとご意見があるかと思われるが、常数氏が問題にしたのは、同書「おわりに」の次の部分であった。

敗戦の年も晩秋を迎えた一一月三〇日、日比谷公園の向かいに建つ海軍省の構内中庭で、内藤清五隊長指揮する元海軍軍楽隊が最後の『軍艦マーチ』を演奏。それは海軍省廃止のセレモニーの最後を飾る、文字通り日本海軍葬送の曲となった。翌日の一二月一日、海軍省は第二復員省に編成替えとなり、旧海軍の残務処理や外地部隊の復員業務を担当することになる。（以下略）

常数氏はトロンボーン奏者として大東亜戦争開戦時は、第一艦隊司令部軍楽隊に配属されていた。ミッドウェー海戦の際は連合艦隊旗艦「大和」の司令部暗号電報取次員として艦橋に勤務していて、機動部隊の悲報が次々に飛び込んで来る現場にいた生証人である。

昭和十七年十一月にトラック島から内地勤務となり、東京分遣隊定員として終戦時迄勤務していた。戦後一時帰郷したものの内藤元隊長から呼び出しを受け、以後ずっと行動を共にして副官的存在であった。終戦前後の海軍軍楽隊から東京消防庁音楽隊に至るまでの経緯を、よく知っている一人である。

『日本海軍の終戦工作』の「軍艦」に関する記述を読んで、この演奏に関する記憶がまったくなかったことから、当時一緒だった同僚十名ほどに問い合わせたところ、海軍省における最後の演奏会に関しては、誰も記憶がなかった。

ただし、岡英男（昭和三年入団）第二代東京消防庁音楽隊長が〝海軍省で演奏した「軍艦」は感動的だったなー〟としみじみ語ったことがあったという。岡隊長も終戦後は、内藤隊長の副隊長としてずっと仕えていた。そのような記憶があるということは何かの機会に演奏していたことになる。常数氏も海軍省で演奏を行った記憶はあるが、いつだったか正確には覚えていないという。

『日本海軍の終戦工作』の末尾には、多くの主要参考史料・文献が列記されている。その中に海軍省解散時の「軍艦」演奏に関する記述があるはずだと見当をつけたところ、鈴木総兵衛著『聞書・海上自衛隊史話』（平成元年、水交会）の冒頭「海軍の解体」の中に「涙の軍艦マーチ」と題して、次のように描かれていた。

> 十一月三十日、海軍省の構内中庭において、米内海相はじめ同省職員の前で、元海軍軍楽隊〔海軍軍楽隊は海兵団に属し、海兵団は十一月三十日解隊しているが、軍楽隊はそれ以前に解隊した。〕のメンバー（指揮・内藤清五隊長）による演奏が行われた。曲

目の終りには「軍艦マーチ」が鳴り響いた。その名も消えた海軍軍楽隊の演奏は涙の演奏であり、海軍の葬送の曲としての「軍艦マーチ」は、米内海相はじめ聴く者も演奏する者も、ともに万感こもごもいたり、その胸底に想い出が走馬灯のようにかけめぐったことであろう。

推測が誤りでなければ纐纈教授は、ここから引用したものと思われるので、早速、水交会本部に勤務されていた鈴木氏に事実を確認することにした。鈴木氏は終戦を海軍艦政本部で迎え、以後第二復員省、復員庁、運輸省、海上保安庁、海上自衛隊と「海」関係一筋に勤務されてきた方である。

鈴木氏からは〝終戦前後のことを詳しく研究していた知人の書いたものから引用したもので、その知人に出所について確認して連絡します〟という丁寧な回答をいただいた。結果としては、その知人も直接演奏を聞いておらず別の人からの伝聞であったという。

更に鈴木氏は、当時海軍省に勤務していた人達にも問い合わせてくれたが、最終的には閉庁時に「軍艦」を聞いた人は、一人も居なかったことが分かった。

岡、常数両氏の記憶の中に、時期は特定できないものの海軍省における演奏会はあったらしいことを伺い知ることができた。そこで、その当時の海軍軍楽隊の行動を追ってみた。

阿川弘之著『井上成美』（昭和六十一年、新潮社）の第十三章四に、杉田主馬書記官が井上海軍次官に提案して、海軍省中庭で演奏会を行った経緯が記されている。

昭和二十年四月七日、戦艦「大和」を旗艦とする第二艦隊の沖縄特攻作戦が失敗に終わり、海軍省全体が意気消沈としていたことから、気分を紛らわせるために演奏会が企画されたらしい。

海軍軍楽隊の東京派遣所は昭和十六年二月一日に、築地の海軍経理学校構内から芝区三田の旧黒田邸に庁隊舎を移し「海軍軍樂隊東京分遣隊」と改称していた。

海軍省の要請に軍楽隊は、演奏場所の中庭に面した廊下が狭いことから小編成のオーケストラ演奏にした。先任下士官の稲葉喜一氏（昭和十一年入団）は、その狭い場所に〝どのように配置するか〟で苦労したことをはっきりと覚えていた。

海軍省庁舎は、昭和二十年五月二十五日の大空襲で焼失しているため、この演奏会はその前一カ月半ばかりの間であろう。演奏曲目などは確認できないが、最後に「軍艦」が演奏されたことだけは間違いないであろう。

米内海相の談話

終戦の年の十一月三十日、陸軍省と海軍省が廃止され第一・第二復員省として、それぞれ復員業務と戦後の残務整理を担当することが同日の閣議で決定し、午後四時に情報局から発表された。

陸軍省は同日正午から高等官食堂において解散式を行ったのに対し、海軍省では格別の行事は行わず、米内海相の談話が発表されただけであった。

以下は翌日の新聞数紙から談話を拾い出し、若干異なる内容を整理したものである。

三年有餘の苦闘遂に空しく、征戰既に往時と化し、茲に海軍解散の日を迎ふるに至れり。顧みれば明治初頭海軍省の創設以來七十餘年、この間邦家の進運と海軍の育成に盡瘁せる先輩諸士の業績を憶ふ時、帝國海軍の光榮を今日に於て保全すること能はざりしは、吾人千載の恨事にして深く慚愧に堪へざる所なり。

今次開戰以來海軍は全軍特別攻撃隊の純忠に徹し、その全勢力を傾けて終始敢闘したりと雖も遂に叡慮を安んじ奉ること能はず、國家今日の運命を將來したるは上御一人に對し奉り又國民各位に對し深く其の罪責を痛感するものなり。

各戰域に斃れたる戰死者の誠忠は皇國の精髄として永久に芳香を放つものなること因よりなれど、遺族の胸中に思ひ到りては慰めんに言葉なく、戰病傷者の將來と共に其の援護厚生等の施策につき國家として萬全を盡されんことを切望して止まず。

既に終戰の大詔は皇國の趨くべき所を昭々として明示し給ひ、また陸海軍人に對しては畏くも重ねて勅諭を賜はり、速かなる復員實施により、各々民業に就き戰後復興に力を竭すべき大道を御昭示遊ばさる。復員諸子の歩むべき今後の道は幾多荊棘に覆はれ、或は風雪耐へ難きものあらんも、承詔必謹、千辛萬苦に克ち平和日本建設のため雄々しく奮闘あらんことを祈る。

茲に永き歴史と傳統を有する海軍の解散に際し、今日まで國民各位より海軍に寄せられたる絶大なる御後援、御厚情に対し無量の感慨を以て深く御禮中上ぐ。

阿川弘之著『米内光政』にも、この談話の一部が載っていて、この前後のことが詳しく描かれている。当然のことながら「軍艦」の演奏に関する記述はない。

東京海軍軍楽隊の終戦

終戦直後の東京海軍軍楽隊の動向を紹介して、十一月三十日の海軍省での演奏会が幻であったことを明らかにする。

海軍軍楽隊出身者の会である樂水会の機関誌『樂水』第三十七号（平成七年）は、戦後五十周年記念号として「私の思い出」と題する特集を組んでいた。常数英男氏の手記は最後の日を「余韻はいつまでも」と題し、次のように綴っている。

> **軍楽のフィニッシュ**
>
> 八月二十五日、第二種軍装で威儀を正し、兵舎外庭で皇居に正対して最後の軍楽演奏。海軍少佐内藤清五隊長の冴えざえとしたタクトに合わせて、万感込めて、奏楽する隊員の顔は紅潮していました。国歌「君が代」は、穏やかな海のように柔らかな澄み切った音でこの上なく荘重に、続いて正確無比、美しい音で歯切れよく奏でられた行進曲「軍艦」が、焦土と化した町の空を皇居へと鳴り渡っていきました。（略）

軍楽の幕は余儀なくおろされましたが、どっこい、行進曲「軍艦」は厳然として生き続け、五十年経った今も、いろんな意味でそれに勝るマーチは生まれない名曲として、折にふれ野に山に街に、時としては海の向こうで演奏されております。（以下略）

この演奏を最後に、明治、大正、昭和と日本の音楽界を牽引し、輝かしい伝統を築いた海軍軍楽隊は解散した。それぞれ担当の楽器を与えられ郷里に帰った軍楽隊員が、再びその楽器で生活の糧を得ることになるとは、誰も想像できなかった。

敗戦という日本民族が経験したことのない局面を迎え、明日はいかなる日となるかと人々が不安を抱いていた時期にもかかわらず、音楽活動は直ぐに動き始めた。

昭和二十年九月二十二日の朝日新聞に、次のような記事が載っている。

東京都音樂團成る

都ならびに恩賜財團戰災援護會の協力によって誕生した東京都音樂團（團長山田耕筰氏）の結成式は廿一日午前芝區三田一丁目ノ四五元海軍軍樂隊跡、東京都音樂團本部で擧行された。

東京交響樂團ならびに東京吹奏樂團の二部にわかれ、それぞれ早川彌左衛門、内藤清五兩氏が部長となり十月より活發な活動を開始する。

山田耕筰という楽壇の重鎮をいただいて発足した東京都音楽団も、諸般の情勢から管弦楽団の運営が難しくなり、翌年七月には解散の憂き目を見た。海軍軍楽隊員を中心に結成された吹奏楽団は存続し、昭和二十四年七月十六日に発足した東京消防庁音楽隊に、内藤隊長以下大部分が移管し現在に至っている。

東京都公文書館に残された東京都民生局発行の『昭和二十一年度民生局年報』と常数氏所蔵の出張演奏記録によれば、同年八月の東京都吹奏楽団の演奏は、次のとおり多岐にわたっている。

三日　後楽園野球場　都市対抗野球入場式
一五日　日比谷公会堂　朝鮮解放記念式典
一八日　上井草野球場　全日本軟式野球予選入場式
二八日　放送会館　放送
二九日　第二復員局　文化講座音楽会

第二復員省は、昭和二十一年六月十五日に内閣直属の復員庁第二復員局と変わった。その職員に対する慰安演奏会は、翌年四月二十四日と十二月十三日にも実施されている。

海軍理事生から第二復員省（局）に勤務していた水交会会員の福田呉子さんは、昭和二十二年の演奏会で、初めて有名な内藤楽長の指揮を目の当たりにしたという。アンコールで職員が〝軍艦マーチ！　軍艦マーチ！〟と懸命に叫んだが、期待の「軍艦」は演奏されなかったということを直接聞いた。

昭和二十年十一月三十日の海軍省における演奏会は、諸般の状況からなかったと断言できる。したがって海軍軍楽隊の「軍艦」演奏は、八月二十五日の三田における東京海軍軍楽隊によるものをもって最後とすべきであろう。

東京都から「忠霊塔、忠魂碑等撤去公告」が出されたのは、昭和二十一年六月のことである。この時に日比谷公園の「軍艦行進曲記念碑」が撤去されており、翌年の第二復員局での演奏会で「軍艦」が演奏されなかったとしても辻褄は合う。

海軍省閉庁時の「軍艦」演奏は、昭和二十年四月から五月にかけての中庭での演奏会を聞いた人が、勘違いしたのではなかろうか。

閉庁時、「軍艦」を演奏した人、それを聞いた人、その記録、何一つ存在しなかった。

巣鴨プリズンの「軍艦」

「巣鴨プリズン」（Sugamo Prison）は、終戦後に設置された「戦争犯罪人」（連合国側からの呼称であり以後「拘置者」とする。）を収容した拘置所で、東京都豊島区西巣鴨（現・豊島区東池袋）にあった。現在のサンシャインシティ、東池袋中央公園辺りである。

史上前例のない〝勝者が敗者を裁く〟という事後立法で、「平和に対する罪」「人道に対する罪」などと理不尽な極東国際軍事裁判により、無念の判決を受けた多くの拘置者が収容されていた場所である。

巣鴨拘置所に関しては多くの研究書があるので細部は省略するが、収容された拘置者は、次のような基準で分別されていた。

A級　平和に対する罪として、戦争の計画、準備または実行もしくはそれらの行為のいずれかを達成する為の共通の計画または共同謀議への参加に関わった者
B級　通例の戦争犯罪
C級　人道に対する罪に該当する者

昭和二十五年五月二十五日に勃発した朝鮮戦争は、拘置所に大きな変化をもたらした。配属されていた米軍将兵の半分が朝鮮戦線に急遽送られることになり、その穴埋めとして日本人刑務官を、全国の刑務所勤務者から補充することになった。所長として鈴木英三郎府中刑務所長が兼務することになったが、米軍の司令官の指揮下にあった。全国から集められた刑務官は、米軍からカービン銃を渡されていたことから、拘置者との間には、少なからず感情のもつれがあったようだ。

吉村昭著『プリズンの満月』（平成七年、新潮社）は、その刑務官の目を通して描かれた歴史小説で、当時の状況を見事に綴っている。

鈴木所長は、芸能人などを呼んで拘置者を慰安することを思い付いた。その会場として塀

の外にある米軍専用劇場の使用許可を司令官に申し出たところ、意外にも簡単に許可が下り、計画は実現に向かって進んだ。

最初の慰問は、二十五年十一月十九日、欧米でも著名な石井漠の舞踊団であった。一番人気があったのは、後に歌手・女優として活躍する当時五歳の大きな目をした松島トモ子であった。法被姿に鉢巻をしめ、童謡「かわいい魚屋さん」を踊った。拘置者は涙を流して何度もアンコールし、彼女はそれに応えたという。

以後、歌手の渡辺はま子・淡谷のり子・笠置シズ子・美空ひばり・藤山一郎・灰田勝彦・田端義夫、落語の三遊亭金馬・柳家金語楼、漫談の徳川夢聲などの芸能人のほか、日劇ダンシングチーム、大相撲一行、NHKの「とんち教室」など多彩な慰問が行われている。それぞれに感動的なエピソードがあったことであろう。

翌二十六年十二月九日付の「巣鴨プリズン新聞」に、次の記事が載っている。

日曜の演芸　本年掉尾を飾る　消防庁楽団　公演

かねてより来所を噂されてゐた消防庁楽団一行は白蓮社の提供により九日日曜午前午後三回に亘ってすがもテアトルに於て公演されることになった。尚当日のプログラムは一部と二部に構成され指揮は内藤清五氏外二十七名の本格的な豪華なスタッフである。

これは演奏会当日の記事で、「白蓮社」とは拘置者の援護と慰霊のために設立された宗教法人であった。続いて演奏曲目と音楽隊員全員の氏名と楽器配置が記載されている。大部分は海軍軍楽隊出身者であった。

東京消防庁音楽隊の創立五十周年記念誌『音楽隊のあゆみ』に、次の記述がある。

巣鴨拘置所での演奏

昭和二十六年十二月、A級戦犯が収容されていた巣鴨拘置所を訪問しました。世が世であれば近寄ることもできないような高官の前で、隊員は緊張に身を固くして演奏しました。

ところが、「豊年祭り」「浜辺の歌」と演奏が進むにつれて、満員の会場のあちこちから押し殺したような嗚咽がもれてきたそうです。

そして、最後に拘置所の特別な計らいで、敗戦この方自粛音楽の筆頭であった軍艦マーチの演奏が可能になり、内藤隊長の指揮棒が下りるやいなや、聞き手も吹き手も感情が最高に高ぶり、異様な情景に包まれました。

演奏が終わった後もしばし我を忘れ、そこに何の言葉はなくとも音楽があれば通じあえる満足を味わったものでした。

演奏曲目は、次のとおりであった。

第一部指揮　岡　英男

一　行進曲「国民の標章」　バークレイ作曲
二　描写曲「豊稔祭」　椿原良作作曲
三　円舞曲「浜辺」　斉藤丑松作曲
四　邦楽「胡蝶の舞」　音楽隊編曲

第二部指揮　内藤清五

一　喜歌劇「軽騎兵」序曲　スッペー作曲
二　行進曲「愛国心」　吉本光蔵作曲

最初の行進曲は大正七年九月二十一日に「国旗」の題名で、日比谷公園音楽堂で海軍軍楽隊によって演奏されている。戦後は「国民の象徴」の題名で海上自衛隊音楽隊も暗譜して行進時に演奏していた。ただし、アメリカ国歌が巧みに組み込まれており、なぜここに選曲されたのか不思議である。

「軽騎兵」序曲は内藤隊長の十八番であった。「都民の日」の日比谷公園大音楽堂における合同演奏で、筆者も内藤隊長の指揮で演奏したことのある曲である。

「豊稔祭」「浜辺」「愛国心」の作曲者は海軍軍楽隊員である。「豊稔祭」は昭和十八年九月の日比谷奏楽最終回で演奏されているが、他の二曲の演奏記録はない。「軍艦」がプログラムに載っていないのは、アンコールで演奏されたからであろう。

最後の演奏終了後、嶋田繁太郎元海軍大将の挨拶があった。答礼しようとした内藤元軍楽少佐は、感無量で涙を流し声が出なかったという。海軍大臣と長年軍楽隊のトップに君臨した名物隊長とは、当然面識があったことであろう。二人の胸に去来したものは、なんだったのだろうか。

拘置所内では毎月短歌会が催されていた。歌人で医学博士だった斎藤茂吉の指導を受けた平尾健一氏が、その指導的立場にあった。平尾氏は、米軍機搭乗員捕虜に対する生体解剖事件に関与したとして死刑判決を受け、後に減刑された元九州帝国大学医学部助教授であった。短歌集の平尾氏の一首に、拘置者の複雑な心情が伺える。

軍艦マーチ　聴きつつをれば　眼裏《まなうら》に
波頭たつ　暗きわだつみ　（十二月九日）

昭和二十二年の第二復員省での演奏会では、盛んな〝軍艦マーチ！〟のアンコールの声には自粛して応えなかった同じ音楽隊が、米軍の管理下にあった拘置所で、「軍艦」が演奏できるほどに時代は移っていた。

講和条約調印と「軍艦」

パチンコ店で「軍艦」を流すようになったのが、昭和二十六年春頃からであることを第三章の二で紹介した。その前年の九月、サンフランシスコで開催された講和条約調印により時代は大きく変わりはじめ、日本も元気を取り戻しつつあった。

パチンコ屋と歩調を合わせるようにキャバレーでも演奏されるようになったらしい。四月十八日の毎日新聞夕刊の記事を紹介する。

時言 〝軍艦マーチ〟

このごろ、銀座のキャバレーなどで最も愛好される歌曲の一つは〝軍艦マーチ〟だということだ。ラストにやる例の〝蛍の光〟に代って、この勇壮なリズムが巻き起ると、酔客たちはふらつく脚を踏みしめ踏みしめ合唱して、一きわ力強くステップを踏むのだそうである。

もっとも、消息通の話によると、この現象は昨年暮からのことで、クリスマスを契機として俄然〝護るも攻むるも……〟ということになったという。これが、そろそろ活発になり始めた巷の再軍備論に景気をつけるつもりなのか、あるいは引揚げや解体が進みつつある「帝国海軍」にほのかな郷愁を感じつつ、その惨たんたる末路に哀悼の意を表するつもりなのか、その辺のところはよく判らない。〝軍艦マーチ〟は星の数ほどある流行歌や軍歌の中では、曲としてはすぐれた方だろう。だから人は、理屈を抜きにして、心をわき立たせるそのメロディーを楽しむのだという解釈もあろう。特に、一杯のむと日本人は、かつての無敵海軍のように勇ましくなるものだから、そのような伴奏が好まれることはよくわかる。

だから、これを非難するつもりなどはない。ただ、この勇壮な光景を、外国人特に未だに日本の軍国主義復活を心配している人々が見たら、心中ひそかに何と考えるだろうと思うといささか気がかりにはなる。（以下略）

同じような記事が同年十一月四日の読売新聞にも載っている。演奏禁止などされていなかった「軍艦」は、世の中が少しずつ落ち着きを取り戻してくると共に、呪縛が解かれたように、堰を切って鳴り響き始めたのであろう。

当時、進駐軍のクラブ、キャバレー、ダンスホールなどのバンドの主力は軍楽隊出身者であった。終戦後、持ち帰りを許可された楽器を武器に、戦後の混乱期をバンドマンとして生計の道を開いていくことができた。夕刻、銀座のビルの谷間で音階をロングトーンで吹き、基本を忘れずに維持しようと心がけていたバンドマンがいたという。

講和条約調印前からレコード各社は、着々と準備を進めていた。調印後に発売された「軍艦」その他の行進曲の中には、演奏団体がいい加減なものがあったので、その一例を紹介する。

正確な年月は特定できないが、昭和二十七年十二月までの『コロムビア邦楽レコード総目録』には、A面が「軍艦行進曲」（A—13334、12040774）、B面が行進曲「暁に祈る」、演奏団体が日本ブラスバンドという一枚が載っている。

SP盤時代のレコードには、商品管理用の「カタログ番号」（商品番号・製品番号）と「原盤番号」（ワックス番号・マトリックス番号）が付されて製品が管理されていた。（A—13334）は「カタログ番号」、（12040774）は「原盤番号」である。

七桁の「原盤番号」は、製造の際に金属原盤に刻まれるものである。コロンビア独特の表記としてA面は「1」、B面は「2」から始まる。したがって下六桁が同じ番号の場合は、同じ原盤の音源となる。

戦前のコロムビア盤に、吹奏樂「軍艦行進曲」（瀬戸口藤吉作曲・海軍軍樂隊）内藤清五樂長指揮　帝國海軍軍樂隊29837（22040774）というレコードがある。五桁の数字は当時の「カタログ番号」であろうが、「原盤番号」から同じ金属原盤から製作されたことは間違いないであろう。

『コロムビア邦楽レコード総目録』には、日本ブラスバンドの演奏で「君が代」と東京音楽学校の合唱「君が代」（A—976）、「君が代行進曲」「敷島行進曲」（A—1338）、「愛国行進曲」「愛馬進軍歌」（A—1339）も載っており、商機を逃さないレコード会社のたくましい商魂が感じられる。

内藤清五隊長指揮の東京消防庁音楽隊による「軍艦」入りのSPレコードが、ビクターから発売されたのは、昭和三十年七月であった。海軍軍楽隊の往時を彷彿とさせる名演奏が残されている。

保安庁警備隊音楽隊での初演

昭和二十七年四月二十六日、海上自衛隊の前身である海上警備隊が海上保安庁の中に発足し、同年八月に保安庁警備隊となった。その主力となる艦艇は、アメリカから貸与されるＰＦ（パトロール・フリゲート、一四五〇トン）十八隻とＬＳＳＬ（大型上陸支援艇、三〇五トン）五十隻であった。

その第一回の引き渡し式が二十八年一月十四日、横須賀の米海軍基地で実施され、ＰＦ六隻、ＬＳＳＬ四隻が貸与された。以後同年十二月二十三日まで十一回にわたって実施されている。

引き渡し式ではマストの星条旗が降ろされ、警備隊音楽隊の国歌吹奏で国旗が艦尾に、警備隊旗がメインマストに掲揚された。警備隊員乗り組みの際に演奏されたのが、小学唱歌「我は海の子」を行進曲に編曲したものであった。

パチンコ屋で鳴り響き、キャバレーでも演奏され、東京消防庁音楽隊が巣鴨プリズンで演奏した二年後のこの時期でも、警備隊音楽隊は「軍艦」の演奏を遠慮していた。

警備隊の第一船隊群ＰＦ五隻（「うめ」「くす」「なら」「もみ」「かし」）による初めての日本一周巡航は、昭和二十八年五月十五日に横須賀を出港、六月十五日帰港で実施された。寄港地は、鳥羽、神戸、呉、下関、境港、舞鶴、函館、大湊、塩釜の九港であった。

この巡航に警備隊音楽隊は、司令船「うめ」に隊長以下十八名、「くす」に副長以下十八名が分乗して参加している。それぞれ巡航日誌を残しており、貴重な記録である。楽器類と共に寝具まで持参していた。

各地における演奏記録によると、公に「軍艦」が演奏されたのは、五月三十一日午後七時から東舞鶴実業会館の演奏会が最初だったようである。第二部の最後に載っているが、その前は行進曲「戴冠式」であることから、アンコールで演奏したのであろう。

第二回の内地巡航は、同年十月十五日横須賀を出港、十二月四日に帰港した。寄港地は反時計回りで、青森、大湊、小樽、新潟、舞鶴、博多、佐世保、鹿児島、松山の八寄港地であった。

市中行進で「軍艦」が初めて演奏されたのも、この巡航時の舞鶴であった。十一月三日、舞鶴市で開催されていた「日光博覧会」会場まで市役所から行進した時に演奏したのが最初と記録されている。その一週間前頃から「軍艦」を暗譜する訓練を、艦上で行っていることから、それまでの演奏会では楽譜を使っての演奏だったようだ。

以後、大部分の演奏会の演奏曲目は「軍艦」で締め括っているので、アンコールの定番となったのであろう。

「軍艦」が海上自衛隊の儀礼曲に正式に定められたのは、昭和三十六年一月十八日に「儀礼曲の統一に関する通達」（海幕総（文）第二号）が制定され、その十曲目に「軍艦行進曲」の題名で載ってからのことである。

五　米内海相の母校と校歌

高校球児の熱戦が繰り広げられている甲子園球場で、勝利校の校旗が掲揚される際に、突然「軍艦」のメロディーが流れたら観客はびっくりするだろう。

実際にそのようなことがあったことから〝盛岡第一高等学校の校歌は「軍艦」の旋律と同じである〟ことを知っていた人はかなりいた。

明治の末頃、校歌として制定され一世紀を越えた今も、歌い継がれているその旋律は、時と共に少しずつ変化しているようであるが、その精神は見事に継承されている。

その岩手県立盛岡第一高等学校（旧制盛岡中学校）は、最後の海軍大臣米内光政大将の母校であった。

甲子園球場に流れた「軍艦」

昭和四十三年八月十四日の朝日、毎日二紙の朝刊スポーツ面に、前日の甲子園球場で行われた第五十回全国高校野球選手権大会第五日の第二回戦第二試合で、岩手県立盛岡一高が徳島県代表鴨島商業高校に四対二で逆転勝ちした記事の中に「**校歌は軍艦マーチ**」とまったく同じ見出しで、次のような記事が載っている。

朝日新聞

第二試合で勝った盛岡一高。ホームプレートに整列していざ校歌をバックに掲揚。とたんに軍艦マーチが流れ出した。これには三万の大観衆もギョッ。「間違いじゃないか」「応援歌では？」とひとしきりガヤガヤ。

ところが遠藤野球部長によると明治四十三年ごろ、盛岡中学時代からレッキとした校歌。明治四十年に「世にうたわれし浩然の……」という歌詞がまず生まれた。そこは軍艦マーチと知らずにある生徒が「こういういい曲がある」とくっつけてしまったのだという。

「わが校は米内海軍大将をはじめ軍人をたくさん出していますので別になんの抵抗もなかったようで……。もっとも球場での演奏はテンポが早すぎました」と遠藤先生の話。

校歌の吹込みを一手に引受けた朝日放送ラジオ制作部も、この譜面にはびっくり。盛岡まで問合せたそうだ。

毎日新聞

〝まさか盛岡一高が四国のチームに勝てるとは……〟とスタンドが驚いたとたん、勇ましい軍艦マーチの旋律が鳴り響いて、観衆は二度びっくり。〝レコードを間違えたのではないか〟という声も出たほどだが、これが何と盛岡一高の校歌。

遠藤部長に聞くと「明治四十二年、三年ごろから校歌になっているそうです。でも本当はもっとのろい旋律なので、軍艦マーチには聞こえないのです」という。そして「なにしろ米内光政海軍大将（元首相、海相）が出た学校ですからね」とつけ加えた。校歌では一番強そうな学校だ。

甲子園の高校野球で勝利校の校歌を演奏し校旗を掲揚するようになったのは、昭和四年春の第六回全国選抜中等学校野球大会からである。当時は二十名ほどの平安中学の吹奏楽部が球場の片隅で演奏していた。

夏の大会では、昭和三十二年の第三十九回からと、ずっと後のことになる。したがって八回目の出場であっても盛岡一高校歌が流れたのは、この時が初めてであった。全国紙が揃って「校歌は軍艦マーチ」と見出しを書いたのもうなずける。しかし、地元紙岩手日報の扱いは少し違うようだ。

やったり！　盛一ナイン

応援席から大歓声　校歌、高らかに球場包む

〔甲子園で向井田記者〕「世にうたわれしこう然の　大気をここにあつめたる……」の盛岡一高校歌が十三日午後、甲子園球場いっぱいに流れ、センターポールに同校校旗が浜風になびきながら上がった。盛岡一の勝利をたたえる拍手と歓声もドッとわく。胸を張って本塁前に一列に並んだ盛岡一ナインは感激で胸が締め付けられ、勝ってむせび泣

いていた。（以下略）

校歌の歌詞をきちんと書き、「軍艦」には一言も触れていないところを見ると、この記者は同校の卒業生であろう。

その十年後の昭和五十四年の第六十回大会にも、盛岡一高は出場したが一回戦で敗退してしまった。八月九日の読売新聞には、次のような記事と学校紹介が載っている。

『**ふるさと応援席**』

力落とすな後輩達……。よくがんばったぞー盛岡市内丸の岩手県庁地下ホールでは、試合時間と重なった昼休み。盛岡一高ＯＢの職員約五十人が備え付けのテレビの前にかじりついた。

同校は石川啄木、宮沢賢治を輩出した県内一のエリート校で、県庁職員五千四百人中約三百人を同校出身者が占め、幹部クラスもズラリ。

しかし、この日の盛岡一は持ち前の粘りが見られず、いいところなし。「なんとか一矢報いてくれ」と悲痛な声援が飛びかった。「後輩はよくやったが、軍艦マーチと同じメロディーの勇壮な校歌を甲子園で一度、全国の人に聞かせたかったなあ」とはあるＯＢの話。

岩手県立盛岡第一高等学校

明治十三年創立。県内で最も古い進学校で、宮沢賢治、石川啄木、金田一京助など多くの学者、文化人を輩出している。生徒数は千六百五人（うち女子二百七人）。野球部は大正六年の第三回大会以来昭和四十三年の五十回大会まで過去八回夏の甲子園に出場、ベスト4二回、ベスト8二回の歴戦

輩出した多くの高級軍人

第六十回大会では緒戦で敗退し、校歌を甲子園で流すことができなかった。しかし、学校紹介に挙げられた文化人や学者ばかりでなく、名門校にふさわしく軍学校に進む者も多く、高級軍人を輩出していた。

帝国海軍には七十七名の海軍大将がいた。そのうち岩手県出身は、齋藤實（海兵六期）、山屋他人（同十二期）、栃内曾次郎（同十三期）、米内光政（同二十九期）、及川古志郎（同三十一期）の五人である。

鹿児島県の十七人は別格として、東京、佐賀の六人に次ぐ数である。そのうち海軍大臣が三人、更に総理大臣が二人も出ているとなると、さすがの薩摩海軍も兜を脱がざるを得ない。

五人の海軍大将のうち盛岡中学校出身者は、米内（卒業明治三十二年）と及川（同三十四年）の二人である。卒業年次は、盛岡一高の卒業生名簿によるものであるが、二人ともその前年の十二月に海軍兵学校に入校している。

山屋は中学校に入学したものの家計が苦しかったため中退し、学費のかからない海軍兵学校に実力で入校したらしい。

帝国陸軍の大将は百三十四人いるが、岩手県出身とされているのは、板垣征四郎（陸軍士官学校第十六期）と東條英機（同十七期）の二人のみである。

東京生まれの東條大将は、岩手県とは縁が薄いようである。板垣大将は明治三十五年に盛岡中学校卒業となっている。共に陸軍大臣となり、一人は総理大臣になった。十九人の陸軍大将のうち六人の陸軍大臣、その中から四人の総理大臣を出した長州陸軍も、率では負けている。

悲運なことに、昭和十一年の二・二六事件の際、内大臣だった齋藤大将は陸軍の青年将校に殺害された。陸軍の板垣、東條の両大将は、昭和二十三年十二月二十三日にA級戦犯として処刑されている。

盛岡第一高等学校校歌

米内光政海軍大将の母校の校歌が、海軍軍歌「軍艦」とほとんど同じ旋律だということを知ったのは、ウイリアムズバーグ・サミット後のことであった。

中曽根首相に対する歓迎行事で米陸軍軍楽隊が「軍艦」を演奏したことを、日本のマスコミが大騒ぎしたのは昭和五十八年五月末のことであった。この報道姿勢に疑問を持って「軍艦」に関して徹底的に調べ直し、その翌月の海上自衛新聞に「行進曲『軍艦』について」

「行進曲『軍艦』が初演された日」と題して二回にわたって投稿した。

この投稿を読んだ盛岡一高出身者で海上自衛隊勤務の苫米地謙輔二等海佐が、母校の校歌が「軍艦」と同じ旋律であることを教えてくれた。

最初〝私の出身校の校歌が「軍艦」と同じです〟と電話をもらった時、どうしてもその意味が分からず何度も聞き直した。〝甲子園に流れた時は話題になりました！〟という話から調べた結果、前記の記事に接することができた。

昭和六十二年度の同校学校要覧に載っている格調の高い校歌の歌詞は、次のとおりである。

岩手県立盛岡第一高等学校校歌

世《よ》に謳《うた》はれし浩然《こうぜん》の　大氣《たいき》をここに鍾《あつ》めたる
秀麗《しゅうれい》高《たか》き巌手山《いわてやま》　清流《せいりゅう》長き北上《きたかみ》や
山河《さんが》自然《しぜん》の化《か》を享《う》けて　穢《けが》れは知らぬ白堊城《はくあじょう》

（以下四番まで略）

校歌のルーツを尋ねて

岩手日報の記者が、甲子園で初めて校歌が演奏された際の記事で、旋律については何も触れていなかったことから〝同校の卒業生であろう〟と推測したのは、それなりの理由があった。

横須賀音楽隊長当時の昭和六十三年三月十六日、自衛隊岩手地方連絡部募集課長の本多正純二等海佐の同行を得て盛岡一高を訪問した。本多二佐とは、昭和四十二年度の練習艦隊旗艦「てるづき」で一緒に遠洋練習航海に参加しており、旧知であったことからいろいろと便宜を図ってもらうことができた。

昭和三十年に同校を卒業した太田原弘教頭に面会し、校歌にまつわるエピソードなどの詳しい説明を受けることができた。三時間にわたっての面会の間終始一貫していたのは、海軍軍歌「軍艦」と同校校歌の旋律を別のものとしていることであった。

甲子園球場で流れたのは普通の行進曲「軍艦」の旋律に、校歌の歌詞を付けたものであるらしい。したがって観衆がびっくりしたのもうなずける。朝日、毎日両紙で遠藤部長が〝テンポはもっと遅い〟と話しているが、その問題もこの訪問で解決することができた。

卒業式の校歌斉唱の録音テープから流れ出る旋律は、「軍艦」とは似て非なるものであった。大太鼓のリズムに乗ってゆっくりと逍遥歌風に歌われていて、直ぐに「軍艦」と気が付く人は少ないであろう。

以下は推測である。校歌を朝日放送に提出する際、口伝で継承されていて楽譜がなかったことから、やむを得ず「軍艦」の楽譜を送ってしまったのではなかろうか。同校に確認したところ間違いないとのことで、行進曲「軍艦」の前奏を付けたかどうかは確認していないが、適当に編曲したのであろう。

もし、同校で録音した音源が使用されていたならば、新聞記事の見出しは「校歌は軍艦マーチ」とはならなかったであろう。そのルーツはともあれ、雰囲気はそれほど違う。その校歌を伝承するため同校独特の伝統行事がある。

入学式が終わったその日から、新入生に課せられた特訓が、その最たるものであろう。新入生は体育館に正座させられ、先輩から一週間にわたって、校歌と応援歌を叩き込まれる洗礼を受ける。

覚悟して入学した新入生、特に女生徒には過酷なものであるらしい。足が痺れた生徒を体育館から運び出し、マッサージするのも先輩の役である。一時離脱した者は、その時間分だけ補習させられ、こうして一高精神を短期間で叩き込まれる。

同校には県下でも有数の吹奏楽部があるが、校歌応援歌の類には一切伴奏をすることがないという。卒業式でも国歌「君が代」は吹奏楽で伴奏するものの、校歌は応援団の大太鼓のリズムで歌う勇壮なものである。

校歌制定日とされる明治四十一年五月十三日は、前夜からの雨で創立記念日の運動会が中止され、急遽雨天体育館で全校の大茶話会に変更された。この時に五年生で級長だった伊藤九万一が、壇上で発表した五節の歌詞が現在のものの骨子となり、大正元年に部分的に手直しされ四節となり、現在に至っているという。

同校の記録では、この時から「軍艦」の旋律で歌われていたことになっている。この頃には二種類の海軍軍楽隊演奏のレコードが発売されていることから、その旋律は一般にも知られていたとも推測できる。

遠藤部長の言う明治四十三年頃ならば、『軍艦行進曲』と題したピアノ・ピースが、東京・神田の音楽社から七月一日に発売されており、同月十六日には日比谷公園音楽堂で作曲者自身の指揮で海軍軍楽隊によって演奏されている時期となる。

「軍艦」の旋律から校歌になったと思われるが、あくまでも校歌であって「軍艦」とは一線を画している。岩手日報の記者が卒業生であれば、当然その辺のところは意識して報道したものと思われる。

独特の方法で継承されている校歌は、長い間に少しずつ旋律が変わってきている。「軍艦」ではなく校歌であるという観点から楽譜を用いず、すべて口伝で継承していることから、年代によって旋律が異なっているという。それぞれが自分たちの歌い方が正調であると主張して、同窓会などで一緒に歌うと、かなりのズレを生じるようである。

校歌改正論の結末

盛岡一高は独特の校風と伝統を誇っており、共に明治時代に制定された校訓「忠實自彊・質実剛健」と校歌が未だに引き継がれている。戦前の校訓、校歌を継承している公立高校は、全国でも珍しいことであるらしい。

長い同校の歴史の中でも校歌の原曲が「軍艦」らしいということで、生徒の間から校歌改正の声が上がったことがあった。

昭和二十五年頃〝新しいデモクラシーの時代にそぐわない旋律であるから改正すべきであ

る！〟という主張が、後に国立大学の教授となった数名の生徒が中心となり、改正運動が展開された。

この件に学校当局はまったく関与せず、全校生徒による討論集会でその是非が論議された。運動部のＯＢ達からは〝校歌を変えるなどとんでもない。そんなことをすれば先輩、後輩の縁をきるぞ！〟といった圧力もあったようだ。遠征費などの援助を受けている運動部員には、これは堪えたらしい。

校歌改正は大議論を重ねられ、賛否を問う投票は運動が始まってから四、五年を経た昭和二十八年頃に行われた。結果は四対六で改正案は否決された。その後も時々改正が話題になることがあるらしいが、問題にされず現在に至っているという。

雨の日も風の日も、登校日には校舎屋上に陣取った応援団員が、正門に向かって午前八時から十分間ほど校歌を始め応援歌を今も毎朝歌い続けている。この応援団員からは、例年東京大学を始めとして一流大学に進む者が多いという。

全国的に名門校の伝統が廃れて行く中で、米内さんの母校には古い校歌と校訓を守っている、本物の文武両道のバンカラ後輩が、まだ健在なのは確かなようだ。

第五章

海軍儀制曲、海上自衛隊儀礼曲、『海軍軍歌』

一　海軍儀制曲と海上自衛隊儀礼曲

儀式の時に演奏する曲を帝国海軍では「儀制曲」、海上自衛隊では「儀礼曲」と呼んでいる。定められていた曲は共に十曲であったが、現在「儀礼曲」は一曲増えている。「軍艦」が正式に公式の行進曲に制定されたのは、帝国海軍が大正元年八月、海上自衛隊は昭和三十六年一月からである。

「儀制曲」「儀礼曲」には、「君が代」「勝利歌」（特賞歌）「軍艦」以外は一般の人が聞く機会のない曲が多い。明治の御代に作られ、その用途に基づいて連綿と演奏されている曲が含まれている。

昭和天皇の「大喪の礼」の際、「哀の極み」という曲が演奏された。新聞などでは〝陸軍軍楽隊の楽譜が警視庁音楽隊に保管されていて演奏が可能になった〟と報道されていた。しかし海上自衛隊では、この曲を「儀礼曲」に入れるように、すでに計画していた。「海軍儀制曲」を叩き台として、「海上自衛隊儀礼曲」を定める作業は、昭和三十二年から具体的に始まっていた。

用途を正確に継承していない曲もあるが、制定までの経緯を紹介する。

帝国海軍の儀制曲

帝国海軍は、大正元年に海軍省達第十号として海軍儀制曲を、次のように定めた。

儀制に關する海軍軍樂譜

儀制ニ關スル海軍軍樂譜別册ノ通定ム
但別册ハ海軍教育本部ヲシテ必要ノ向へ配布セシム
　大正元年八月九日
　　海軍大臣　　齋藤　　實

別冊は、現物を確認していないので正確ではないが、儀制曲十曲の吹奏楽譜と、その用途を定めたものであろう。

この達は、大正十四年九月二十八日の海軍省達第百三十号で一部改正されている。〃別紙ハ海軍文庫ヲシテ所用ノムキニ配布セシム〃となっており、同じく別紙が確認できないため、どの部分が改正されたのかは確認できない。

〃海軍生徒ノ情操教育資料並ニ趣味向上育成〃を目的として、海軍軍楽隊東京分遣隊が編纂した『音樂の話』という小冊子がある。海軍省教育局発行であるが、「勤務上音樂に關聯ある日常の心得」という重要な項がある。

その中の「儀制曲」に関する部分は、次のとおりである。

儀制に關する海軍軍樂譜名及用途

第一號　君が代

天皇及皇族に對する禮式及一月一日、紀元節、天長節、明治節の遙拜式竝に定時軍艦旗を掲揚降下するとき。

第二號　海行かば

將官及司令官たる大佐に對する禮式及朝鮮總督、臺灣總督、關東長官、當該官の管轄區域内に於て公式訪問のとき竝に外國駐劄の我大使公使駐劄國内に於て公式訪問の爲來艦し又は退艦のとき竝に軍艦にて赴任し最後退艦のとき及歸朝の爲最初乗艦のとき。

第三號　祝　　唱

證書、賞狀、賞品等授與式

第四號　國の鎭め

元始祭、春季皇靈祭、神武天皇祭、大正天皇祭、秋季皇靈祭、神嘗祭、新嘗祭の遙拜式及一般拜神のとき。

第五號　水漬く屍

靖國神社參拜、同祭日の遥拜式其の他の招魂祭。

第六號　哀　の　極

大喪儀及皇族の御葬儀。

第七號　命を捨てて

海軍葬儀に於て儀仗隊柩に對し敬禮のとき（出棺、着棺、棺前禮、弔砲、弔銃等を行ふとき、但し弔砲のときには全曲を第一發發射直後に奏し弔銃のときには速度早く毎發射後直に奏す）「但し譜の八小節のみ」。

第八號　送葬行進曲

送葬の途上。

第九號　勝　利　歌

御下賜品拜受式及優勝旗授與式。

第十號　軍　　艦

進水式に於て船體滑走又は進行を始むるとき其の他觀兵式（分列式、閲兵式）等。

この儀制曲十曲とその用途は、海上自衛隊の儀礼曲に大きな影響を与えている。

海上自衛隊の儀礼曲

海上自衛隊の儀礼曲は昭和三十二年十月三十日に、東京音楽隊長から海上幕僚長に提出された次の上申書から作業が始められた。

海上自衛隊儀礼曲制定に関する上申（案）

標記に関し従来海上自衛隊の諸儀式に用いる楽曲については現在栄誉礼の外は何の規定もないので「海上自衛隊儀礼曲」を制定することが必要と考えられるので別紙案を添え上申する。

別　紙

第一号　君が代
天皇及皇族に対する礼式及国旗の掲揚降下並に定時自衛艦旗の掲揚降下するとき

第二号　栄誉礼
栄誉礼の場合（付表のとおり）　外国駐箚我が大使公使が駐箚国内に於て公式訪問来艦及退艦のとき
其の他特例による場合

第三号　栄　光
艦旗授与式　勲章授与式　観閲式に於ける巡閲のとき及栄誉礼の後に行われる銃点検のとき

第四号　勝利歌
御下賜品授与式及優勝旗授与式　卒業式における證書授与の場合（何れも被授与者が前進より復帰まで奏す）

第五号　祝　唱

賞状、賞品等授与式（賞状、賞品が被授与者の手に渡るとき）

第六号　哀の極み

大喪儀及皇族の葬儀の場合

第七号　命を捨てて

葬送式に於て儀仗隊敬礼の場合及弔砲弔銃等行うとき（但し弔砲のときは全曲を第一発発射後直ちに奏し弔銃のときは譜の八小節を速度早く毎発射後直に奏す）

第八号　軍　艦

進水式に於て船体滑走又は進行を始めるとき其の他観閲式（分列行進の場合）等

（付表略）

「栄誉礼」「栄光」を除く六曲が重複していることからも、この「案」の基が海軍儀制曲であったことは一目瞭然である。

第三号「栄光」を「艦旗授与式」で演奏した記憶がなぜかない。「勲章授与式」は、必要な日が来るのを想定してのことであろうか。「銃点検」とは、巡閲の際儀仗隊員が「控え銃」の姿勢でM1《エムワン》ライフルの薬室を開き受礼者の巡閲を受けていた頃のことである。

この別紙案がたたき台となって、昭和三十六年一月十八日に「儀礼曲の統一に関する通達」（海幕総（文）第二号）として、儀礼曲が制定された。

別紙の曲名と記事（用途）は、次のとおりである。

儀礼曲の統一に関する通達

君が代

(1) 国旗又は自衛艦旗の掲揚降下の場合
(2) 諸儀式において儀式の執行者が必要とする場合

栄誉礼冠譜及び栄光

栄誉礼の場合

巡閲の譜

栄誉礼及び観閲式における巡閲の場合

海のさきもり

(1) 自衛艦旗授与式における自衛艦旗授与の場合
(2) 諸儀式において儀式の執行者が必要と認める場合

得賞歌

(1) 表彰式における賞状等の授与の場合
(2) 各種行事における優勝旗等の授与の場合

祝唱

各種行事における賞状等の授与の場合

国のしずめ

葬送式及び慰霊祭において必要と認められる場合

命をすてて

葬送式における儀じょう隊の敬礼及び弔銃の場合

（弔銃のときは、譜の八小節を速度早く、毎発射後直ちに奏する）

葬送行進曲

葬送式におけるひつぎの儀じょうの場合

軍艦行進曲

(1)　観閲式における観閲行進の場合

(2)　自衛艦旗授与式における乗組員乗艦の場合

(3)　自衛艦命名式における進水の場合

(4)　その他必要と認められる場合

昭和三十二年の上申書別紙の第二号「栄誉礼」が「栄誉礼冠譜及び栄光」、第三号「栄光」が「巡閲の譜」と改称されている。陸上自衛隊中央音楽隊須摩洋朔初代隊長作曲の「栄光」は当初「御国の盾」で、二度目の題名変更であった。

そして同じ須摩氏作曲の「栄誉礼冠譜及び栄光」が昭和六十一年五月に、黛敏郎作曲の「栄誉礼冠譜及び祖国」に代わり、その役目を終えた。

平成十四年に海上自衛隊は創設五十周年を迎えた。その際、海上自衛隊行進歌「海をゆく」の歌い出しが〃男と生れ海をゆく……〃だったことから〃女性自衛官が多く活躍している現状にそぐわない〃との理由から変更されることになった。

メロディーと題名はそのままとして新しく選ばれたのは、佐世保市の船越郵便局長松瀬節夫氏の作品であった。

〃明け空告げる海をゆく……〃と歌い出される新しい「海をゆく」は、平成十四年五月二十四日に「儀礼曲の統一の一部変更について（通達）」（海幕総第二九四六号）として、次のように儀礼曲の十一曲目に加えられた。

海をゆく

(1) 入隊式等において執行者が必要と認める場合
(2) その他必要と認められる場合

「哀の極み」について

上申書に挙げられていながら儀礼曲から外れた「哀の極み」は、昭和天皇の「大喪の礼」の儀仗及び沿道奏楽で演奏され話題となった曲である。海軍では「アイノキワミ」、陸軍では「カナシミノキワミ」と呼んでいた。

作曲はドイツ人のお雇い外国人フランツ・エッケルトで、明治三十年二月の英照皇太后の大喪儀の際に作曲された曲である。以後、大正元年九月の明治天皇、同三年五月の昭憲皇太后、昭和二年二月の大正天皇の大喪儀の四回だけしか演奏されたことはないと報道されていた。

しかし実際には、明治四十三年五月二十九日午後三時から、日比谷公園音楽堂で実施された富澤學好指揮の陸軍戸山学校軍楽生徒隊により、同月七日に逝去した英国王エドワード七世に対し、哀悼の意をこめて演奏されている。

本来であれば、この曲が演奏されるべきである大喪儀が二回あった。旧憲法下では「国葬令」「皇室典範」「皇室葬儀令」などがあり、英照皇太后、昭憲皇太后には国葬が執り行われていた。戦後の「皇室典範」では、皇族などの御逝去の場合について、「天皇が崩じたときは大喪の礼を行う」との規定があるのみで、皇后、皇太后についてはなにも定められていなかった。

昭和二十六年五月十七日にご逝去された貞明皇后の大喪儀は、占領下という特殊事情もあり、政府も特に慎重な態度で宮内庁と協議した結果、廃止されている「皇室葬儀令」の考え方をとり入れ、国葬に準ずる「皇太后大喪」として行っている。

これが先例となって、平成十二年六月十六日にご逝去された香淳皇后のご葬儀は、貞明皇后の前例をほぼ踏襲して七月二十五日、質素に執り行われた。

英照皇太后の大喪儀の際に作曲された「哀の極み」は、貞明皇后、香淳皇后のご葬儀では演奏されていない。

〝陸軍軍楽隊の楽譜が警視庁音楽隊に保存されていたことから演奏が可能になった〟とセン

昭和天皇の「大喪の礼」の際、「哀の極み」を奏楽する海上自衛隊沿道奏楽隊。
平成元年2月24日、皇居前二重橋交差点にて(指揮・3等海佐 谷村政次郎)

セーショナルに報道されていたが、海上自衛隊東京音楽隊は「哀の極み」を収録した『海軍儀制曲總譜』を保有していた。上申書にも挙げていたとおり、来るべき日に備えて楽譜は準備されており、いつでも演奏は可能であった。

この『海軍儀制曲總譜』は、内藤清五東京消防庁音楽隊長から〝海上自衛隊音楽隊に備えておくべきもの〟として寄贈を受けた海軍軍楽隊の資料的に貴重なものである。「哀の極み」は〝該曲ハ平常猥リニ吹奏ヲ嚴禁ス〟と注意書きがあり、海軍軍楽隊では練習の際、楽器を使用せず楽譜を黙読し、黙奏するという神経の遣いようであった。

平成元年二月二十四日に執り行われた「大喪の礼」には、海上自衛隊からは儀仗隊と二隊の音楽隊が参加した。不測の事態に備えて参加部隊は、前日にはホテルシップとして晴海埠頭に回航されていた輸送艦三隻に宿泊して万全の態勢を整えていた。

海上自衛隊の儀仗隊と東京音楽隊は、皇居の二重橋に向かって横列に整列して最初の儀仗を行った。

横須賀音楽隊を中心に各地方隊音楽隊から選抜された隊員で編成された沿道奏楽隊は、二重橋交差点に配置された。ここは皇居、二重橋を後にした轜車を写す最高の場所であったことから、当日の夕刊各紙や写真集には沿道奏楽隊が載っていた。

氷雨の降りしきる寒い朝であったが、歴史的な場に臨み「哀の極み」の指揮を執ることができたことは、恐れ多いことであり最高の名誉であった。

儀礼曲の「君が代」

「海軍儀制曲」と「海上自衛隊儀礼曲の制定に関する上申」で〝天皇及皇族に対する礼式〟と、同じ文言で「君が代」の用途が書かれた部分があるが、「儀礼曲の統一に関する通達」には載っていない。

これは「自衛隊法施行規則」（昭和二十九年総理府令第四十号）の第十五条の規定により、防衛庁長官が定めた「自衛隊の礼式に関する訓令」（昭和三十九年五月八日防衛庁訓令第十四号）に、次の条文があるからであろう。

第四章　栄誉礼

第七十八条　栄誉礼は、受礼者が栄誉礼を行うべき場所に到着したとき及びこれを離去するとき、儀じょう隊又は儀式に参列する隊が受礼者に対して捧げ銃の敬礼（略）を行い、同時に音楽隊又はらっぱ手は、別表に定めるところにより天皇に対しては「国歌」を、外国の高官等に対しては受礼者の本国の国歌及び「国歌」並びに「栄誉礼冠譜」及び「栄光」を、その他の受礼者に対しては「栄誉礼冠譜」及び「栄光」を奏する。

〝天皇に対しては「国歌」を〟と訓令で定められていたことから、海上自衛隊のみに適用される通達からは削除したのであろう。

ここでは、はっきりと「国歌」が使われている。当然「君が代」のことであるが、平成十一年八月に法制化される前に、防衛庁は「国歌」という言葉を先取りして使っていた。

官報に載った「君が代」

平成十一年八月九日、「国旗及び国歌に関する法律」いわゆる「国旗国歌法」が成立、八月十三日に法律第百二十七号として公布され、その日から施行された。これにより海軍儀制曲と海上自衛隊儀礼曲の第一曲「君が代」が、正式に認知されたかのようである。

翌十日の朝刊各紙には、それぞれの新聞の普段の主張を反映した記事が紙面を賑わしていたが、なぜか「君が代」の楽譜を掲載した大新聞はなかった。
初めて買った八月十三日付の官報（号外第一五六号）の二十五ページに、法律が次のように載っている。その附則の別記第二（第二条関係）に「君が代の歌詞及び楽曲」が載っている。

国旗及び国歌に関する法律をここに公布する。

御　名　御　璽

平成十一年八月十三日

内閣総理大臣　小渕　恵三

法律第百二十七号

国旗及び国歌に関する法律

（国旗）
第一条　国旗は、日章旗とする。
2　日章旗の制式は、別記第一のとおりとする。
（国歌）
第二条　国歌は、君が代とする。
2　君が代の歌詞及び楽曲は、別記第二のとおりとする。

附　則

（施行期日）

1　この法律は、公布の日から施行する。

（商船規則の廃止）

2　商船規則（明治三年太政官布告第五十七号）は、廃止する。

（日章旗の制式の特例）

3　日章旗の制式については、当分の間、別記第一の規定にかかわらず、寸法の割合について縦を横の十分の七とし、かつ、日章の中心の位置について旗の中心から旗竿《さお》側に横の長さの百分の一偏した位置とすることができる。

別記第一（第一条関係）

日章旗の制式

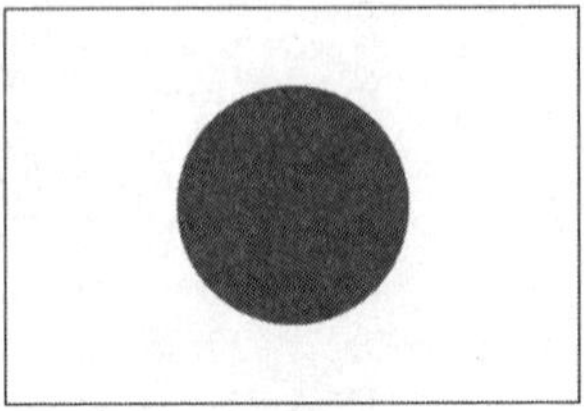

日章旗

一　寸法の割合及び日章に位置

縦　横の三分の二

日章

直径　縦の五分の三

中心　旗の中心

二　彩色

地　白色

日章　紅色

別記第二（第二条関係）

君が代の歌詞及び楽曲

一　歌詞

君が代は
千代に八千代に
さざれ石の
いわおとなりて
こけのむすまで

二　楽曲

（次ページに掲載）

内閣総理大臣　小渕　恵三
運輸大臣　川崎　二郎

一見して〝これが日本の国歌を定めた法律か！〟と愕然とした。十一小節の五線紙に音符が四十個、ただ並んでいるだけの無味乾燥な譜面がそこにあった。

問題があり確定できない速度記号や発想記号が付いていないのは勘弁するとしても、六カ所あるべきスラー（音符をつなぐ弧線）がまったくないのは、楽譜として不完全であると言わざるを得ない。

明治二十六年八月十二日の官報（第三〇三七号付録）に、文部省告示第三号として載っている「祝日大祭日唱歌並樂譜」の「君が代」の楽譜には、きちんとスラーが付いており、更

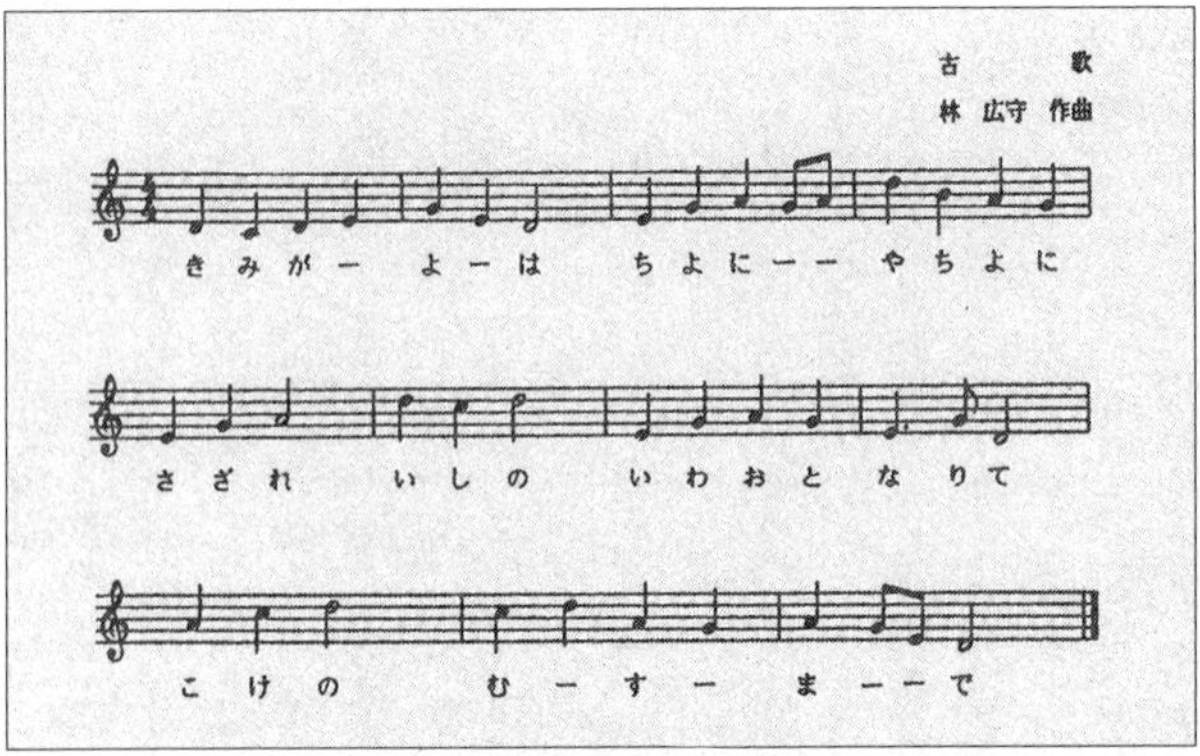
古　歌
林 広守 作曲
きみがー よーは ちよにーー やちよに
さざれ いしの いわおと なりて
こけの むーすー まーーで

官報に載った「君が代」の楽譜

に息継ぎの記号も六カ所ある。

両方の官報共歌詞は古歌とし、作曲は林廣守である。明治時代だったらともかくとして、今は多くの研究者の間で意見が分かれている作曲者が、そのままなのは合点がいかない。せめて撰曲とでもしておけば無難だったのではなかろうか。

スラーを付けて歌うと法律違反になることはないだろうと思うが、試験問題に〝「君が代」の作曲者は？〟と出た場合「林廣守」と答えなければ間違いになるのだろうか。

「国歌」の語源

法制化を機に国歌「君が代」に関して多くの研究者による談話や資料などが報道され、さまざまな事実が明らかになった。細部に関しては、類書を参考にされたい。

「君が代」の制定過程において、その主目的は歌うことではなく、国際儀礼上欠くべからざる必要性があったことに起因している。

現在の国歌「君が代」が作られる前に、イギリス人のお雇い外国人ジョン・W・フェントンが作曲した初代「君が代」がある。これは「天皇に對する禮式曲」として作られたもので、今言うところの「国歌」という概念はなかった。

「国歌」という言葉が使われ始めた時期を、防衛省防衛研究所図書館所蔵の外務省から海軍省への公文書（外入第四百九十三号）から推察してみた。

各在外公使へ差贈度間御省樂隊ニ用ル日本國歌《ナショナルエヤー》ノ
譜各種六揃御送附相成度候也
明治十年八月九日　外務大輔　鮫島　尚信
川村海軍大輔代理
海軍少将　中牟田倉之助殿

外務省の罫紙に筆字で書かれた「日本國歌」の部分に「ナショナルヱヤー」とルビが振られていることに注目したい。同年四月に文部省からも似たような文書が海軍省に寄せられているが、こちらは「君カ代」となっていて「國歌」という言葉を使っていない。

外務省は依頼文書作成の際、「國」に National を「歌」に Air を使い、それまで使われてきた「國歌」とは別の意味付けをしたようである。

古くから漢詩に対して和歌を「國歌」と呼んで区別していた。したがって「日本国国歌」を指す「國歌」という言葉は、この時点まではまだ存在しなかったと考える。

〝國歌ノ譜各種六揃〟とは、吹奏楽編成の各楽器のパート譜を六組という意味であろう。在外公館に送るのが目的であるならば、当然その国の軍楽隊が演奏することを前提としていると考える。

「君が代」の二つの不思議

エッケルト編曲の「『大日本禮式』　JAPANISCHE　HYMNE」と題する「君が代」の吹奏楽総譜が〝明治二十一年に海軍省から各條約國に送付された〟という記述が、ほとんどの専門書に載っている。また、〝明治十四、五年頃にも別の樂譜が一度配布されている〟と書かれたものもあるが、現物は残されておらず確認できていない。

この『大日本禮式』には、菊のご紋章と「一八八八」の年代の記載はあるものの、海軍省の文字や錨と錨鎖など主管省を示すものは何もない。当時の記録を詳細に調べてみたが防衛研究所図書館、外務省外交史料館のどちらからも、それらしき資料を見付け出すことはできなかった。今のところ、この件に関する正確な裏付けはないと言って良いだろう。

もう一つ、いつ頃からか〝ドイツで「世界国歌コンクール」なる催しがあって、日本の国歌が第一位を獲得した〟という「君が代」を賛美するが故とはいえ、あまりにも唐突な話が伝わっている。

この話は、佐藤仙一郎著『日本国国歌正説』（昭和四十九年、全音楽譜出版社）の二四三ページにも、次のように載っている。

第八節　世界一の国歌となる

山田耕筰氏が若くしてドイツに留学していたときのことだそうだが、その頃、ドイツの大学の音楽教授たちが、世界のおもな儀礼曲について品定めをしたことがあったという。その結果、第一位にあげられたものは、実に君が代曲であったそうである。この話は、芝祐泰氏が、山田氏から直接に聞いたものだと、わたしに聞かせてくれたのである。その首位にあげられたのは、もっぱら楽譜についての品評であったことは、言うまでもない。（以下略）

山田耕筰は、明治四十一年に東京音楽学校（現東京藝術大学音楽学部）本科声楽科を卒業後ドイツに渡り、ベルリン高等音楽学校で作曲を学び、大正三年に帰国している。前記の話が事実だとすれば、この時期のことだろう。

作曲ばかりでなく著書もかなり残しているが、本人がこのことについて言及している記述を見付け出すことはできなかった。

いずれにしても根拠不明のこの話が、孫引きひ孫引きされているうちに、「世界国歌コンクール第一位」に発展してしまったのであろう。時期、場所、参加者などが何もはっきりしていないコンクールなど根拠のないことであろう。

海上自衛隊儀礼曲「軍艦行進曲」

海軍では「軍艦」であったが、海上自衛隊では「軍艦行進曲」として、その用途が次のように載っているので、それぞれについて説明する。

(1) 観閲式における観閲行進の場合

海上自衛隊における観閲式は、学校、教育隊、航空隊等、隊員が多数勤務する陸上部隊等で自衛隊記念日、開隊記念日、卒業式等で実施されている。その際の行進曲は当然ながら終始一貫「軍艦」である。

毎年十月下旬から十一月上旬に実施されていたが、今は三年に一度となった自衛隊記念日中央式典の観閲式における「軍艦」演奏について説明する。

初めて「軍艦」が演奏されたのは、昭和三十一年十月一日に、明治神宮外苑絵画館前で実施された観閲式があった。海上自衛隊からは六名の海曹士に奉持された自衛艦旗と髙山實二等海佐指揮の東京音楽隊が参加し、「軍艦」で堂々の行進を行った。

以後、海上自衛隊の徒歩部隊、航空自衛隊の徒歩部隊と音楽隊が参加するようになり、現在に至っている。

中央式典会場は、昭和四十年に千駄ヶ谷の国立競技場前の一般道路、更に昭和四十八年からは埼玉県朝霞市と新座市にまたがる陸上自衛隊朝霞訓練場に定着した。

昭和五十二年度からは式典の流れが大きく変わり、それまで個々に行っていた行進演奏が、この年から陸海空音楽隊が合同で行うことになった。

百数十名の大編成となった合同音楽隊は、観閲行進の先導を務め、観閲官（内閣総理大臣）の正面に停止し、防衛大学校、防衛医科大学校、陸海空徒歩部隊と車両部隊に対して演奏を行う。

陸海空の部隊毎に音楽隊長が交代し、それぞれの行進曲を指揮する。自衛艦旗を先頭に登場する海上自衛隊部隊には、当然東京音楽隊長の指揮で「軍艦」が演奏される。

(2) 自衛艦旗授与式における乗組員乗艦の場合

内閣総理大臣から交付された真新しい自衛艦旗を、艦長（艇長）から受け取った副長を先頭に、幹部、海曹、海士の順に、新造の艦（艇）に乗り込む際に演奏する。

(3) 自衛艦命名式における進水の場合

自衛艦命名式と自衛艦旗授与式は海上自衛隊の儀式である。しかし自衛艦命名式の後に行われる進水式と自衛艦旗授与式の前に行われる引渡し式は造船所側の担当する儀式である。

進水式では音楽隊はＶＩＰが所定の位置に着くまで、華やかな音楽を演奏して場内の雰囲気を盛り上げる。

自衛艦命名式が終わり、静寂の中で進められる進水準備作業で、雰囲気が更に盛り上がっていき、最後の細い一本の支綱のみとなって緊張感はクライマックスに達する。

音楽隊は艦首近くに位置しており、支綱が切断され、くす玉が割れ、新造艦が動き始めた瞬間に「軍艦」の演奏を開始する。艦首にぶつかって割れたシャンパンのほのかな香りを嗅ぐことができるのが、音楽隊員のささやかな役得である。

新造艦の滑走する速度がかなり速いため、通常の行進曲のテンポより速めに演奏しても、前奏から「軍艦」の歌が一回終わる頃には、船体はすでに水上に浮かんでいて、港内在泊の船舶が祝福の汽笛を吹鳴している。

かつてはこのような風情のあるものであったが、最近は大型艦の建造により進水式の方式も大きく変わってきているようである。

『横須賀海軍工廠史』（昭和十年、横須賀海軍工廠）その他の記録によれば、明治三十三年五月二十六日の通報艦「千早」の進水式までは〝軍樂隊ハ頌歌ノ樂ヲ奏シ……〟と記されている。この頌歌の曲名は定かでないが、明治三十五年十一月十五日の巡洋艦「新高」の進水式では〝軍樂隊勇マシキ頌歌ノ樂ヲ吹奏……〟と変わっている。

進水式の「軍艦」演奏の始まりは、この頃である可能性は十分にあるが確証はない。

(4)　**その他必要と認められる場合**

この場合に該当する演奏をしたことがあったかどうか、考えてみたが思い出せなかった。出入港時の演奏、街頭パレード、演奏会のアンコールなどが該当するのだろうか？

二　将官礼式「海行かば」と国民唱歌「海ゆかば」

「海行かば」という曲が二つあることは、あまり知られていなかった。一つは帝国海軍の「将官禮式」として作られた海軍儀制曲で、行進曲「軍艦」のトリオ（中間部）で使われている。もう一つは「國民精神總動員強調週間」を盛り上げるために作られた「國民唱歌」であるが、いつの間にか「鎮魂の曲」として使われるようになった。

非常に紛らわしいので海軍儀制曲を「海行かば」、国民唱歌を「海ゆかば」として区別することにする。国民唱歌以外の場合は海軍儀制曲に準じて使用する。

時代考証を重ね、史実を忠実に再現させることを最重点にした映画『トラ・トラ・トラ！』で、この二つが取り違えて使われてしまった。そのお粗末の原因は、不運な偶然が重なった結果だということが分かった。その事実を突き止めたのも偶然が重なった。それに関連して、また不思議な偶然が重なって面白い事実を知ることができた。

ほんのちょっとした運命のいたずらで、最高のスタッフを揃えて制作した映画が、歴史的事実を再現できなかったのである。

海軍軍人の「海行かば」

あるテレビ局のクイズ番組で〝行進曲「軍艦」のトリオに使用されているメロディーは、何でしょう?〟という問題が出た。解答者から正解がなかったため司会者が〝国歌「君が代」です!〟と答えを教えた。

この番組を見ていた当時東京交響楽団のコントラバス奏者で海軍軍楽隊出身の仙石正志氏(大正十三年入団)は、次のような内容の手紙を番組宛に送った。

行進曲「軍艦」のトリオのメロディーは「君が代」ではなく「海行かば」という題名で、帝国海軍では将官礼式で演奏した曲です。　元海軍軍楽隊員

ハガキの下部には五線を引き、「海行かば」の旋律と歌詞が書き添えられていた。数日して番組の担当者から、次のような電話があった。

ご忠告ありがとうございました。しかし、私どもも出題のためにいろいろと調査しまして「君が代」の説があり、間違いありません。

仙石氏は、終戦時海軍軍楽隊東京派遣所に所属し、内藤清五少佐、内田又藏大尉に次ぐ配置にあった軍楽大尉である。その仙石氏の忠告よりも信憑性のある説とは何だろう。

雅楽の音階なので確かに「君が代」に似ている部分もある。したがって〝「君が代」を彷彿とさせるような〟とか〝「君が代」を巧みに編曲して〟という解説もある。

全音楽譜出版社の『陸海軍・戦時歌謡「日本軍歌集」（ピアノ伴奏付）』には、「軍艦」のトリオのみを「君が代行進曲」（海ゆかば）として載せているものもあった。

「海行かば」が二つあることは、海軍軍人以外にはあまり知られていない。一般には信時潔作曲のものが良く知られているが、帝国海軍に奉職した者にとっては、終生忘れることのできない「海行かば」があった。

『トラ・トラ・トラ！』の誤用

日米合作映画『トラ・トラ・トラ！』は、メリーランド州立大学教授ゴードン・プランゲ博士の原作を中心に、日米開戦の火蓋を切った真珠湾奇襲大作戦の全貌を描いた、二十世紀フォックス社の作品である。

題名の意味は、攻撃隊指揮官淵田美津雄（海兵五十二期）中佐が、連合艦隊司令部へ打電した〝われ奇襲に成功せり！〟という暗号電報のことである。

制作決定から完成まで四年の歳月を費やし、黒澤明監督の解任、米海軍の空母使用に関するマーフィー議員の追求、国辱的な敗戦映画に対する公開中止の動きなど、米紙が皮肉ったように「トラブル・トラブル・トラブル！」の連続であった。

当初日本側の場面は、黒澤プロダクションが担当することでスタートした。黒澤監督の構想では既成タレントのイメージと役柄が重複するのを避けるため、主な役は素人を起用する予定であった。主役の山本五十六連合艦隊司令長官には鍵谷武雄高千穂交易社長、宇垣纒参謀長には三輪良雄前防衛事務次官、東郷茂徳外務大臣には外交評論家の平沢和重氏など、各界で活躍中の一流人が出演を承諾していた。

昭和四十三年十一月二十二日には、東京赤坂のホテル・オークラに連合艦隊の首脳部などに扮する三十七名が勢ぞろいし、お披露目をした。一人平均五万円という特別誂えの軍装姿は黒澤監督の〝風格を重んじて選んだ〟という言葉どおり堂々たるものであった。

伊藤整一中将役の南出他十郎八千代製作所社長が、この日の出陣式にちなんで能楽「小袖曽我」を舞い、来日中のダリル・F・ザナック社長をはじめとする二十世紀フォックス関係者を感激させた。

順調にスタートしたかに見えたが十二月二十五日、二十世紀フォックス社のエルモ・ウィリアムス・プロデューサーが〝黒澤明監督は、極度のノイローゼのため辞任した！〟と発表し事態は一変した。

共同監督だった佐藤純彌監督が引き続いて撮影を再開すると発表されていたが〝黒澤監督が辞めるなら監督を続ける気持ちはない！〟と降りてしまった。同じく〝黒澤監督が降りるなら出演を止める！〟と鍵谷司令長官以下の素人出演者全員が出演を辞退した。

昭和四十四年三月四日、テレビの宣伝用フィルムと、約二十分の真珠湾奇襲攻撃のラッシュ・プリントの試写が、二十世紀フォックス日本支社で行われた。この際、ウィリアムス・プロデューサーから〝三日、九州芦屋のオープン・セットから撮影を再開した〟という発表があった。

この間に、舛田利雄、深作欣二の両監督が後任に決定していた。そして、連合艦隊司令長官には山村聡、その他の首脳陣もすべて俳優に代わっていた。

黒澤監督が辞任する前のことであろう、海上自衛隊東京音楽隊が海軍軍楽隊員に扮し、芦屋のロケーションに参加するという話が持ち上がっていた。

軍楽隊員にはエキストラでなく音楽隊員の方が、楽器の扱いが自然なのは当然である。〝総員坊主頭にされるのではないか!〟という不安はあったものの、隊員一同が楽しみにしていたこの話は、いつの間にか立ち消えになった。

『トラ・トラ・トラ!』は、あらゆるトラブルを克服して完成した。アメリカ映画としては〝これが最後の超大作になるのではないか!〟と言われる百十八億八千万円もの製作費が費やされた。

昭和四十五年九月二十四日、七十ミリ・パナビジョン、大画面の二時間三十五分にわたる超大作『トラ・トラ・トラ!』は、東京、ホノルル、ロサンゼルス、ニューヨークで同時に行われたワールド・プレミア・ショーを皮切りにロード・ショー公開された。

練習艦隊で八月下旬に入港したイギリスのポーツマス港には、大きな宣伝看板が出ていた。十一月に帰国し期待して見に行ったが、最初の連合艦隊司令長官着任場面のお粗末さに興を削がれてしまった。

将官礼式「海行かば」

昭和十四年九月一日、海軍次官から連合艦隊司令長官兼第一艦隊司令長官に親補された山本五十六海軍中将が、紀州の和歌之浦に停泊中の連合艦隊旗艦「長門」に着任する場面が、映画の冒頭である。

阿川弘之著『新版・山本五十六』(昭四十四年、新潮社)には、次のように描かれている。

山本の足が舷梯にかかると同時に、それまで長官艇に翻っていた中将旗が下げられ、「長門」のマストに長官旗が上がって旗艦の軍楽隊が定められた長官礼式の奏楽を始める。舷梯を入った山本は出迎えの一同に挙手の礼を返しながら、長官ハッチから後部の司令長官室に入った。

映画では、九州芦屋のロケ地に実物大の戦艦「長門」(長さ二百メートル、幅三十メートル、高さ五十三メートル、建造費三億円)のセットを建造し、特別手当をもらって長髪を切った学生エキストラが、純白の第二種軍装で総員出迎えの位置に整列している場面が映し出され、前記の場面となる。ここで演奏された将官礼式「海行かば」が問題であった。

海軍軍楽特務少尉長谷峯治楽長(明治四十四年入団)の指揮棒一閃、第一艦隊軍楽隊は「海行かば」を演奏したはずである。この軍楽隊員の中には、昭和四十七年十一月十七日、

海ゆかば

楽譜 1

楽譜 2

楽譜 3

三等海佐で横須賀音楽隊長を最後に退役した若き日の熊谷一美一等軍楽兵（昭和十一年入団）が、コルネット奏者として演奏していた。

映画で演奏された旋律は、信時潔作曲の「海ゆかば」（楽譜1）であった。海軍儀制曲で定められているのは、宮内省雅楽部伶人東儀季芳作曲の「海行かば」（楽譜2）であり、将官礼式としては明らかに間違っていた。

ついでに記しておくと、この長官着任の場面で在泊各艦から長官艇に対して吹奏された信号ラッパ符も、やはり「海行かば」（楽譜3）である。ただし、ラッパの構え方が上下逆さまであった。お粗末なことであるが、誰も気が付かなかったのだろうか。

映画の日米海軍軍楽隊の違い

映画『トラ・トラ・トラ！』の中に奇襲された日の朝、パールハーバー在泊中の戦艦「ネバダ」乗り組み軍楽隊が、午前八時の国旗掲揚時、国歌を演奏中に攻撃を受け、テンポを速くして演奏し終わったところで、楽器を放り出して逃げていく場面がある。面白く見せるための演出だと思っていたが、意外なところであの場面は、事実に基づいて再現されたものであることが分かった。

昭和五十六年度の練習艦隊が、パールハーバーに寄港した際の艦上レセプションで、ホノルルのラジオKZOO《ケーズー》勤務のマキ・ノリスという日系婦人と話す機会があった。音楽隊長であることを知った婦人は、話題を意外な方向に展開させた。

『トラ・トラ・トラ！』で戦艦「ネバダ」軍楽隊として出演したのは、撮影当時パールハーバー所在の米太平洋艦隊軍楽隊であった。指揮者ジョン・ノリス軍楽兵曹長は、退役後ワイキキのホテルのデキシーバンドでトロンボーンを吹いていた。同姓だったことから親しい付き合いをしていて、撮影にまつわるエピソードを、いろいろと聞いていた。

〝史実を忠実に再現する〟という観点から、あの場面一つにしても大変な努力が払われていた。ノリス楽長を含む撮影スタッフは、「ネバダ」軍楽隊員の生存者を探すことから始め、当時の楽長を探し当て貴重な証言を得ることができた。

当日は日曜日であったため、当番隊として国旗掲揚時の演奏を担当したのが「ネバダ」軍楽隊であった。国歌演奏中に異様な雰囲気を感じたものの、一度始めた国歌演奏を途中で止めるわけにもいかず、映画の場面どおり最後まで演奏したのであった。

甲板上で演奏していたため多くの生存者がいた「ネバダ」軍楽隊と比べ、悲運だったのが戦艦「アリゾナ」の軍楽隊であった。土曜日の夜、遅くまで演奏業務があり、非番の日曜の朝の安眠をむさぼっていたまま、全員艦と運命を共にしてしまった。ノーフォークのリトルクリークにあるアンフィビアス海軍基地の米軍軍楽学校の校長室の前には、全滅した「アリゾナ」軍楽隊の演奏写真が飾られていた。

日本側撮影の部分で軍楽隊の演奏場面は二回ある。冒頭の連合艦隊司令長官の着任場面と艦隊乗り組み軍楽隊の重要な任務の一つであった、司令長官の昼食時の演奏場面（昼奏楽）である。共に白手袋を着用しているのが事実に反している。

当初予定された海上自衛隊東京音楽隊の出演が取り止められたことにより、別の団体による帝国海軍軍楽隊が誕生した。素人集団によるエキストラだと思っていたが、意外な所で正規の吹奏楽団であることを知った。

例年五月二十七日に博多湾において「日本海海戦記念大会」と銘打たれた行事が行われる。海上自衛隊からは佐世保地方隊の護衛艦が毎年派遣され、洋上慰霊祭を行っている。佐世保音楽隊勤務の際、この行事に参加する機会が二度あった。

昭和六十年の行事の際、護衛艦の艦上で福岡銀行吹奏楽団常任指揮者の坂本圭太郎氏と話す機会を得た。第三章の四「日韓吹奏楽界の交流」で紹介した海軍軍楽隊出身者である。『トラ・トラ・トラ！』の軍楽隊出演の場面には、坂本氏が出身者として助言を与えていた。冒頭の「長門」の軍楽隊員は、福岡市消防局音楽隊員だったことを初めて知った。問題の長官着任場面撮影の日は〝銀行の業務の都合でどうしても立ち会うことができず将官礼式の「海行かば」の誤りを指摘することができなかった〟と残念がっていた。

誤りは東京音楽隊にもあったようで、当時の楽譜掛の証言によると、映画会社から「海行かば」の楽譜借用の依頼を受け、使用する場面などを正確に聞かずに、通常演奏している信時潔作曲の楽譜を貸し出してしまった。

ただし、この時点では行進曲「軍艦」のトリオ（中間部）で数え切れないほど演奏していたにもかかわらず、海軍儀制曲の楽譜で「海行かば」を東京音楽隊が演奏したことは一度もなかったのであるから、楽譜掛を責めるわけにはいかないであろう。

生存者を訪ねて貴重な証言を得、現役の海軍軍楽隊員を出演させたアメリカ側に比べ、専門的知識を有した軍楽隊出身者の不在時に、大切な場面の撮影を敢行し、取り返しのつかない過ちを犯してしまった日本側のお粗末さが残念でならない。

当時、東京音楽隊長は石崎善哉二等海佐（昭和九年入団）、副長は堀籠次男三等海佐（昭和十一年入団）で共に海軍軍楽隊出身であった。もし、東京音楽隊が出演していれば、あの「海ゆかば」を演奏するような重大な誤りは、しなかったはずである。

国民唱歌「海ゆかば」

楽譜1の「海ゆかば」は、昭和十二年十一月十三日から行われた「國民精神總動員強調週間」の際、日本放送協会からの依頼で当時東京音楽学校講師だった信時潔が作曲したものである。

「國民精神總動員強調週間」第一日は、「時局生活の日」と銘打たれ、ラジオ第一放送で午前八時から「國民朝禮の時間」を放送した。内容は、レコードによる「君が代」、宮城遥拝、「時局と國民精神」と題する清浦奎吾伯爵の訓話、ラジオ体操、そして最後に「海ゆかば」が小鷹直治指揮の東京市愛宕小学校児童によって発表された。

同日午後七時三十分からは、文学博士の林博太郎伯爵による講演「現時と非常時生活」に引き続き、ＡＫアンサンブルの伴奏でヴォーカルフォア男声合唱団の斉唱「海ゆかば」が放送された。

そして、七時五十三分からの「軍歌と吹奏樂」の時間には、岡田國一楽長指揮の陸軍戸山学校軍楽隊と内藤清五楽長指揮の海軍軍楽隊が、勇壮な日本の軍歌と行進曲ばかりを演奏し、初日を盛り上げた。

以後十九日までの一週間、朝夕二回の放送が続いた。朝は中川元次指揮の東京市碑小学校と愛宕小学校が交互に出演し最終日は合同で放送した。夕べは、ヴォーカルフォア女声合唱団、ヴォーカルフォア混声合唱団、コーロエコー男声合唱団、コーロエコー混声合唱団、オリオンコール男声合唱団と続き、最終日はオリオンコール混声合唱団で締め括った。

毎日演奏団体を変え、変化を持たせて放送したということは、この曲に対する日本放送協会の並々ならぬ力の入れようが感じられる。

この「海ゆかば」は、翌十三年二月に『國民唱歌第一輯』として「金槐集より」（源實朝作、佐々木すぐる作曲）、「子等を思ふ歌」（山上憶良作、萩原英一作曲）と共に、日本放送出版協会から出版された。

楽譜には、AK文芸部編曲、マエストーソ力強く、テンポは一分間に四分音符七十二と記されている。作曲の動機が「國民精神總動員強調週間」のために委嘱したものであり、曲想及びテンポの指定からも「鎮魂歌」のつもりはなかったはずである。しかし、慰霊祭などの黙禱の時などには、最も相応しい曲として現在では演奏されている。

このような経緯で作られた「海ゆかば」（楽譜1）が、連合艦隊司令長官着任時の将官礼式の際に演奏されるわけがない。この場合は、明らかに楽譜2を演奏すべきであった。

宮内省作曲「君が代」と「海行かば」

退役海軍軍人の機関誌『有終』（昭和十二年四月号）に、瀬戸口藤吉元海軍軍楽長が「音樂雜談　軍樂隊の起源竝びに君が代と海軍の關係」と題する一文を寄せている。その中に次のような記述がある。

（宮内省雅樂課記錄）

兼テ御依賴有之候君が代ウミユカバ之歌撰譜相成候ニ附テハ、唱歌其筋ニテ聽聞之上決定イタシ度候間當稽古所へ出張候樣其筋へ御達シ相成度此段及御照會候也

十三年六月二十九日

式部寮　雅　樂　課

海軍省御中

此通牒に接した軍樂隊は雅樂課に出頭して、課員三四名が各自作ったものを、持ち歸り、「君が代」は林廣守作曲のものを、「海行かば」は東儀季芳作曲のものを選定し、之に教師ヱッケルトを中心に雅樂課からは林廣守、芝葛鎭、東儀季熙、御用掛小篠秀一、又折柄來併せた陸軍軍樂長四元義豐も立合ひ、その合奏を聞き、一同滿足を表し、

茲に完成を見たのが明治十三年十月二十五日でありました。
そこで軍務局は海軍卿に此次第を報告し、併せて陸軍省へも報告せられたき旨上申しております。（以下略）

国歌「君が代」の制定に関しては、いろいろと異論があり、研究書も各種出版されているのでここでは触れないが、海軍儀制曲「海行かば」に関しては、この記録が最も古いものと思われる。その「海行かば」の用途については、本章の一「海軍儀制曲と海上自衛隊儀礼曲」の中の「帝國海軍の儀制曲」で紹介している。

「海行かば」と「海ゆかば」の結句

軍歌「軍艦」（作詞鳥山啓）が作曲されたのは明治三十年、「海行かば」をトリオ（中間部）に入れて行進曲にしたのは三十三年、最初に録音されたのが三十六年、そしてほぼ現在の形になったのが四十三年頃とされている。

帝国海軍軍人は軍歌演習などで「軍艦」を歌う際は、「海行かば」も一緒に歌うように教育されていた。同期会などでは軍歌係の〝前へ進め！〟の号令で円陣を作って行進するか、その場に足踏みをしながら大声で二番までを歌い、続けて「海行かば」を歌う。

大正三年一月、海軍省教育局から発行された軍歌集『海軍軍歌』の中の「海行かば」の歌詞は、次のとおりである。

海行かば

海行かばみづくかばね
　山行かば草むすかばね
大君の邊にこそ死なめ
　のどには死なじ

この歌詞に対し国民唱歌は〝のどには死なじ〟の部分が〝顧みはせじ〟と結句が異なっている。出典とされている宣命と萬葉集の「海行かば」が出てくる部分を比較してみる。

天平二十一年（七四九）は、天平感寶、天平勝寶と元号が二度変わった年である。その六年前の天平十五年に聖武天皇は毘盧舎那佛《びろしゃなぶつ》を建立する勅を天下に発した。これが後の東大寺の大仏である。

大仏の鋳造は全国の銅を集めて順調に進められたが、大仏の全面を覆うメッキ用の金をどのように調達するかで天皇の心を痛めていた。折もおり、鋳造も最終段階に入った天平二十一年、陸奥國小田郡で金が見つかり、黄金九百両が献納された。

天平感寶元年四月一日、聖武天皇は皇后、皇太子を同道して東大寺に行幸した。文武百官居並ぶ中で、中務卿石上乙麿《いそのかみのおとまろ》が宣命《せんみょう》を朗読した。海軍軍歌「海行かば」の歌詞は、その宣命の中にある。

文武天皇即位の宣命以来『續日本紀《しょくにほんぎ》』に記載された宣命中、最長のものである。御巫清勇著『祝詞宣命新釋』（昭和八年、右文書院）から、その一部を引用する。

陸奥國より黄金を出せる時下し給へる宣命　天平勝寶元年四月朔日

（略）また大伴佐伯宿禰《おおともさえきのすくね》は常《つね》もいふ如《ごと》く天皇《すめら》が朝守《みかどまも》り仕《つか》へ奉《まつ》ること顧《かへり》みなき人等《ひとども》にあれば、汝《いまし》たちの祖《おや》どものいひ來《く》らく、「海行《うみゆ》かばみづく屍《かばね》　山行《やまゆ》かば草《くさ》むす屍《かばね》　王《おおきみ》のへにこそ死《し》なめ　のどには死《し》なじ」といひ來《く》る人等《ひとども》となも聞《きこ》し召《め》す（略）

萬葉集の大伴家持作になる長歌の「海行かば」が歌われている部分の前後を、伊東博・稲岡耕二編『万葉集を学ぶ』第八集（昭和五十三年、有斐閣選書）から次に示す。

陸奥国に金《くがね》を出だす詔書を賀《ほ》く歌一首

（略）大伴の　遠つ神祖《かむおや》の　その名をば　大久米主と　負ひ持ちて　仕へし官《つかさ》　海行かば水漬く屍　山行かば　草生す屍　大君の辺にこそ死なめ　顧みはせじと　言立《ことだ》て
（略）

天平感宝元年五月十二日に、越中国守の館にして大伴宿祢家持作れり

信時潔作曲の国民唱歌「海ゆかば」の歌詞は、前記長歌中の傍点の部分である。

宣命は天平感寶元年四月一日に朗読されており、長歌は同年五月十二日に作られていることから、宣命に大きな感銘を受けた家持が、心を込めて作ったものであろう。

〝海行かば……〟と、古来朝廷の守護に〝仕へ奉ること顧みなき人等〟と大伴、佐伯両氏が名指しで褒め称えられた感激は、いかばかりであったろうか。

宣命では、楽譜2の〝のどには死なじ〟となっており、大伴、佐伯両氏の先祖からの言い伝えとされている。家持の長歌は、宣命の〝顧みなき人等にあれば〟を結句に引用したものであろうか。

ここで、海軍軍歌と国民唱歌の結句の違いについて考えてみたい。

明治初期の初等学校音楽教育に、雅楽と洋楽の諸要素を取り入れた百曲ほどの『保育唱歌』と呼ばれる唱歌集がある。国歌となる「君が代」や海軍儀制曲「海行かば」も、最初この『保育唱歌』のために作られたという説があるが、その論議は他に譲る。

この中の「海行かば」の歌詞の結句は〝顧みはせじ〟であるが、明治十八年十二月三日に制定された『陸海軍喇叭譜』二百二十一曲の二番目に載っている「海行かば」の歌詞は〝のどには死なじ〟となっている。

整理してみると、最初に『保育唱歌』として作曲された「海ゆかば」の結句は〝顧みはせじ〟であった。どのような経緯があったか明らかではないが、『陸海軍喇叭譜』で〝のどには死なじ〟となっていたため、海軍儀制曲はその方を採用したのではなかろうか。

「軍艦」のトリオに採り入れたことにより、海軍軍人だけには歌われていた「海行かば」が、結句を最初の『保育唱歌』〝顧みはせじ〟に戻したのが、国民唱歌「海ゆかば」であったと思われる。

戦後の軍歌集には「海ゆかば」の作歌を大伴家持と、ハッキリ記しているものが多いが、宣命と長歌の関係から家持とするのは不適当と考える。戦前の軍歌集には「萬葉古歌」、あるいは「大伴氏言立」となっているものが多く、大伴家持作歌と記されたものは確認していない。

三　軍歌集『海軍軍歌』と二人の大歌人

『海軍軍歌』という題名の軍歌集がある。その中に「海軍軍歌」と区分された項がある。非常にややこしいが『　』と「　」でその違いを、はっきりとさせておきたい。

軍歌集『海軍軍歌』の中に収録するため、新たに制作されたのが「海軍軍歌」である。鳴り物入りで作られた歌は、直ぐに忘れ去られるのが定めのようであるが、海軍軍人に歌わせるのが目的で作られた、この「海軍軍歌」に関する限り、例外と言えるほど未だに歌われている名曲が多い。

大歌人大和田建樹《たけき》の寿命がもう一カ月短ければ、これらの軍歌は日の目を見ることはなかった。そして、もう一カ月長かったならば、より以上の名曲の歌詞が残されていたかも知れない。何篇かの詩作を残したまま、凄絶な最期を迎えた大和田は、さぞかし心残りであったことであろう。

そのやり残した詩作を引き継いだ佐佐木信綱の役割も、大きな業績として評価されるであろう。

この『海軍軍歌』の制定の経緯に関しては、拙書『海の軍歌と禮式曲―帝國海軍の音樂遺産と海上自衛隊―』（平成二十七年、出版協同社）に詳述している。

『海軍軍歌』編纂の必要性

第二章で述べた瀬戸口藤吉軍楽長が、大正三年一月に鳥山啓宅を訪れたのは、軍歌集『海軍軍歌』に収録する軍歌「軍艦」の作詞者から了解を得るためであった。その『海軍軍歌』とは、いかなるものだったのだろうか。

海軍教育本部が、海軍軍人の歌う軍歌を整理する必要を感じたのは、日露戦争が終わってから、そう時は経っていなかったようだ。〝海軍部内で歌われている軍歌の中に国賊が作ったものがある！〟という事情があったらしい。

その動機となったのは日清戦争の際、連合艦隊旗艦「松島」乗り組みの少主計（少佐相当官）竹内十次郎なる人物が起こした事件が大きく浮かび上がってくる。佐木隆三著『波に夕陽の影もなく―海軍少佐竹内十次郎の生涯―』（昭和五十五年、中央公論社）に、その数奇な生涯が描かれている。

明治三十七年十一月、任地のロンドンから軍艦購入代金二十九万円の公金を、拐帯逃亡した海軍主計科士官が竹内十次郎である。断定はできないが、この事件は竹内個人の犯罪というよりも、その十年後に山本權兵衞内閣を総辞職に追い込んだ「シーメンス事件」に通じる、海軍上層部の一大汚職事件の一部であったようだ。

この竹内は文筆に秀でていて、多くの軍歌の作詞をしていた。現物を確認していないので正確さに欠けるが、竹内十次郎著『征清海軍軍歌』なる軍歌集が出版されている記録があることからも、その力量はかなりのものだったのだろう。

竹内の軍歌が誰によって作曲され、どの程度海軍部内で歌われていたかは定かではないが、公金拐帯犯が作ったものを海軍軍人が歌っているのであれば、そのまま放置しておくわけにはいかなかった。

このような事情から海軍教育本部が軍歌の整理と軍歌集の発行を計画し、結果的には立派なものを後世に残すことになった。

そのように差し迫った事情がなかったからであろうか、陸軍からは『陸軍軍歌』なる軍歌集は発刊されていない。

『海軍軍歌』制定までの経緯

明治三十三年二月五日、中村祐庸海軍軍楽長から横須賀海兵団長舟木錬太郎海軍大佐に提出された「軍歌撰定ニ關スル件ニ附具申」には〝兵員が歌っている軍歌の中に、不適當なものがあることから適當なものを撰定すべし！〃といった内容が記述されている。

当時は「軍歌」という概念がまだ定まっていなかったため、「軍歌」と名付けて不適当と思われる内容の歌詞、旋律の歌が兵員の間で歌われていたようである。このようなものを排除して適当な曲を選曲し、歌わせようと具申している。

この具申を受けた横須賀海兵団長が、横須賀鎮守府参謀長を経て進達した「軍歌撰定ニ關スル件」（明治三十三年二月二十六日、横海団普第一二九号）は、海軍省軍務局との間でいろいろと協議された。しかし具体的な行動に移る前に、日露の風雲が危ぶまれてきたことから、軍歌の選定は先送りされた。

日露戦争も終わり、やや落ち着きが出てきた頃からであろうか、この問題に取り組む部署が動き出した。明治四十三年二月十六日に起案され、同月二十八日に決裁を受けた海軍軍歌制定に関する文書が、防衛研究所に残されている。起案者欄に山崎と押印があり、重要な役目を果たした担当者として後に説明する。

その文書の中に「海軍々歌ノ一定ヲ必要トスル理由」という説明文の中に〃殊ニ其ノ作歌者ニシテ刑餘ノ人物タル如キ者アリ教育上之ヲ忽諸《こつしょ》ニ附スルコト能ハサルナリ〃として、名指しはないものの竹内少主計の作品について言及している。

『海軍軍歌』は大正三年一月二十日、海軍教育本部から発布された。確認できた『海軍軍歌』の最初の現物は、発行所が東京市京橋区築地四丁目一番地の水交社で、発行日は大正三年八月二十五日であった。

大きさは縦十三センチ、横九・五センチ、厚さ七ミリほどで、表紙はカーキ色ながら糸目の入った用紙を使った上等な装丁である。大正十一年以降の海軍軍人お馴染みの錨と錨鎖に縁取られたグレイの表紙の『海軍軍歌』よりやや小さい。しかし、たまたま確認できた水交社発行のものは、特別製のものだった可能性もある。
初版の例言は次の五項で、非常に重要なことが載っている。

例　言

一　本書ハ艦團隊等ニ於テ使用スヘキ軍歌ノ標準トシテ編纂セルモノナリ
二　「君が代」外六篇ノ頌歌ハ國民一般ニ須知スヘキモノナルヲ以テ之ヲ巻頭ニ掲グ
三　本書所載海軍軍歌ノ歌詞ハ主トシテ文學博士佐々木信綱及故大和田建樹ニ囑託シテ成リタルモノニ基キ本部ニ於テ査閲ヲ遂ケタルモノニシテ之ニ從來艦團隊各部ニ於テ使用セル唱歌軍歌中ノ九篇ヲ附錄トシテ加ヘタリ
四　本書所載海軍軍歌ノ曲譜ハ海軍軍樂隊ノ作ナリ
五　本書所載海軍軍歌ノ曲譜ハ孰レモ「Bフラット、テノールホルン」所用ノ樂譜トシテ其ノ調ヲ定メタルモノナリ三の〝本書所載海軍軍歌ノ……〟とあるのが、この『海軍軍歌』という題名の軍歌集の中に収録するために、新たに作られた「海軍軍歌」のことである。佐佐木信綱の姓が「佐々木」と書かれている件については、後で説明する。

四と五は、発布の時にのみ載っていて、以後は削除されている。特に五は、「君が代」「海行かば」「軍艦」を含めて原曲が、すべて記譜されているものより一音低いことが分かる重要な記述である。

『海軍軍歌』の所載曲

『海軍軍歌』は発布以後、次のとおり十一回にわたり増補改正、増補、改正、訂正、増補改訂が行われている。（太字は現物を確認することができたもの）

大正　三年	**一月**	**發　　布**	昭和七年	十一月	増　補
大正十一年	**一月**	**増補改正**	昭和八年	十二月	改　正
大正十四年	**二月**	**増　　補**	**昭和　九年**	**三月**	**訂　正**
昭和　五年	九月	改　　正	**昭和十三年**	**八月**	**増　補**
昭和　六年	三月	訂　　正	**昭和十四年**	**四月**	**増　補**
昭和　七年	五月	訂　　正	**昭和十八年十一月**		**増補改訂**

『海軍軍歌』発布時は、「頌歌」「海軍軍歌」「唱歌」「軍歌」に区分され、収録曲は次の二十六曲であった。

頌　歌（六）

君が代、大君の、國の鎮め、水漬く屍、海行かば、皇御國

海軍軍歌（十二）

國旗軍艦旗、艦船勤務、楠公父子、黄海海戰、威海衛襲撃、閉塞隊、日本海海戰、日本海夜戰、第六潜水艇の遭難、別れ、勝いくさ

附録

唱歌（二）

訣別、明治天皇奉頌唱歌

軍歌（七）

軍人勅諭、軍艦、元寇、黄海の大捷、勇敢なる水兵、赤城の奮戰、如何に狂風

このうち「別れ」と「訣別」は、共にスコットランド民謡「蛍の光」に、それぞれ別の歌詞を付けたものである。まったく同じメロディーであるが「訣別」は、後半を繰り返していて若干異なる。

「軍人勅諭」以下「軍艦」を含む七曲は、当時の海軍軍人に愛唱されていた歌を厳選したのであろう。今も歌い継がれている名曲ばかりである。

大正十一年一月に初めて増補改正版が出された。発行元は、この時までが海軍教育本部であった。

明治三十三年五月二十日に創設された海軍教育本部は、海軍省に含まれない海軍大臣直隷の組織であったが、大正十二年四月に廃止され、同日付で海軍省教育局が新設された。

教育本部として最初で最後の増補改正版付録の「軍歌」に加えられたのは、次の十曲である。

日本海海戰、巡洋艦、熱誠なる水兵、決死隊、驅逐艦の接戰、
水雷艇の夜襲、月下の陣、櫻花、征夷歌、艦は蜂巣

増補された「日本海海戰」（明治三十八の年……）は、「海軍軍歌」の同名の曲（海路一萬五千餘里……）とは異なり、あまり歌われた形跡がなく、なぜ加えられたのか不思議である。

以後、収録すべき軍歌が作られる度に増補版が出された。昭和十四年の増補版までに「海軍軍歌」一曲、「軍歌」七曲が、次のように加えられている。

海軍軍歌

嗚呼第四十三潜水艦（大正十四年）　作詞酒井慶三、作曲近藤信一

軍　歌

皇軍の歌（昭和七年）　作詞德富猪一郎・佐佐木信綱、作曲東京音楽学校

勅諭下賜記念軍歌（昭和七年）　作詞海軍大尉中島湊・校閲佐佐木信綱、作曲内藤清五

愛國行進曲（昭和十三年）　作詞森川信、作曲瀬戸口藤吉

上村將軍（昭和十四年）　作詞佐々木信香、作曲佐藤茂助

軍艦旗（昭和十四年）　作詞佐佐木信綱、作曲瀬戸口藤吉

大村水兵（昭和十四年）　作詞浦路耕之介、作曲成田藏己

太平洋行進曲（昭和十四年）　作詞布施元、作曲横山正德

昭和十八年十一月の海軍省教普第千八百三号として出された最後の『海軍軍歌』は、発布以来の大増補改訂となり、例言が大きく変わった。

区分も「儀制歌」「頌歌」「軍歌」「唱歌」となり「海軍軍歌」がなくなった。また、あまり歌われていない軍歌や短調の曲が削除され、大東亜戦争開戦以後に作られた勇ましいものが多くなった。

新たに加わった歌を太字で示し、最後の『海軍軍歌』に載った全曲を紹介する。

儀制歌

君が代、國の鎮め、水漬く屍、海行かば、命を捨てて

頌　歌

海行かば、靖國神社の歌

軍　歌

軍人勅諭、艦船勤務、國旗軍艦旗、軍艦、楠公父子、如何に狂風、**敵は幾萬**、櫻花、元寇、黄海海戰、黄海の大捷、**豐島の戰**、勇敢なる水兵、赤城の奮戰、水雷艇の夜襲、凱旋、日本海海戰、日本海夜戰、閉塞隊、**廣瀬中佐**、熱誠なる水兵、決死隊、上村將軍、第六潜水艇の遭難、勝いくさ、皇軍の歌、愛國行進曲、**海の護り**、觀艦式、**護國の軍神**、**東郷元帥**、**精鋭なる我が海軍**、**空行かば**、太平洋行進曲、**護れ太平洋**、**大東亞決戰の歌**、**ハワイ大海戰**、**マレー沖の凱歌**、**勝鬨**、**大東亞戰爭海軍の歌**

唱　歌

大詔奉戴日の歌、國民進軍歌

発布以来「頌歌」に含まれていた「大君の」と「皇御國」が削除され、海軍儀制曲の五曲が「儀制歌」に区分された。「頌歌」は新たに加わった国民唱歌「海行かば《ママ》」「靖國神社の歌」の二曲となった。

「儀制歌」と「頌歌」双方に「海行かば」がある。前者は東儀季芳、後者は信時潔作曲のも

のであるが、共に「海行かば」で載っている。

同じく「頌歌」に新たに載った陸軍省・海軍省撰定の奉唱歌「靖國神社の歌」（作詞細淵國造、作曲和眞人）は、昭和十五年に主婦の友社が懸賞募集した当選歌で、靖國神社に奉納したものである。

『海軍軍歌』中の「海軍軍歌」「軍歌」は、その区分を撤廃し、公募歌、戦時歌謡、その他と一緒に扱われるようになって、その制定当時の意義が失われた。「別れ」「訣別」は、敵性国の歌としてであろう削除されている。

「訣別」と共に「明治天皇奉頌唱歌」も削除された「唱歌」は、大東亜戦争開戦直後に制定された大詔奉戴日のために作られた「大詔奉戴日の歌」（作詞尾崎喜八、作曲信時潔）と昭和十五年に大阪毎日新聞社・東京日日新聞社が懸賞募集し、軍事保護院・陸軍省・海軍省撰定の「國民進軍歌」（作詞下泰、作曲佐々木すぐる）の二曲と入れ代わった。

大正三年の『海軍軍歌』のために作られた発布時の「海軍軍歌」は、「威海衛襲撃」を除きほとんど残されており、帝国海軍らしい潮っ気は感じられる。

大東亜戦争が熾烈な時とはいえ海軍省の各部局は、それぞれの担任の事項に関して、きちんと作業を行っていた。物資不足が深刻であったと思われる此の時期に、必要不可欠とは思えない『海軍軍歌』の改訂作業を教育局は行っていた。

手元にある最後の『海軍軍歌』は、かなり粗雑な用紙ではあるが、それまでの物よりもやや大きめの縦十八センチ、横十二・五センチで、表紙には「海軍省教普第千八百三號」「調整年月日昭和十九年一月二十日」「普通軍事教育圖書消耗品第三類第3號」といった文字が、それぞれ四角い枠で囲まれて載っている。

題字の『海軍軍歌』と発行元の「海軍省教育局」は従来どおりの位置にあるが、教科書、教範類でお馴染みの錨と錨鎖の枠が、表紙からなくなっている。

大和田建樹と「海軍軍歌」

大和田建樹は安政四年四月二十九日、現在の愛媛県宇和島市丸之内の士族屋敷に生まれた。藩校で漢学と和歌を、広島外国語学校で英語を学んだ後、明治十二年に上京、独学で国文学を研究して一派を築いた明治を代表する文人である。

多くの作品の中でも〝汽笛一聲新橋を……〟で歌い出される「鐵道唱歌」（作曲多梅稚）を代表作と言ったら研究者に叱られるだろうが、一番知られていることは事実である。

大和田は明治四十二年秋、脊髄炎にかかって腰部以下が不随となった。その翌年の三月に、海軍教育本部から「海軍軍歌」の制作を委嘱され、不自由な身ながら引き受けた。

明治四十三年九月上旬、瀕死の大和田は委嘱されていた軍歌のうち八曲を約一週間で一気に書き上げ、十月一日に力尽きて永眠するという凄絶な最期を遂げた。

『大和田建樹歌集』（明治四十四年、待宵會）には、発行兼編輯人の代表者福島四郎が、その最期を次のように書いている。

大和田先生終焉の記

昨秋以來脊髓炎にかゝりて、腰部以下不随となり、上半身にのみ其の生命を宿して、一室に仰臥し給へりし先生は、今年三月海軍省教育本部より軍歌の製作を囑託せられ給ひしが、夏の初め頃迄には御病癒えて起ち給ひぬべしと、松浦主治醫の言明せしを、たゞ慰めのそら言と知り給ふべき由なければ、六月末を期限として、固く引受け給へり。されど菖蒲は咲き、螢は飛び始めたれど、御病は依然として元のまゝなり。一ケ月の延期を乞ひて、それも滿ち、更に一ケ月を延べて、八月も過ぎぬれど、御容態は變りなし。兼てかりそめの契りをも違へ給ひし事なき先生は、此の上延期を乞う事のいかに罪深しとや思しけん、九月一日といふに不随の身を釣臺に舁かれて、近傍なる法身寺の一室に移り給へり。さるは、朝夕に出入る人を避けて、專心海軍々歌の制作に從事し給はんが爲めなりけり。

かくて、翌二日には黄海々戰、三日には威海衛攻擊および旅順の閉塞、四日には日本海々戰及び前夜の水雷夜襲、五日には第六潜水艇の遭難、六日には國旗軍艦旗、艦艇勤務などの軍歌を一氣に物し給ひ、尚續きて物せんとせられしが、兩三日前より感冒の氣味にて、御熱少しありし事とて、以後の筆は進まず、剰へ身心過勞の爲め、御元氣いたく衰へ給へり。一年餘り仰臥の儘なる大病人が、かく過度に身心を勞して、障らぬ事のあらんやうなく、熱は去らんとして去らず、二十日頃には容態たゞならず見受けられたり。無論松浦主治醫は、しばしば忠言を試みたれど、例の物固き御氣質のやみ給ふ事能はざりしならん。

二十日に御葉書あり、今宵にても來てくれずやとなり、御筆の跡いたくふるへて、いと心もとなく見られたれど、其夜は社用にて遅く歸りければ、廿一日早朝伺ひたるに思ひの外に衰へ給へり。海軍々歌に就て二三の御頼み事ありたるを、快く御引受申し尚さまざま慰め參らせて罷りぬ。

（中略）

此の程は、別に海軍々歌の事口にはし給はねど、病前の状態より推して、深く氣にかかり居るに相違なければ、當路の人に乞ひて、該軍歌の爲め意を勞せざるやう慰めて貰はゞいかばかり最終の安心を得しめ參らすべきと、岡本貫一氏の注意により、己れ海軍省に出頭し、軍歌の担任者たる山崎中佐に面會して、依頼したるに、快く承諾して、中佐直に病床に臨み、軍歌は全快の上ゆる〳〵にてよければ、此の爲め心を勞し給ふなと、親切に慰められけるが、先生はいとうれしげに謝意を表せられたり。その夜半御氣分もいとよろしげに見られたるが、やがて右手もて、空間に畫ようのものを暫く書かせ給ふ。何し給ふぞと堀氏の問ひ參らせたるに、今道成寺の舞がすんだ處だと仰せらる。

（以下略）


文中の「黄海々戰」は「黄海海戰」（一天鎖す黑雲を……）、「威海衞攻撃」は「威海衞襲撃」（要害無比の威海衞……）、「旅順の閉塞」は「閉塞隊」（我が日の本に獨り咲く……）、

「日本海々戦」は「日本海海戰」（海路一萬五千餘浬……）、「水雷夜襲」は「日本海夜戰」（龍虎互に相搏ちて……）、「艦艇勤務」は「艦船勤務」（四面海なる帝國を……）で、「第六潜水艇の遭難」（身を君國に捧げつつ……）と「國旗軍艦旗」（天津日影の曇なく……）は、そのままの題名で軍歌集『海軍軍歌』の「海軍軍歌」の項に収録されている。

ただし、九月五日に作歌したとされている「第六潜水艇の遭難」に関しては疑義がある。第六潜水艇が、山口県岩国新湊沖で遭難したのは、同年四月十五日のことである。艇長佐久間勉大尉（海兵二十九期）以下十四名が殉職したが、それぞれが持ち場を離れず従容として死についたことが、内外から大きく賞讃された。

同年五月二十六日の読売新聞に、次の重要な記事が歌詞付きで載っており、五月三十一日の山陽新報にも、ほぼ同様の内容で載っている。

第六號潜航艇の歌

軍艦相模乗組海軍造兵中技士　宇都宮俊彦氏作

此歌は目下第一艦隊司令長官上村中將の手元に保管され往々は帝國海軍々歌として採用せらるゝに至るべしと

（歌詞略）

七番までである歌詞は『海軍軍歌』所載のものと九分九厘同じである。この時点で、〝帝國海軍々歌として採用云々……〟と具体的に載っているものが〝大和田が九月に作った〟と、なぜ弟子の福島が記述したのか不思議である。

　三月に海軍教育本部からの制作依頼を受け、重い病と闘いながら文字どおり生命をすり減らして作歌したのが、これらの「海軍軍歌」である。

〝尚續きて物せんとせられしが……〟〝海軍々歌に就て二三の御頼み事ありたるを……〟

〝軍歌は全快の上ゆるゆるにてよければ……〟という記述があることからも、計画ではまだいくつかの題材を依頼してあったことは明らかである。もし健在で詩作に没頭できたなら、どのような名作を物したのだろうか。

　大和田建樹の作品は、海軍軍人に愛唱されていた「艦船勤務」「日本海海戰」をはじめとして、すべて瀬戸口藤吉の作曲である。

「黄海海戰」「威海衛襲撃」は日清戦争を、「閉塞隊」「日本海海戰」「日本海夜戰」は日露戦争を、それぞれ題材にした叙事詩といえよう。

　前にも登場したが「大和田先生終焉の記」の中の山崎中佐とは、海軍兵学校第十五期の山崎米三郎であろう。この詩作に当たって教育本部の担当として、題材の日時、場所、天象、気象、海象、人名、艦名、戦況その他必要なデータを取り揃えて依頼したのであろう。

　いかに大歌人、文学者といえども、このような史資料が揃っていなければ、どうにも構想が湧かないであろう。

　簡潔で歌い易く一番愛唱されたであろう「艦船勤務」は、「海軍軍歌」中の最高傑作と言っても過言ではない。この題名の軍歌には、どのような資料を提供したのだろうか。「國旗軍艦旗」では「國旗」を〝日の御旗〟と言い替え、一番と三番が〝軍艦旗〟、二番と四番が〝日の御旗〟と、おしまいに韻を踏んで交互に歌い込んでいる。

佐佐木信綱の役割

佐佐木信綱は明治五年六月三日、三重県に歌人佐々木弘綱の長男として生まれた。東京帝国大学を卒業後同校で教鞭を執り、国文学や和歌の研究で多くの業績を残した。明治、大正、昭和を通じて活躍した歌人、国文学者である。昭和十二年に、第一回文化勲章を受章している

軍歌集『海軍軍歌』の初期の例言に、「佐々木」で載っていたことを前に書いた。どちらが正しいか疑問に思っている向きもあると思うので説明する。

この姓に関しては著書『ある老歌人の思ひ出―自伝と交友の面影―』（昭和二十八年、朝日新聞社）に、明治三十六年十月から翌年一月末まで、生涯唯一の海外旅行であった中国を旅した際のエピソードとして、次のように述べている。

訪問用にこの国ふりの名刺が入用なので注文した。縦七寸余横三寸余の紅唐紙に、『佐佐木信綱』と、さすがは文字の国、上手にかいてある。『々』といふ字は漢字にないので、佐佐木とかくとのこと。爾来自分は佐佐木とかくやうになった。

この本の筆者紹介には〝歌人佐々木弘綱の長男〟と書かれている。人名辞典には「佐佐木弘綱」となっているものもあり、前記の経緯から混在しているようである。

別の著書『作歌八十年』（昭和三十四年、毎日新聞社）に〝明治四十三年十二月　海軍省より海軍軍歌の制作を依嘱せられた〟と「海軍軍歌」に関係のある簡単な記述が見られる。その二カ月前に大和田が死去したばかりであり、「海軍軍歌」の制作に実力のある文学者の支援が是非とも必要と海軍教育本部は判断して急遽依頼したのであろう。

そして〝大正三年十月　海軍教育本部編纂の「海軍軍歌」に作品を寄せた〟という記述がある。

軍歌集『海軍軍歌』が発布されたのは大正三年一月二十日であるが、現物を確認した水交社の初版は、同年八月二十五日発行である。それ以後に寄せた作品とは、いったい何であろうか。若干の勘違いがあるようだ。

この著書が、日記などを参考にして書かれた正確なものであるならば、大正三年の初版には一曲も佐佐木作詞の「海軍軍歌」はなかったはずである。にもかかわらず〝歌詞ハ主トシテ文學博士佐々木信綱……ニ囑託シテ成リタルモノ〟とは、なんとも不可解である。

四　帝国海軍の軍歌演習と音楽教育

ある席で陸軍士官学校出の軍歌研究家が〝陸軍は頭が良いから軍歌は全部覚えて歌うので海軍のように軍歌集は使わない！〟と豪語した。これを聞いた海軍兵学校出身者が〝海軍は覚えなければならないことが沢山あって、そんな暇があるか！〟と呟いていた。

軍歌愛好者の中には、叙事詩的な長い歌詞を暗記して、全部歌えることを得意にしている人がいる。マニアとしては、それはそれで結構なことであろうが、軍歌まで暗記しなければならなかったとは、ご苦労なことであった。

芥川龍之介の作品『軍艦金剛航海記』（昭和五十二年、岩波書店芥川龍之介全集第一巻）の中に、航海中の「金剛」艦上で軍歌演習を行っている様子を描写したところがある。文学者が見た軍艦乗員の軍歌演習を面白く描写している。

海軍生徒には軍歌のみならず、かなり高度の音楽的素養を植え付けるため、それなりの教育を行っていたことも明らかにしておきたい。

また、日本の軍歌や唱歌が、海を越えて未だに大陸で歌われていることは、ほとんど知られていなかった。韓国の学究が明らかにした事実も紹介しておく。

「日本海軍」と「朝鮮人民革命軍」

この二つが並ぶと〝ハテナ？〟と思われる向きもあるであろう。平成十一年一月十三日の朝日新聞夕刊一面に、次のような見出しでソウル発植村隆記者の記事が、楽譜入りで大きく掲載されていた。後に「慰安婦」報道で火をつけた問題の記者である。

北朝鮮の抗日革命歌　日本軍歌とそっくり　韓国の学者が調査
〝「故金日成主席の名作」同じ旋律、ほかに5曲〟

記事の内容は、朝鮮民主主義人民共和国（北朝鮮）で歌われている革命歌謡「朝鮮人民革命軍」と軍歌「日本海軍」のメロディーがそっくりであることを、ソウルの国立韓国芸術総合学校音楽院の専任講師、閔庚燦氏が明らかにしたというものである。

作曲者が金日成主席とされている「朝鮮人民革命軍」と大和田建樹作詞、小山作之助作曲の「日本海軍」の楽譜を並べて掲載し〝短い曲では類似もあり得る〟という作曲家の諸井誠氏のコメントも載っていた。

この閔氏には、平成九年に「中村理平氏を偲ぶ会」で会った際〝「軍艦」は韓国では反日歌として歌われていて十種類の替え歌があり、若い人は日本の歌だということを知りません〟と教えてもらったことを第三章の四で書いた。

その際、「鐵道唱歌」が北朝鮮では反日革命歌として、韓国では学徒歌（日本の唱歌に相当）として、また「勇敢なる水兵」が中華人民共和国でも歌われていることを、関氏が突き止めていることも知った。

〝ほとんど同じメロディーと言える〟この二曲の作曲者論争は他に譲るとして、軍歌集『海軍軍歌』に収録されていないため、ほとんど歌われていなかったと思われる軍歌「日本海軍」（四面海もて圍まれし……）について紹介する。

作詞者の大和田建樹については、「海軍軍歌」のために死力を尽くして詩作に努め、「艦船勤務」「日本海海戦」などの名作を残して力尽きたことは、第五章の三で紹介した。

大和田には、明治三十七年七月に開成館出版の「日本陸軍」（作曲深澤登代吉）という作品もある。〝天に代わりて不義を討つ……〟と出征兵士を送る際によく歌われたこの歌は、「出征」「斥候」「工兵」「砲兵」「歩兵」「騎兵」「輜重兵」「衛生兵」「凱旋」「平和」の十番までであり、当時の兵科をほとんど歌い込んでいるが「軍楽兵」はない。

作曲者小山作之助は、文久三年新潟県に生まれ、明治十六年に文部省設置の音楽取調掛に入り、同二十年に全課程を終え、以後大正十五年六月二十七日に没するまで、音楽普及と教員養成に尽力した教育者であった。唱歌「夏は來ぬ」（作詞佐佐木信綱）、「四條畷」（作詞大和田建樹）、「川中島」（作詞旗野十一郎）、軍歌「敵は幾萬」（作詞山田美妙齋）などがよく知られている。

この「日本海軍」は、一番から二十番まで「軍艦づくし」の長い歌である。長唄、常磐津、端唄などの「花づくし」や「橋づくし」だと情緒たっぷりで風流であるが、日露戦争開戦時の帝国海軍が保有していた軍艦をほとんど網羅しているこの軍歌は、非常に無理をして作られている。

歌詞を全部紹介するのは長過ぎるので、歌い込まれている軍艦名を順番に列記する。

「敷島」「秋津洲」「富士」「朝日」「扶桑」「嚴島」「高千穂」「高尾」「高砂」「新高」「大和」「筑波」「千歳」「吉野」「千代田」「常磐」「松島」「橋立」「海門」「赤城」「葛城」「摩耶」「笠置」「浪速」「龍田」「和泉」「八島」「朧」「春日」「三笠」「曙」「春雨」「朝霧」「朝潮」「音羽」「須磨」「明石」「不知火」「筑紫」「千早」「吾妻」「武藏」「宮古」「日進」「白雲」「天竜」「隼」「小鷹」「速鳥」「薄雲」「雷」「電」「村雨」「東雲」「叢雲」「浅間」「霞」「八雲」「出雲」「八重山」「比叡」「愛宕」「磐手」「磐城」「鳥海」「對馬」「金剛」「宇治」「初瀬」「豊橋」「大島」「陽炎」「夕霧」「曉」「漣」「福龍」「鎭遠」「濟遠」「平遠」「鎭東」「鎭西」「鎭南」「鎭北」「鎭中」「鎭邊」「操江」

当時の艦艇表に区分されている一等戦艦、二等戦艦、一等巡洋艦、二等巡洋艦、三等巡洋艦、海防艦、通報艦、一等砲艦、二等砲艦、水雷母艦と駆逐艦、一等水雷艇の一部が歌い込まれている。日清戦争の捕獲艦も、そのままの艦名で旭日旗を掲げていた。

明治三十七年一月三十日に発表されているらしいが、同月一日イタリアで命名され、日露戦争開戦直後の二月十六日に横須賀に回航されてきた「日進」「春日」の両新鋭巡洋艦も含まれていて手回しがいい。

「日進」乗組軍楽隊

日露戦争開戦冒頭の明治三十七年二月六日、連合艦隊は佐世保軍港を威風堂々と出撃していった。「日進」「春日」の両艦がイタリアから回航されたのは、その十日後のことであった。「日進」の戦時日誌は、横須賀入港の日から始まっている。

日露の開戦を目前にして、両艦とも完全に完成してからの回航ではなかったため、横須賀海軍工廠からは最大千二、三百名の職工が乗艦し、大作業が十八日から始まった。不要物品の陸揚げ、乗員の補充、諸軍需品の積込み、石炭の搭載など連日大作業が実施され、着々と戦闘艦らしい体裁を整えていった。

呉停泊中の四月四日軍令部長から〝貴艦ハ第三艦隊ニ編入アリタルニ附キ準備整ヒ次第竹敷ニ回航スベシ〟と待望の電命が降り、六日午前九時出港、艦隊に合流すべく長崎県対馬の竹敷要港部に向かった。

この前後の戦時日誌には、三月十五日、二十七日、三十日、四月二日、二十日、二十七日と軍歌演習が盛んに行われていることが記載されている。見落としがあるかも知れないが他の軍艦の戦時日誌には、このような記載は少ない。「日進」のみがなぜこのように軍歌演習を行ったのか推測してみた。

海上自衛隊の艦歌、隊歌の制作過程を調べたことがあるが、かなりの艦歌が艤装中か就役直後に作られている。これは各方面から集まった乗員の団結を図るための、艦長（艤装員長）などの配慮であろう。団結の目的で作られた艦歌も、就役当時の乗員がほとんど交代して居なくなるころには、まったく歌われなくなってしまうようである。調査した際には、艦歌の存在を知らない艦もあった。

ともあれ一日の激しい訓練が終わったところで全乗員が、一堂に会して声を張り上げて歌うことは、一致団結、士気高揚、気分転換に最適であり、疲れを吹き飛ばすのに効果的であったろう。艦内のチームワーク作りに腐心した艦長の気配りが伝わってくる。

「日進」に、後に連合艦隊司令長官となる高野（山本）五十六候補生が七名の同期生と共に乗り組んだのは、明治三十八年一月四日である。

明治三十七年六月二日、裏長山列島において片岡七郎司令長官以下五十七名が「嚴島」から移乗し、「日進」は第三艦隊旗艦に定められた。その中には赤崎彦二軍楽師（明治十五年入団）率いる軍楽隊員が含まれていた。

この軍楽隊員のうち伊藤蕃二等軍楽手（入団年不明）が、八月十日の黄海海戦で戦死している。これは「三笠」乗り組みの第一艦隊軍楽隊員以外では唯一の戦死者である。

戦時日誌には、五発被弾した被害を〝一發ハ尤も慘酷ナル損害ヲ生シタルモノニシテ後艦橋ヲ拂ヒ又無線電信垂直線損傷シタルモノ是レニシテ……〟と記している。

この海戦の戦死者十六名中、十二名が司令部と軍楽隊員などの旗艦増加定員で「日進」乗員はわずか四名である。伊藤二楽手は司令部員五名と共に海上に吹き飛ばされたのであろう、遺体は確認されていない。

戦死した八月十日付で功七級金鵄勲章勲七等旭日章が授与されたこと、海軍一等軍楽手に一階級進級したことが二十日と二十二日の戦時日誌に、それぞれ記載されている。

八月二十二日に圓嶋附近で伊藤二楽手の補充要員であろう軍楽生一名が乗艦している。裏長山列島において、司令長官以下軍楽隊を含む司令部が「嚴島」に戻ったのは十二月十六日であった。

翌年三月二十日、呉において赤崎軍楽師のほか楽手二名、卒九名が退艦し、下士二名、卒十一名が内田誠太郎軍楽師（明治十九年入団）と共に乗艦し日本海海戦に臨んだ。

芥川龍之介と軍艦「金剛」

『水交』誌の編集委員だった伊川甡氏（海兵七十四期）から、芥川龍之介著『軍艦金剛航海記』に〝軍歌演習の模様が載っている〟という話を聞いた。

伊川氏は、海軍機関学校の英語教官だった芥川の作品を詳細に研究し、『水交』誌に「日本海軍と芥川龍之介」と題して、平成十一年三月号から十四年十月号まで、二十回にわたって掲載している。

芥川が横須賀の海軍機関学校の英語教官に採用されたのは、大正五年十二月一日のことである。翌六年六月二十日から二十三日まで、他の文官教官四名と共に横須賀から山口県の由良までの航海を体験している。その航海中に目撃した軍歌演習の部分を『軍艦金剛航海記』

の原文から紹介する。

これは其の後の事だが、夕食をすませて、士官室の諸君と話してゐると、上甲板でわあと云う聲が聞こえた事がある。何だろうと思って、ハッチを上って見ると、第四砲塔のうしろに艦中の水兵が黑山のやうに集まってゐた。そうしてそれが皆、大きな口をあいて、「勇敢なる水兵」の軍歌を歌ってゐた。ケエプスタンの上に、甲板士官がのってゐるのは、音頭をとってゐるのであらう。こっちから見ると、その士官と艦尾の軍艦旗とが、千人あまりの水兵の頭の上に、曇りながら夕焼けのした空を切りぬいて、墨を塗ったやうに黒く見えた。下では皆が、鹽辛い聲をあげて、「煙も見えず雲もなく」とうたってゐる。僕はこの時も亦、その或る考へに襲はれた。勇ましかる可き軍歌の聲が、僕には寧ろ、凄壯な調子を帯びて聞えたからである。

海軍省教育局が軍歌集『海軍軍歌』を発布したのは、大正三年一月のことであるから、この時期には各艦団隊へ行き渡っていたと考えれば、この「金剛」艦上の軍歌演習では使われていたのであろうが、芥川の文学的な描写からは、そのあたりを読み取ることはできない。前記「日進」の軍歌演習は、二十分から四十分位の時間実施されている。当然何か軍歌集を持って行われたものと思われるが、この時期にはどのような軍歌集を使用していたか判然としない。

水交会で頒布していた兵用図書株式会社発行の『吾妻軍歌集』復刻版は、歌詞が省略されていないこと、すべての漢字にルビが振られていること、他の軍歌集に載っていない海軍関係の軍歌を収録していることなどから貴重な一冊であるが、惜しいことに楽譜がない。

手元にある戦前の改訂大増補版には奥付がなく、その制作過程時期などは明らかでない。軍歌集『海軍軍歌』のために作られた軍歌が収録されていることから、大正三年以降であることは間違いない。

「君が代」以下の頌歌七曲、「國旗軍艦旗」以下の海軍軍歌十一曲、付録の「軍人勅諭」以下の七曲に「訣別」を除いた唱歌「明治天皇奉頌唱歌」を含む二十六曲で、若干掲載順序は入れ代わっているものの、発布時の『海軍軍歌』から楽譜を除いてハンディーにした軍歌集といえよう。

『海軍軍歌』の大正十一年の増補改正によって追加された軍歌を始めとして、次々に新しい歌が、『吾妻軍歌集』に加えられていったようである。

海軍三校の音楽教育

海軍有終会編『続海軍兵学校沿革』（昭和五十三年、原書房）に、海軍兵学校における音楽教育の教材に関する記載が二カ所ある。

一つは大正十年の最終ページの別表の科別「監事部」、第二年度の欄に『海軍々歌集』とある。もう一つは昭和五年四月一日の〝午後一時十五分第六十一期生徒入校式、受入レ準備ノ一部左ノ如シ〟の記述の後の別表第四教務部準備品（自修室机内ニ準備ス）として、『海軍々歌』『海軍軍歌譜』『軍歌樂典』が、「明治天皇御製」「身體檢査表」「預金手帳」その他の教範類と一緒に載っている。

大正十年の『海軍々歌集』と昭和五年の『海軍々歌』なるものは、海軍教育本部が作成した『海軍軍歌』のことか、あるいは兵学校が独自に編纂したものか定かでない。

それに類する『音樂の話』と題する小冊子については、第五章の一「帝國海軍の儀制曲」の項で紹介した。最後に載っている「儀制に關する海軍軍樂譜名及用途」は、儀制曲の用途の細部を載せている。

その冊子の裏表紙の記述と目次を紹介し、その目的と充実した内容を知ってもらうことにする。

音樂の話

本冊子ハ海軍生徒情操教育資料竝ニ趣味向上育成ノ目的ヲ以テ海軍軍樂隊東京分遣隊ヲシテ編纂セシメタルモノナリ

海軍省教育局

目　次

二、音樂の形態に就て
三、聲　樂
四、器　樂
五、管絃樂に就て
イ　樂器の種類　ロ　合奏の種別
六、吹奏樂に就て
七、音樂の要素「音」に就て
イ　音の長さ　ロ　音の強さ　ハ　音の高さ　ニ　音色
八、節奏、旋律、和聲に就て
九、音樂鑑賞に必要な樂曲の形式に就て
イ　行進曲　ロ　序曲　ハ　圓舞曲　ニ　描寫曲　ホ　幻想曲　ヘ　抜萃曲
ト　組曲　チ　ソナタ形式　リ　奏鳴曲と交響樂　ヌ　協奏曲　ル　旋轉調
ヲ　變奏曲　ワ　遁走曲　カ　其他の形式數種　ヨ　牧歌體　タ　詠嘆調
レ　宜叙調　ソ　合唱　ツ　各聲部の特徴
十、常識としての樂曲の初歩
イ　音名　ロ　譜線　ハ　部號　ニ　音符　ホ　默符　ヘ　遷位記號
ト　音階　チ　拍子　リ　音程　ヌ　發想記號及雜記號　ル　略記號
ヲ　裝飾記號　ワ　樂曲進動の速度標

十一、勤務上音樂に關聯ある日常の心得
イ　軍歌に就て　ロ　高い聲と大きい聲を誤まらぬこと　ハ　右足より唄ひ出す
軍歌　ニ　聲音は次第に高くなる　ホ　G音に就て　へ　音の速度に就て
ト　旋律樂器と和聲樂器に就て　チ　儀制に關する海軍軍樂譜名及用途

このように兵学校をはじめとして、機関学校、経理学校の海軍三校では、軍歌のみならず高度な音楽知識を、海軍士官必須の教養として生徒に教育していた。

第六章
行進曲「軍艦」の変遷、現在そして未来

一　明治の「軍艦」の録音と楽譜

「軍艦」が最初に録音されたのが、明治三十六年のことである。幸いなことに、その音を聞くことができ、初期の頃と現在では、音の高さを含めてかなり違う部分があることが確認できる。

そして、その音を聞くことにより、海軍と陸軍、関東と関西に、まさか「軍艦」の楽譜の違いがあろうとは、考えてもみなかっただけに驚きの発見があった。

多くの人から提供された資料、情報により、時代と共に「軍艦」の変遷を明らかにすることができたことを紹介する。

「軍艦」レコードの収集家

平成八年三月一日の日本経済産業新聞「ちょっとマイウエー」欄に、「集めたレコード一四五種」と説明が付いて写真入りの、次のような興味ある記事が載っている。

軍艦マーチ収集、リンテック　腰原貢一氏

小学三年の時、スポーツ大会で出合い、好きになって以来、集めた軍艦マーチのレコードは百四十五種。初めて買ったのは中学一年、東京消防庁音楽隊演奏のテイチクのSPだった。

初めは勇壮さのとりことなり、オーソドックスな演奏ばかり聞いていたが、年をとるとジャズ風なアレンジもそれなりに面白く感じ、ビリーボーン楽団も集めている。SPを割った経験があるので、必ずテープに録音しておく。

レコード店では吹奏楽やバンドのコーナーに目がいく。戦前ものは中古店であさるしかなく、昭和四十七年にようやく東京・神保町で見付けた海軍軍楽隊のレコードもある。パチンコ店から流れると、どの楽団かだいたい分かる。同好の人と交流しながら、もっと集めたい。

（生産技術第一課長五〇歳）

当時『水交』誌に「米海軍とルーズベルト」「マハン大佐と日本」「キング元帥―その生い立ちから太平洋戦争終結まで」などの研究を発表されていた山口大学教授（当時）の谷光太郎氏から、この新聞記事の切り抜きが送られてきて、初めて腰原氏のことを知った。谷光氏は、今も貴重な投稿を『水交』誌に寄せられている。

一日、千葉県松戸市のお宅にお邪魔し、それまで目にしたことのない数多くの珍しい「軍艦」のレコードに接することができた。新聞記事だけでは「軍艦」のみのコレクターと思われたが、伺って驚いたのは戦前の軍歌、行進曲などのSPレコードの膨大なコレクションと知識であった。

「軍艦」に初めて接したのが昭和二十九年の春頃で、幼少期を過ごした長野県松本市における何かのスポーツ大会の時だったという。東京都葛飾区に転居後の昭和三十二年四月、新東宝の『明治天皇と日露大戦争』（監督渡辺邦男・主演嵐寛寿郎）で、連合艦隊が日本海海戦に出撃してゆく場面に流れた「軍艦」に大感激、以後すっかり虜になってしまった。

中学生になって初めて購入した「軍艦」のレコードは、内藤清五隊長指揮の東京消防庁音楽隊のものであった。当時の音楽隊員は、ほとんどが海軍軍楽隊出身者で占められており、往年と変わらない素晴らしい名演と評判のレコードであった。

以後、機会ある毎に集めたのが積り積もって大コレクションとなった。休日は都内と近郊の骨董市巡りをし、東京駅八重洲口の地下街にあった古物商と仲良くなって、かなりの掘出し物を回して貰っている。出張の際は必ず地方の名産を手土産に立ち寄り、ご機嫌を取っておくことが〝コレクターとしては何よりも必要な心配り〟だという。

SPレコードから始まって、ソノシート、四十五回転盤EPレコード、LPレコードを経てコンパクト・ディスク（CD）に至るまで、長年にわたり集めた結果が「軍艦」百四十五種に及んだという。

そのコレクションの明治から昭和初期までのレコードを聴き比べた結果、初期の「軍艦」が時代と共に変化していった過程を、解明する手掛かりを得ることができた。

SPレコード文化保存の研究家

平成十年四月二十四日に発売されたキングレコードの『軍艦マーチのすべて』は、二十六種の「軍艦」が集められた珍しいCDで、発売翌日には全国のレコード店から姿を消すという、前例のない売れ行きを示した。

この大ヒットのきっかけは、その前日の朝日新聞夕刊に載った瀬戸口軍楽長の写真入り「軍艦マーチいろんな顔」という見出しの記事であった。

このCDの音源集めと音作りをしたのが、郡修彦《こおりはるひこ》という研究者であった。明治期から昭和期にかけての日本の音楽の発展に大きく貢献したレコード文化の研究に取り組んでいる郡氏は、いずれは消滅してしまうであろうSPレコードの保存と復刻に情熱を傾けており、多くのレコード会社の復刻盤の音作りを手掛けている。

長年の研究からレコードの製造番号によって、その盤がプレスされた当時の機械の性能から回転数の癖にまで注意を払うようにしている。また、レコード針も時代や会社、あるいは機械によって溝が微妙に違うことから、最も良質の音を得るために多くの種類のものを使い分けている。

これらの研究成果は、平成七年五月八日の日本経済新聞文化欄に、「名演奏SP盤、究極の復刻～安上りで原音に忠実なCD化手法を開発～」と題して取り上げられており、自他共に認めるSPレコード復刻音作りのオーソリティーである。

この郡氏の研究では、明治三十六年七月に米国コロムビア蓄音機会社が来日して行った録音は、八百枚から一千枚近くにのぼり、アメリカ本土で音盤化されて同年十一月から翌年の九月にかけ、四回に分けて日本国内で発売されているという。

一部には日露戦争の影響で、この時の音盤が明治三十九年に発売されたと書かれているものもあるらしいが、郡氏がレコード番号から割り出した結果、逐次音盤となってアメリカから送られて来た四回目の中に「軍艦」があったはずだと言う。

SP復刻盤で蘇った初期の「軍艦」

米国コロムビアが出張録音した音盤を、初めて日本で披露した記事が、明治三十六年十一月七日の時事新報に、次のように載っている。

大聲蓄音機の披露宴

銀座の天賞堂に於ては曩に米國コロムビア蓄音機會社と特約して平圓盤大聲蓄音機を取寄せたるが未だ此蓄音機に日本の音樂を吹込みたるもの無きを遺憾とし先般米國より技師兩名を招聘して我國の軍樂を始め其他諸名家の謡曲、琴、筑前琵琶、薩摩琵琶、長唄、義太夫、草笛外數十種を吹込み之を米國の會社に送りて製造せしめたるに今回第一回分到着したるに附き一昨五日上野精養軒に於て披露會を催したるに結果頗る良好にて殊に當日は右音曲に關係ある諸藝人等をも招待したれば席上に本人を見ながら其音曲を聞き得て一層の興ありしと。

この記事は、昭和五十四年十一月一日に、ＣＢＳソニーから発売されたＬＰ盤『明治の吹奏楽～まぼろしの復刻盤～』の解説を書いた日本吹奏楽指導者協会名誉会長の秋山紀夫氏が、国立国会図書館の新聞閲覧室で見付け出したものである。

同じ時事新報の明治三十七年九月一日と十四日の二回、「平圓盤新曲譜着荷」という天賞堂の公告が載っている。

この復刻版は、題名のとおり当時の軍楽隊の吹奏楽演奏によるＳＰレコードから復刻したもので、行進曲、箏曲、端唄から外国の楽曲も収録した珍しい音盤である。

このレコードＢ面の二曲目が歌入りの「軍艦」である。この盤は明治三十八年十一月に二度目の出張録音で収録されたもので、発売は翌三十九年二月と推定されている。したがって「軍艦」の音盤としては二枚目となる。

明治三十六年と三十八年に録音された「軍艦」は、共に現在演奏されているものと著しく異なるため、聴き比べればその違いが分かる。

細かいところはともかく決定的な違いは、両盤とも音の高さが変ロ長調（フラット「♭」が二つ）であることである。この調子では普通の男声では歌うことのできない高音域で、金切り声というか絞り出すような、とにかく不自然な声でがなっている。

当然これでは歌えないので、後日これを四度低くしてヘ長調（フラットが一つ）にしたのが現在の調子である。軍歌集『海軍軍歌』にはト長調（シャープ「♯」が一つ）で載っているが、これはその例言で明らかなように、変ロの楽器であるテノールホルンの楽譜を記載したためで、実音はその一音下の調子（ヘ長調）が正しい。

海軍と陸軍で異なった楽譜

「軍艦」が長年にわたり少しずつ微妙に違った演奏をされてきたことを、腰原氏所蔵の数多くのレコードを聴き比べて初めて知った。

海軍に関しては、変ロ長調の原曲がヘ長調に移調されたことは前に書いたが、単なる移調ではなく部分的に改めたところも何カ所かある。

陸軍軍楽隊は意外と多く「軍艦」をレコーディングしているが、初期の頃の楽譜を長いこと使用していたようで、大正十四年に春日嘉藤治一等楽長が指揮した陸軍戸山学校軍楽隊の演奏（ニッポンノホン盤）でも確認できる。

同じことが大阪の第四師団軍楽隊にも当てはまっているようで、関西の民間の吹奏楽団も含めて「軍艦」は、古いスタイルのまま昭和の初期まで演奏されている。

昭和二年九月発売の大阪三越音楽隊（ニットー盤）と昭和八年一月発売の豊田光男指揮大阪交響楽団（テイチク盤）は共に古い「軍艦」の楽譜を使用している。

大正十二年三月三十一日に陸軍は、近衛師団と大阪の第四師団の両軍楽隊を廃止した。その前年の同月同日には名古屋の第三師団軍楽隊を廃止しており、東京の戸山学校軍楽隊一隊のみとなってしまった。ワシントン軍縮会議の影響を受けたもので、一時軍楽生徒の募集も中止していた。

第四師団軍楽隊が「大阪市音樂隊」に移行するのは必ずしもスムーズではなかったが、大部分の軍楽隊員と共に楽器、楽譜などが払い下げられ、大正十二年六月一日から新発足することができた。終戦後の昭和二十一年六月二十二日に「大阪市音楽団」（通称「市音《しおん》」）と改称し活動を続けていた。

払い下げられた楽譜の中に、明治時代から使われていた変ロ長調の手書きの「軍艦」があった。「軍艦」の吹奏楽譜が出版されたのは昭和十年以降と思われるので、それ以前、一般の吹奏楽団は軍楽隊の楽譜を写譜するより入手方法はなかった。前記の大阪三越音楽隊や大阪交響楽団の「軍艦」は、このような同じ経路で入手した楽譜と推測される。

平成十年五月二十三日に大阪音楽大学を訪ねて、変ロ長調の「軍艦」の楽譜を確認した。行進曲用の固い五線紙に書かれた「軍艦」は、陸軍戸山学校軍楽生徒隊、第四師団軍楽隊、大阪市音楽隊、大阪市音楽団と印刷された楽譜が混在していて、長い間のその辿った歴史を物語っているようであった。そして驚いたことに、その裏になんと「星条旗よ永遠なれ」が書かれた楽譜があったことである。

大東亜戦争で中断されていた全国中等学校選抜野球大会（現全国高等学校選抜野球大会）が再開されたのは、昭和二十二年三月三十日であった。甲子園球場での開会式ではアメリカの第二十五陸軍軍楽隊がアトラクションで演奏しているが、入場行進を担当したのは大阪市音楽団であった。

この時に「星条旗よ永遠なれ」が演奏されていた。楽譜は当然、大阪音楽大学で手に取ったものであろう。その裏面の「軍艦」は、敗戦の屈辱を音も出せずに耐え忍んでいたのであろう。

大阪市音楽団は、平成二十六年四月に大阪市公営から離れて一般社団法人として改組し、翌年三月には「Osaka Shion Wind Orchestra（オオサカ・シオン・ウインド・オーケストラ）」と改称した。そして平成三十年四月に公益社団法人に移行し現在に至っている。

大阪市音楽団に引き継がれていた第四師団軍楽隊の歴史的に価値のある膨大な楽譜は、あまり活用されることもなく保存されていた。

これを整理し論文にまとめたのが大阪音楽大学音楽研究所音楽文化史研究室（当時）の塩津洋子先生であった。同大学の音楽研究所年報『音楽研究』に、「陸軍第四師団軍楽隊の選曲傾向」（平成十年）、「陸軍第四師団軍楽隊　所蔵楽譜目録　総譜篇」（平成十一年）等の論文を発表している。

これらの楽譜は、現在、第四師団軍楽隊時代からの楽器・譜面台などと共に、大阪歴史博物館に収蔵されている。いつの日かこの楽譜が、日本の吹奏楽の歴史を伝える貴重な資料として、活用される日が来ることを楽しみにしている。

二　「軍艦」とラジオ放送

〝海軍の飛行船事故は、放送電波に起因したもの！〟と査問委員の寺田寅彦理学博士から発表されたのが大正十四年二月二十三日で、ラジオの本格放送が始まる直前であった。

そのような不気味な電波を使ったラジオ放送に、最初に出演したのが海軍軍楽隊の管弦楽である。演奏曲目は外国のものばかりであった。

「軍艦」がラジオで放送された最初は、ハーモニカのグループによるものであり、海軍軍楽隊演奏による最初の「軍艦」は、なんと弦楽四重奏であった。

当時のマイクロフォンの性能やスタジオの音響の関係から、大編成の吹奏楽は放送に向いていなかったのであろう。

ラジオ放送と飛行船事故

大正十四年版の『海軍軍歌』に初めて増補された軍歌「嗚呼第四十三潜水艦」の事故が佐世保軍港外で発生したのは、大正十三年三月十九日であった。この日は、霞ケ浦海軍航空隊のＳＳ第三号飛行船の墜落事故も重なり、帝国海軍の厄日であった。

飛行船の墜落事故では、横須賀航空隊に新設された、わが国最初の航空船係留柱の訓練実験演習のため午前八時追浜に向かい、予定の演習を終了して帰航の途中、茨城県相馬郡稲戸井村上空で猛烈な火炎を発し、瞬時にして一大音響と共に爆発して墜落、船長の高橋道夫海軍大尉（海兵四十四期）以下五名が殉職している。飛行船の爆発は二回目であったが、飛行中の事故はこれが最初のものであった。

海軍では科学者を含む査問委員会を設け、原因調査を行った。査問委員の一人である寺田博士の新発見のショッキングな記事は、次の見出しで朝日新聞に載った。

ラジオの放送電波で航空船爆破する　ＳＳ三號の慘事もこれ
鑛物性の銀色塗料に感電す　査問委員寺田博士の新發見報告

寺田博士の新発見とは、この記事の〝實験臺にあてられた第四號ＳＳ船に對し強力な電波を放送すると普通物體に對しては僅に一、二分位の電光發散しか無い物がＳＳ船塗料の金屬性（アルミニューム）ドープを用ひた物體に對しては七、八吋位までの縦横無じんな火花を發散するといふ實証を得たに始まり、委員などはこれに依ってなぞのまゝで葬られやうとして居た第三號ＳＳ船の爆發原因が全く放送電波に起因したものなる事を確かめ得た點にある〟という部分に集約される。

本格的放送が開始される前から、飛行船の墜落事故の原因として挙げられるほどラジオの放送電波は飛び交っていた。その後、この問題がどのように解決したのか明らかでないが、放送開始に向かって着実に準備は進められたようである。

海軍軍楽隊の管弦楽で初放送

ＮＨＫ編『放送の五十年―昭和とともに―』（昭和五十二年、日本放送出版協会）では、日本の放送の始まりを大正十四年三月二十二日の仮放送をもって正式に開始としている。

現在の日本放送協会（ＮＨＫ）の母体となる社団法人東京放送局は、大正十三年十一月二十九日に後藤新平総裁、岩原謙三理事長で設立された。

政界の大物後藤を総裁に頂き順調にいく事業と思われていたが、放送開始直前の二月二十八日午後二時に監督官庁である逓信省から、二十六、七日の検査の結果〝放送設備が不完全だらけで検定は與えられない！〟と判定されてしまった。

翌日の式典と記念番組の準備は勿論、放送開始後一週間の出演者まですべて交渉済みで、新聞などにも大々的に報道され話題となっていた矢先であった。驚いた放送局側は直ちに逓信省と交渉を行ったが〝純技術的な判定〟ということで覆すことはできなかった。

夕方になってやっと〝正式放送は中止し豫定の各プログラムは取り止め音樂番組だけは試驗放送という名目で差し支えない〟ということで決着した。その結果、かろうじて日本最初のラジオ放送は、三月一日の午前九時（実際は少し遅れたらしい）から開始されることになった。

芝浦高等工芸学校内仮設備からの試験放送第一日の番組で、最初に演奏された名誉ある曲は、イギリスのアルフォード作曲の行進曲「後甲板にて」である。演奏は佐藤清吉楽長指揮の海軍軍楽隊の管弦楽であった。

この日の放送は〝午前中は不成績〟とのことで雑音が多く〝これは音樂だろうか?〟と想像して聞くような程度であった。午後からは状態がよくなり東京市内各所に設けられた受信装置の前に多くの人々が集まり〝ちょっと雑音を交えるが、まあ我慢できる!〟程度の音楽を楽しんだようだ。

やっと逓信省の許可が出て仮放送が始まったのは三週間後であった。三月二十二日午前九時三十分からの東京仮放送第一日は、試験放送と同じく佐藤楽長指揮の海軍軍楽隊の演奏で始まった。午前十時から後藤総裁の挨拶、岩原理事長の報告、犬養毅逓信大臣(桑原次官代読)の祝辞が放送された。

以上は、現在のNHKの放送開始の記録とされているものであるが、実際には関西の方が一歩先んじていた。

大正十四年二月十四日午前十時に、高島屋少年音楽隊が演奏する行進曲で始まった大阪朝日新聞社からの放送は、非常に感度が良かったようである。「ラヂオファン」という言葉もすでにあったようで〝あまりハッキリ聞こえ過ぎる!〟と新聞にファンの声が載っている。株式相場の速報放送をしたのも、この日が初めてであった。

この放送は、水戸や遠く上海でも受信したという報告が寄せられており、二月の東京朝日新聞にも放送番組が載っていた。

海軍軍楽隊の「軍艦」初放送は弦楽四重奏

試験放送、仮放送共に最初の出演は海軍軍楽隊であったが、演奏曲目は外国曲ばかりであった。「軍艦」が初めて電波に乗ったのは、仮放送の翌月である。

四月十二日の正午から明治大学ハーモニカ・ソサエティーと佐藤ハーモニカ・カルテットが出演している。その時の演奏曲目のおしまいが「軍艦」と記録に残っている。同月二十八日夜にも佐藤ハーモニカ・カルテットが「軍艦」を演奏していることから、どうやらハーモニカによるものが初放送だったようだ。

海軍軍楽隊による「軍艦」の初放送となると、海軍記念日の特別番組まで待たねばならない。五月二十七日正午から始まった記念放送は、次のとおりである。

演奏　海軍軍樂隊（四部合奏）

演　奏　曲　目

一　「民謠調」と「提琴」舞踏……………フレクチャー
二　波路を越えて……………………………ウインター
三　軍艦行進曲……………………………瀬戸口

第一ヴァイオリン　　　　麻生　繁
第二ヴァイオリン　　　　今府正之

ヴィオラ　　　　若林徳平
ヴィオロンチェロ　江口源吾

海軍軍楽隊による「軍艦」の初放送は、吹奏楽でも管弦楽でもなく弦楽四重奏という静かなものであった。当時のマイクロフォンの性能から大太鼓の扱いに苦労したようで、響き過ぎないように囲いをしたりしていた。大編成の吹奏楽は、まだ放送には向いていなかったのであろう。

弦楽四重奏のチェロ奏者江口源吾（大正八年入団）は、昭和八年退役後「月月火水木金金」「轟沈」「憧れのハワイ航路」などを作曲して歌謡界で活躍した江口夜詩である。長男の浩司氏（海兵七十六期）も作曲家として「忘れな草をあなたに」「下町の太陽」などを作曲して活躍していた。

海軍記念日一週間後の六月三日正午から、田中豊明元海軍軍楽長（明治二十八年入団）指揮の日活シンフォニーの管弦楽によって「軍艦」が演奏されている。海軍軍楽隊は、その後も何度か出演しているが、次の「軍艦」演奏は八月一日午後七時四十五分からの管弦楽で、まだ吹奏楽では演奏していない。

大東亜戦争開戦日の放送

大東亜戦争開戦一周年を目前にした昭和十七年十二月一日の朝日新聞一面に、次の見出しの実戦談が載っている。真珠湾攻撃隊が往路にジャズを、復路に「軍艦」を聞いたという、ラジオ放送に関して触れている。

眞珠灣わが翼下に崩る　突込め、彈幕の眞只中
拳銃に裝塡、自爆を覺悟　あの日あの一擊
眞珠灣攻擊隊　○○大尉實戰談

（略）
飛ぶこと約○○分、水平線の彼方に眞紅の日の出を見る、あゝ、この世の見納めだと思ひつゝ、いつもの朝の遙拜を思ひ出し、これに向って頭を下げながら、ふと氣附いたことは、今の私にとっては宮城は後方にあるといふことだった、改めて西方に向って遙拜する、眞下の海面には白い波が何も知らぬ氣に美しく立騷いでゐる、大海の夜明けの美しさに、いつしか過去の演習の時のやうな氣分に捉われてゐる自分に氣づく、〝隊長、面白いものを聞かせませう〟と電信員が渡すレシーバーを耳にあてると、意外にも狂騷そのもののジャズの音だ、ホノルル放送局からのものだといふ、この時私はこの奇襲は必ず成功すると確信した、こっちは隠忍自重して、今こそ國の運命を賭けて起上ったといふのに、彼らは日曜日のカーニバルに醉ひしれてゐるではないか、胸中に湧きあがる憤怒を抑へて唇を噛みしめてゐる時、戦闘は開始されたのだ
（略）

無我夢中で戦い、真珠湾を後にして帰る。『隊長、日本の放送が入ります』、レシーバーを耳にあてた。勇壮な『軍艦行進曲』が僕達を鼓舞激励してくれるかのように聞えて来る。一同万歳を唱える。我れ奇襲に成功せり……　（十二月一日朝日新聞）

〝無我夢中で戦い〟以後は、海外放送研究グループ編『NHK戦時海外放送』（昭和五十七年、原書房）から引用したもので、新漢字に直されているため原文のとおりとしたが、なぜか新聞記事には見当たらない。縮刷版では、次のように結んでいる。

歸路は風もなく、部下の編隊を取纏めて一路母艦へと向ふ、戰闘機隊員が〝二機やったぞ〟と二本の指を出して莞爾として笑ってゐる、〇時私の〇隊は全員無事着艦した、〝おめでたう〟を連発する整備員は機体に縋って泣いてゐる、私達は飛行服もぬがずにラジオのスイッチをひねった、そして聞いたのはあの宣戰の大詔、その後に續々報ぜられる銃後一億の必勝の意氣込みを知って、これで私は初めて〝あゝ死んでもいゝ〟といふしみぐ〵した感慨の中に、溢れ來る涙を抑へることが出來なかった

長文の記事を詳細に検討すると、この〇〇大尉は第二次攻撃隊第一集団の水平爆撃隊、九七式艦上攻撃機五十四機中の操縦員ということになる。

この攻撃に参加した航空機で通信員が搭乗しているのは三座（操縦員、偵察員、通信員）

の九七式艦攻のみであり、カネオへ飛行場を攻撃したのは航空母艦「翔鶴」の艦攻であること、そして爆弾投下後に後部座席の部下が抱き合って泣いている（実際に抱き合えるか疑問であるが）という記述などから推測できる。そうなると、この条件に当てはまるのは「翔鶴」の第五攻撃隊長市原辰雄大尉（海兵六十期）しかいないことになる。

しかし文中には〝選に漏れた○○一等兵は私に「技量は下手でも忠君愛國の精神では誰にも劣らぬつもりです」と訴え、行くことが出來ぬなら死ぬといふ、止むなく彼をも連れて行くこととした〟〝心配した○○一等飛行兵も見事な発艦振りだ〟などと、出鱈目としか言いようのない記述がある。

そんな浪花節で、一度決定した攻撃隊員の変更が行われたとは考えられない。もし、そんなことで技量の優れている者を外したとしたら、大変なことになっただろう。

この艦攻には「空三號」と呼ばれる長中短波専用の無線兵器が搭載されており、往路のラジオ放送を聞きながらハワイに向かい、復路に内地からの短波放送を受信することは可能であった。その通信能力は、ハワイ奇襲の際の「空三號」による電報が、三〇〇〇浬も離れた内地の旗艦「長門」で受信できたほどである。

しかし『NHK戦時海外放送』の引用文で、復路に「軍艦」を聞いたはずの○○大尉が〝飛行服もぬがずラジオのスイッチをひねった〟結果「宣戰の大詔」を聞いたことになっているのは、どう考えてもおかしい。

第二次攻撃隊は、日本時間の十二月八日午前二時四十五分に発艦を開始し、三時に編隊を組んで機動部隊から真珠湾に向かった。そして、午前七時頃から母艦に帰投を始め、八時三十分までに収容を終わっている。

臨時ニュースと幻の放送

内地では午前七時の臨時ニュースで館野守男アナウンサーの〝臨時ニュースを申し上げます。大本營陸海軍部十二月八日午前六時發表。帝國陸海軍は本八日未明西太平洋においてアメリカ・イギリス軍と戰鬪状態に入れり！〟という有名な放送により、全国民の知るところとなるわけである。

ただし、翌日の朝日新聞の四面には、次のような奇妙な記事が載っている。大ニュースに現場が混乱したとはいえ、あまりにもいい加減な内容である。

この朝六時まだ明けきらぬ陸軍報道部で未曽有の緊張裡にこの重大發表を行った。同時に放送局では午前六時、臨時ニュースのスイッチを入れた、一瞬の間、全國各家庭の朝々を悽壮な殺氣に包んでしまった、續いて六時二十分、マイクは更に「戰鬪開始」を高唱した、帝都の街々が朝もやの中に姿を現はした頃には、早くも號外の鈴の音が……。

日本ニュース第七十九号の大本営陸軍報道部大平秀雄大佐の〝……米英と戰鬪状態に入れ

り〟という有名な映像は、午前六時の歴史的瞬間の実写ではなく、後から撮り直したものであることが、関係者によって明らかにされている。

放送関係者の開戦放送にまつわる手記を読んでも、録音の手配をしたという記述はない。かろうじて七時のニュースに滑り込ますことができたのが実情のようである。

井上ひさし編『社史に見る太平洋戦争』（平成七年、新潮社）の「十二月八日と八月十五日——NHK」では〝午前十一時三十分、ラジオは、「軍艦行進曲」の前奏に続いてハワイ奇襲作戦の成功を報じた〟〝正午には「君が代」に続いて米英両国に対する「宣戦の詔書」が伝えられ、総理大臣東條英機の談話「大詔を拝し奉りて」が放送された〟とある。

対米英に対する宣戦の大詔の発布を情報局が発表したのは、午前十一時四十五分である。そして、大本営海軍報道部長前田稔少将の〝帝國海軍は本八日未明ハワイ方面の米國艦隊竝びに航空兵力に對し決死的大空襲を敢行せり〟という発表は、同日の午後一時である。したがって、その前にニュースが先行するなど有り得ないことである。

しかし、日本放送出版協会発行の雑誌『放送』（昭和十七年一月号）の「太平洋の凱歌我に」という記事にも〝十一時半ハワイ攻撃發表〟と載っている。もっともこの記事の結びは〝決死的大空襲を敢行せり！〟が〝大奇襲作戰に成功せり〟と不正確である。その他の記録も十一時半となっており、なぜかこの説が独り歩きし定着してしまったようだ。

この日レコードでは、何度も「軍艦」が放送されたのであろう。午後六時半からの「合唱と管弦樂」という番組で、片山顯太郎指揮の東京放送管弦楽団により「軍艦」が生演奏されている。

午後八時十五分からは、内藤清五楽長指揮の海軍軍楽隊の吹奏楽で、山田耕筰作曲の行進曲「聯合艦隊」に続いて「軍艦」が放送された。

真珠湾攻撃から帰投中の飛行機の上で、日本からの「軍艦」を聞くことなど時間的に無理である。あまりにも不自然な記述に気が付いて、急いで差し替えたのが縮刷版に残っている「大詔」を聞いたという下りであろうか。

いずれにしても、第二次攻撃隊の帰投が完了してから、かなりの時間が経過しており事実とは考えられない。市原大尉の名誉のためにも、大新聞の一面を飾ったこの実戦談は、新聞記者の作文による、いい加減な提灯記事だったと断言していいであろう。

三 「軍艦」の作曲者論争

第二章の五「『軍艦』の四つの記念碑」の項で〝実はもう一つ「軍艦」の題名が刻まれている碑がある〟と意味ありげに書いた。

海軍軍楽隊出身者の中に〝「軍艦」の作曲者は、瀬戸口藤吉ではない！〟と主張している方々がおり、それを根拠にしてであろう、もう一人の作曲者と目される海軍軍楽長の胸像の碑文に、その旨が刻み込まれている。

知り得たことすべてを並べ、真実はどちらかということは、各位の判断を仰ぎたい。

吉香公園の胸像

山口県岩国市を貫流する錦川にかかる錦帯橋を渡ると吉香《きっこう》公園がある。その一隅に田中穂積海軍軍楽長の胸像が設置されている。長い碑文は次のとおりである。

田中穂積先生略伝

田中穂積先生は安政二年十一月四日岩国市横山三丁目（仙石原）に誕生、父は田中判右衛門母は黒杭氏である。先生は幼少より音楽に天賦の才を有し慶応三年日新隊鼓手となり更に明治六年海軍軍楽隊に入り五等鼓手を振り出しに、終生軍楽隊に籍をおいてその発展に貢献すること大であった。明治二十八年大本営附として広島に赴き明治天皇の側近に奉仕し同三十二年累進して海軍軍楽長となり同年の夏清国揚子江方面に出動、三十七年心臓の宿痾を冒し軍楽隊を率いて戦没者の葬儀に参列、これが為肺炎を併発して明治三十七年十二月三十一日あたら不出世の才幹を抱きながら享年五十歳で佐世保海軍病院にて永眠した。

先生は自ら持すること謹厳、人に接すること謙譲、その卓越した識見と高潔な人格は又世人の讃仰已まないところであった。先生の作曲には不朽の名曲「美しき天然」を始め「黄海海戦記念行進曲」「如何に狂風」「南洋航路行進曲」等世に喧伝せられるものが多い。あの世界的に高名を馳せている軍艦マーチもその原曲は先生の手になるものと云われている。

先生が逝去されて五十年を迎えた昭和二十九年に田中穂積顕彰会が設立され、先生の遺芳を後世に伝えるため徳風を追慕してここに胸像が建てられたもので、その後更に昭和五十一年三月岩国錦ライオンズクラブの寄贈により看板及び胸像は改造された。

昭和三十一年三月

岩国市教育委員会
田中穂積顕彰会
岩国錦ライオンズクラブ

日付は昭和三十一年三月となっているが、碑文に〝昭和五十一年三月岩国錦ライオンズクラブの寄贈……〟と書かれているのは、後から書き加えたものであろうか。

「美しき天然」の作曲者

昭和六十年版の樂水会編『会員名簿』によれば、明治六年の海軍軍楽隊入隊者は十六名で内訳は、広島県七名、山口県六名、東京府、佐賀県、岡山県が各一名である。大部分が薩摩藩（鹿児島県）出身者だった海軍軍楽隊に、他藩からも進出してきたが、あまり居心地が良くなかったようである。

この山口県出身者六名のうち、田中穂積の軍楽長を筆頭に、花房貫一と久能金三郎は軍楽師と半数が指揮者に栄進している。

軍歌「勇敢なる水兵」の舞台となった日清戦争の、黄海海戦の際の連合艦隊旗艦「松島」乗り組みの楽長は花房であった。

田中の碑文で〝明治二十八年大本営附として広島に赴き……〟となっているが、当時は呉海兵団軍楽隊の楽長として前年から大本営で演奏に従事していた。

当時の西海艦隊軍楽隊の楽長山崎正家（明治四年入隊）軍楽師は鹿児島県出身であった。こと海軍軍楽隊に関しては、この時点では薩摩に負けず長州も頑張っていた。

一方陸軍は、四元義豊（明治二年入隊）楽長の率いる近衛師団軍楽隊が、明治二十七年九月二十一日から広島の大本営、翌年四月二十五日からは、京都に移った天皇に供奉していた。

広島の大本営における天皇は、自ら軍歌を作歌されたほか側近に督励し、その添削もして軍楽隊に作曲させ、演奏を命じられていた。

この時、近衛師団軍楽隊勤務の加藤義清と荻野理喜治両楽手の合作になる「喇叭の響」は、殊の外お気に召されたようで、度々奉奏の御下命があったという。

新作の軍歌を陸軍は、この「喇叭の響」の旋律で演奏したのに対し海軍は、そのつど田中楽長が作曲したという。その中で最も知られているのが〝頃は菊月なかば過ぎ……〟と歌い出される「黄海海戦の歌」であろう。

このように作曲の才に恵まれた田中の最高傑作は「美しき天然」である。この名曲の作詞者武島羽衣は、一度も佐世保を訪れたことがなかったことから、九十九島や西海の天然を賛美したものではないが、曲は佐世保で作られている。

明治二十三年四月二十六日、明治天皇は鎮守府開庁式にご臨席のため西海の寒村佐世保村に行幸された。以後、軍港として栄えて来た佐世保村が、町を飛び越えていきなり市になったのは、明治三十五年四月一日であった。

市にはなったものの中学校、女学校が一つもなく、市民の要望と海軍の強力な後援もあって、八幡谷の民家を仮校舎として私立佐世保女学校が誕生した。後の市立成徳高等女学校、現在の長崎県立佐世保北高等学校の前身である。

女学校はできたが教師集めが大変で、小学校の先生や海軍士官夫人まで駆り出された。しかし、音楽の先生だけは見付からず、音楽教育は佐世保海兵団軍楽隊に依頼することになった。当時の佐世保は、何か困ったことがあると海軍に助けを求めていた。

楽長が自ら女学生に音楽を教えたかどうかは定かでないが、教材の不足を補うために作曲し、女学生に歌わせたのが「美しき天然」であった。この歌が作られたのが明治三十三年という説もあるが、女学校が出来たのが三十五年であるから、教材の為という説が正しければ三十五年以降であろう。

直径約二メートルの自然石に作詞者自身の揮毫になる「美しき天然の碑　羽衣書」と刻まれた記念碑が、九十九島を見下ろすように佐世保市の烏帽子岳山頂に建立されたのは、昭和三十三年十一月八日のことであった。この除幕式には、石崎善治隊長指揮の海上自衛隊佐世保音楽隊が参加している。

田中が止宿していた佐世保市八幡町に現存する初瀬家の前には、昭和五十五年六月に日本唱歌保存愛唱会によって建立された「美しき天然」の碑が、田中穂積終焉の地として鎮座している。

昭和五十九年四月二十九日、ライオンズ国際協会佐世保西クラブが、結成十五周年事業として「美しき天然」の解説と歌詞入りの記念碑を、九十九島パールシーリゾートに建立している。

また、九十九島を展望できる展海峰に、佐世保女学校の後身成徳高等女学校の同窓生によって制服姿の田中穂積の立像が、平成十七年十一月十七日に建立された。五つ釦の詰襟で短剣も吊っておらず、当時の軍楽長の軍服としては、かなり難があるが〝百年以上も隔てて、よくぞ！〟と感慨を新たにする。

終戦後の土曜の夜の人気番組、ラジオ第一放送の「懐かしのメロディー」のテーマ音楽として、日本中に流れていたのが「美しき天然」であった。

喬信子著『追放の高麗人《コリョサラム》』（平成十四年、石風社）には、「美しき天然」にまつわる朝鮮民族（高麗人）の悲劇が詳細に描かれている。

昭和十二年、極東ソ連圏の朝鮮民族が、スターリンの命令で遠く中央アジアのカザフスタンに強制移住させられた。〝日本人と見分けがつかない！〟というのが理由で、その数は二十万人とも言われている。そのカザフスタンで「美しき天然」が歌われているということが、テレビ番組で何度か取り上げられた。

台湾中部の嘉義市は、一地方都市ながら歴代の女性市長が非常に音楽に理解を示し、毎年十二月末に「嘉義市國際管樂節」を開催し、アジア、欧米、日本からも毎回数団体の吹奏楽団が参加している。

平成十五年、その嘉義市でカザフスタン国立吹奏楽団の演奏を聞く機会があった。演奏会前団員に「美しき天然」の楽譜を見せ、トランペットを吹いてもらって聞かせたが、だれも知らなかった。どうやら一部の朝鮮民族のみに歌われているのであって、同国人一般には知られていないようである。

第三章の四で紹介した韓国の閔庚燦教授がカザフスタンを訪れた際、韓国系の老婦人が歌うこの歌を聞き〝これは日本の歌です！〟と説明したところ〝日本は歌まで盗った！〟と泣き出されて困ったという。

「軍艦」の田中穂積作曲説

岩国の吉香公園の碑文の〝あの世界的に高名を馳せている軍艦マーチもその原曲は先生の手になるものと云われている〟という記述は正しい。実際にそのように思い込んで、そう主張している人たちが居るからである。ただし〝云われている〟からと言って、それが正しいとは限らない。

〝「軍艦」の作曲者は田中穂積ではないか！〟という説が戦前からあったのも事実である。

堀内敬三著『日本の軍歌』に、その経緯が詳しく載っている。

確認はしていないが、日比谷公園奏楽の古いプログラムに「軍艦」の作曲者が Tanaka & Oyama と書かれていたものがあったらしい。海軍軍楽隊にもそう記載された楽譜があったようで、いろいろと憶測を呼んでいる。Tanaka は田中穂積、Oyama は瀬戸口藤吉が准士官になるまで名乗っていた養子先の姓（大山）である。

この件に関して堀内敬三が質問したのに対し〝その時分わしは未だ駆け出しの准士官だったから作曲なんぞやったら上の者から睨まれる。それで先輩の田中楽長と連名にした〟と瀬戸口は答えたという。

これはあり得るようでいて妙な話である。明治十七、八年頃の海軍軍楽隊は作曲を大いに奨励していたことが、次のとおり東京日日新聞に載っている。

海軍（明治十七年十一月十七日）

軍樂隊にては樂手樂生にて技藝に熟達し巧妙なる樂譜を新調するものはその優劣に依て賞典を與へらる丶趣なり

軍樂新調（明治十八年一月九日）

海軍軍樂隊にては其の技藝奬勵のために樂譜を新調するものには賞金あるの例規を定められしに附樂手は皆な大に勵み種々に工夫を凝して昨年中に新調五節ありて與へられたる賞金は百四十圓なりと云へり

この記事のみで裏付けはなく、賞金の額が多過ぎて信憑性にやや欠けるが、このように奨励していたのは事実であろう。どのような曲が作られたか明らかではないが、和声を付けた本格的な作品は、まだ無理だっただろうと推測する。

軍楽師まで栄進した者が睨まれることもなかったと考えるが〝出る釘は打たれる！〟といった風潮があり遠慮したのだろうか。

いずれにしてもTanaka & Oyamaと記載された「軍艦」の楽譜の存在により、「瀬戸口藤吉作曲説」「田中穂積作曲説」に「田中・瀬戸口合作説」が海軍軍楽隊内にあったことは事実である。

この件に関しては、実は避けておこうと思っていたが、放置しておくわけにはいかない事態があり、触れざるを得ないことになった。

その一例が『警音連会報』（平成十年七月、全国警察音楽隊連合会）に「田中穂積作曲説」を唱える人から聞いた話として、その記事が載った。書いた人には他意はなくとも読んだ全国の警察音楽隊員は〝本当はそうだったのか！〟と思わせる内容である。

根拠希薄なことであっても、このような形で活字になれば、それが独り歩きして真実であるかのように誤り伝えられていく恐れが多分にある。今後に一点の疑義も残すことのないように事実関係をはっきりとさせておきたい。

薩摩と長州の海軍軍楽長

日清戦争当時、楽長は長州の方が優勢のようであったが、依然として海軍軍楽隊のトップは、薩摩藩伝習生出身の長倉彦二改め中村祐庸が実権を握っていた。

明治六年入隊の十六名が鹿児島県以外の府県のみであったということは、薩摩藩だけに軍楽という職種を独占させない為の他藩からの圧力があったのだろうか。

瀬戸口藤吉に軍歌「軍艦」の作曲を勧めた先輩として、中村と田中の名前が挙がっているものもあるが、瀬戸口の残した手記などから、当時はまだ軍楽師だった田中であろう。

明治維新に功績のあった薩摩、長州二藩の、この二人の楽長を比べてみる。

中村祐庸は、嘉永五年（一八五二）十月十五日、薩摩国鹿児島郡坂本村の士族の家に生まれた。横須賀の中村家に残されている履歴書には、明治四年八月二十一日に〝海軍軍樂隊創設之際縣地ニ於テ徴募〟と記されている。履歴書には載っていないが、明治二年秋から横浜の本牧山妙香寺で始まった薩摩藩伝習生の一人である。

海軍の楽隊発足当初から楽長の地位にあったようで、明治三十年十二月一日に設けられた海軍軍楽長（少尉相当官）に任ぜられた。明治三十六年に退役するまで常に海軍軍楽隊の先任者として残した功績は大きい。特に国歌「君が代」改訂には、明治九年に海軍省に提出した「天皇陛下ヲ奉祝スル樂譜改訂之儀上申」が、その引き金になったことは特筆に値する。

明治三十五年のイギリス国王エドワード七世の戴冠式記念観艦式に、初めて軍楽隊は軍艦「浅間」に乗り組んで派遣された。この時の楽長が中村祐庸で、軍楽隊生活の最後を飾ったと言えよう。

翌三十六年十月一日退官、横須賀市逸見に居を構え、以後は地元の高等女学校の生徒に茶道を指導する茶人でもあった。

大正十四年一月十八日逝去、享年七十四歳であった。二月十八日午後六時から東京の報知講堂に於いて、佐藤清吉楽長指揮の海軍軍楽隊の演奏で追悼音楽会が実施されている。山田耕筰が「君が代」に関する講演を行い、その功績を称えた。

中村より三歳年下の田中穂積の履歴は、ほぼ顕彰碑のとおりであろう。その業績と共に明治三十六年の練習艦隊に初めて軍楽隊が乗り組んだ時の楽長で、オセアニア方面の遠洋航海に参加した事実からも、軍楽隊内における存在感は十分であった。

田中が入隊した明治六年には、中村は海軍権曹長に任ぜられ海軍軍楽隊の先任者として指揮を執っていた。その田中が中村に次ぐ地位を得ていたことは、その音楽的才能が当時としては並外れていたのであろう。

樂水会の前身である後樂会の会誌『餘韻』第七号（昭和十八年）に、木下乙彌（明治四十年入団）の「本村樂長訪問の記」という手記に、次のような記述がある。

（略）同樂長（中村祐庸のこと）は三十六年の退役に至るまで、その實權を一手に把握し、俊才を以て自他共に許した彼の田中（穂積）樂長の如きでさへも、何かお氣に入らないところがあったと見え、殆ど艦隊や佐世保あたりへ島流しの状態であったと云う事

である。（略）

ということからも、二人の関係を伺い知ることができる。

このような薩長の争いが現在まで引き継いでか、「軍艦」の作曲者を薩摩の出身である瀬戸口ではなく〝その原曲は先生の手になるもの……〟という田中説が、同県出身者を含めて地元にも根強く残っているのであろう。

根拠薄弱な田中穂積説

田中穂積作曲説を唱える長州の海軍軍楽隊出身者から初めて聞いたのは〝内藤隊長が若い頃、田中楽長が後甲板で盛んに笛を吹きながら「軍艦」のトリオを作曲しているのを見たと言っていた！〟という内容であった。

〝そんな馬鹿なことは絶対にありません！〟と言下に否定したところ〝何も知らないくせに生意気なことを言うな！〟と大いに怒らせてしまった。

〝内藤隊長が海軍に入ったのは明治三十九年です。田中楽長はその二年前の暮れに佐世保海軍病院で死んでいます〟と説明して渋々納得させた。その後〝内藤隊長は近藤信一楽長から聞いたと言っていた！〟とその根拠を訂正した。

樂水会の橋本勝見元会長（明治四十五年入団）から興味ある話を聞いたことがあった。ある会合で「軍艦」の作曲者をめぐって近藤信一と佐藤清吉の両楽長が殴り合いをしたと言う。

近藤が田中説で佐藤が瀬戸口説であった。

両楽長は明治三十四年に横須賀海兵団入団の同年兵であった。日露戦争の黄海海戦では共に旗艦「三笠」に乗り組み奮戦した二人であるが、海兵団修業後の配属先が異なっていた。佐藤が瀬戸口軍楽師のいる横須賀海兵団だったのに対し、近藤は明治三十六年一月二十九日付で佐世保海兵団に配属された。そして同年九月九日付で第一艦隊軍楽隊に転出している。

近藤の佐世保着任時、すでに練習艦隊に乗り組んでいたと思われる田中が、横須賀に帰港するのは八月二十九日である。すぐに佐世保に移動したとしても、二人の関係は非常に短期間だったであろう。だが田中が後甲板で「軍艦」のトリオを吹いていたと近藤が証言したとしても、まったく根拠のないこととは言えない。

しかし「軍艦」の初演は明治三十三年だとされており、明治三十六年にはレコーディングも行っていることから、その証言が正しければ作曲していたのではなく、ただ吹いていただけではなかろうか。

田中が作曲したのであれば、佐世保海兵団軍楽隊が初演するのが普通である。しかし初演したとされる明治三十三年の観艦式には、伝染病患者発生による旗艦変更のため、急遽横須賀から派遣された軍楽隊が参加している。

田中説を内藤隊長に伝えたとされる近藤楽長が、佐世保に配属されたということに注目したい。以下は、想像をたくましくして仮説を立ててみた。

近藤と佐藤は、黄海海戦で戦死した堀内宗一と共に、同年兵の中でトップを争っていたようだが、近藤は瀬戸口には音楽隊でいう「ツケ」（相性の意）が悪かったのではなかろうか。そこで『余韻』にあったように〝殆ど艦隊や佐世保あたりへ島流し……〟の状態だった田中という優れた指導者に佐世保で巡り会い、心酔したのではなかろうか。

トップクラスの近藤が、佐世保に配属された恨みが高じて「田中穂積作曲説」を唱えるようになり、横須賀に残された優等生の佐藤との論争もここに起因すると考えれば、温厚だった佐藤が殴り合いまでしたことが納得できるが、やや考え過ぎであろうか。

プログラムに「軍艦」の作曲者名を決して載せなかったとされる坂西輝信軍楽長も、初演当時のことは直接知らないはずである。先輩に聞いた話を真実と受け止めたか、あるいは瀬戸口に個人的に面白くない感情を抱いていたのかは不明である。

一枚岩だったと思いたい海軍軍楽隊も、人間関係で生臭い話を多くの出身者から聞いていることから、つい推測が行き過ぎてしまった恐れがあることを白状しておく。

内藤隊長は、その田中説を近藤楽長から聞いて信じ込んでしまい〝真実はそうだったのか！〟と長年そのまま温めていたのであろうか。「軍艦」の著作権問題が持ち上がった昭和三十一年の夏頃、海上自衛隊東京音楽隊員にそのことを話していた。

その翌年に入隊した私は、先輩からその話を聞いて長いことそう信じていた。しかし、ウイリアムズバーグ・サミットでのマスコミの報道に疑問を感じ、いろいろ調べた結果その説には、前述のとおり非常に無理があることが判明した。

先輩が後輩の作品を召し上げて、自分のものにしてしまった例はよくあったようだが、先輩の作品を後輩が取り上げてしまうなど、帝国海軍軍楽隊において考えられるだろうか。またして、この曲が後世日本を代表する名行進曲となろうとは、まだ誰も予測できなかった頃の話である。

明治三十三年に行進曲として初演され、ピアノ・ピースが出版までは、わずか十年しか経っていない。初演の際に演奏した軍楽隊員が、まだ大部分健在で現役だった時期に、先輩が作曲したものを自分の名前で出版することなどできるわけもないし、その必要もなかったはずである。

百歩譲って本当に田中が作曲したのならば、何故に後輩の大山（瀬戸口）の名前を並記する必要があったのだろうか。

多くの行進曲、軍歌などを残している瀬戸口藤吉の他の作品には何も言及せず、ただこの「軍艦」だけが違うというのは、余りにも不自然である。

四　国旗、国歌、「軍艦」で想うこと

自国のみならず外国の国旗、国歌も大切に扱うのが国際的な常識で慣例である。なぜか何かと難癖を付けて避けたがる傾向があったわが国でも、着実に意識が変わりつつある。「軍艦」に対する一部の拒否反応はともかく〝明治の先人が残した貴重な文化遺産を大切にしよ

う！〟という動きが出てきたことは嬉しい限りである。

海上自衛隊音楽隊としての仕事柄、外国で国歌を演奏したことは数多くあったが、聞く立場になったことはなかった。自国の国歌、訪問国の国歌が大観衆によって大合唱される場面に接した時の感動は、その場のいた者でなければ分からないであろう。

その国歌の扱いが、やや不適当と思われることがあったので、実例を挙げて各位のご判断を仰ぎたい。

行進曲「軍艦」は、海上自衛隊音楽隊の演奏会のアンコールで演奏することが慣例になっており、聴衆も当然演奏されるものと期待している。「軍艦」の演奏が始まると手拍子を打って大喜びである。しかし、不思議なことにこれだけ人気のある行進曲が、海上自衛隊音楽隊の演奏会以外で聴くことは、まずないことである。

鹿児島県垂水市では、「瀬戸口藤吉翁記念行進曲コンクール」が平成十一年から開催され、地元が生んだ偉大なる先人を顕彰している。このコンクールでは、小学生から一般社会人バンドまでが「軍艦」を含む瀬戸口作品を演奏している。このようなイベントが各地で開催されることにより、未来への展望が大きく開ければ幸いである。

国旗・国歌の呼称と習慣

「自衛隊音楽まつり」のオープニングで〝日本国旗が入場します！〟〝日本国歌を演奏します！〟とアナウンスがあったことに〝何とも不自然な感じがするのですが！〟とコメントが

添えられて、そのＤＶＤが送られてきた。陸海空のほとんどの音楽隊のＣＤを制作しているレコーディング・ディレクターの金子雅雄氏からであった。

その場にいて、そのアナウンスを聞いていたにもかかわらず、気にも留めずに聞き流していたことを恥ずかしく感じた。

第五章の一で紹介したように、平成十一年八月九日に成立した「国旗及び国歌に関する法律」により〝国旗は、日章旗とする〟〝国歌は、君が代とする〟と定められていることから、なにもその前に「日本」を付ける必要はないし、付ければ確かに不自然である。

日本国内における公式行事で、「国旗」「国歌」に対し、わざわざ「日本」と国名を冠することはまずない。法制化される前から「国旗」といえば「日の丸」、「国歌」といえば「君が代」である。甲子園の高校野球でも「国旗掲揚！」「国歌斉唱！」である。

この件を『水交』誌盛夏号（平成二十五年七月）に「『国旗』と『国歌』の呼称について」と題して投稿したところ、その年の「音楽まつり」では削除されていた。〝何とも不自然な感じがする〟という金子氏のご指摘が功を奏した。

同じ「自衛隊音楽まつり」で、開始直後のオープニングセレモニーの国歌斉唱の際に、首をかしげざるを得ない場内放送があった。

〝国歌斉唱　会場の皆さまはご起立ください！〟とアナウンスしたと思う。起立を促さなくても、「自衛隊音楽まつり」に来るような人は〝国歌斉唱〟だけで、自然と起立すると思うが、それはさておく。次の〝前奏はありませんので、音楽隊の演奏に合わせてお歌いください！〟と言ったと思うが、これがどうにも解せない。

まわりの観客を観察してみたが、音楽隊が「君が代」の最初の音を出した時、一緒に歌い出した人は、皆無と言っていい。普通〝このタイミングで歌えるわけがない！〟と自信を持って言える。〝前奏はありませんが……〟というアナウンスを、他の行事等で聞いたことがあるだろうか？

三月十一日に、国立劇場で行われる「東日本大震災」の追悼式においても、当然のように〝……前奏に引続き、お歌いください！〟とアナウンスされている。

学校の卒業式等では、ピアノ伴奏で二小節の前奏の後に歌い出すのが普通で、長年の習慣である。前奏なしでは、誰も絶対に歌い出すことはできない。

このように、前奏付きで歌い出すのが当たり前の「君が代」を、なぜ〝前奏はありませんので……〟などと、不思議なことを行うのか理解に苦しむ。国歌「君が代」が、声高らかに揃って歌い出されることを、心から願うものである。

余談になるが、かつて大相撲千秋楽では〝国歌斉唱、音楽隊の前奏に引き続きご唱和ください！〟と場内放送がされていた。

海上自衛隊東京音楽隊が初めて大相撲千秋楽で演奏したのは、横綱千代の富士が三場所連続十五回目の優勝を飾った昭和六十一年一月の初場所であった。その前年十二月に佐世保音楽隊から転勤した私の最初の派遣演奏が、この千秋楽であった。

相撲協会の担当者との派遣調整で、国歌演奏前の場内放送を〝海上自衛隊東京音楽隊の前奏に……〟と音楽隊名を入れてもらえないかと尋ねた。担当者は〝分かりました。そうしましょう！〟と簡単に引き受けた。以後、各場所で音楽隊の正式名称が放送されることになり、現在に至っている。

感動的な国歌の大合唱

海外で国歌を演奏したことは、訪問国の国歌も含めて数多くある。しかし、日本国歌を聞く機会はなかった。

平成十一年（一九九九）七月一日、カナダ建国記念日を祝うパレードが東部ノバスコシア州の港町ハリファクスで実施された。この日から七日まで開催される「ノバスコシア・インターナショナル・タトゥー」（The Nova Scotia International Tattoo）のオープニングも兼ねたパレードであった。

このパレードには、進藤潤二等空佐指揮の航空自衛隊航空中央音楽隊（以下「空音」）が参加していた。常連のアメリカが欠場したため参加国は、地元カナダ、デンマーク、ドイツ、スエーデン、ニュージーランド、エストニアに初参加日本の七カ国で、空音は進藤隊長以下六十五名の陣容であった。

空音のタトゥー参加のきっかけとなったのが、カナダ西部ブリティッシュ・コロンビア州都ヴィクトリア在住のジム・ハチェソン退役空軍大佐の個人的願望からであった。

国際軍楽協会（ＩＭＭＳ：International Military Music Society）の会員でもある好楽

家のハッチソン大佐は、現職中ハリファクス・タトゥーのスタッフであった。〝日本の音楽隊を参加させたい〟と、同じIMMS会員の川島顯治氏（元神奈川大学工学部講師）を通じて、退役後ではあったが私に相談が持ち込まれた。

いろいろと調整の結果、航空中央音楽隊の進藤隊長から〝空幕も乗り気なので催行する方向で検討しましょう！〟という回答を得た。後発の航空自衛隊は、陸上、海上が行っていないことに関しては、積極的に取り組もうという気風がある。

平成十年六月下旬、タトゥー関係者と調整のため単身ハリファクスを訪れた。日本からの参加可能性に主催者側も大乗り気で、多くの資料を提供してくれた。以後、さまざまな問題を克服して翌年の参加が実現した。

空音は、平成十一年六月十七日に日本を発ち、十八日の夜にはワシントンの国会議事堂前でアメリカ空軍軍楽隊と合同演奏会を行い、二十日にハリファクス入りしていた。音楽隊員は夏休み中のセントメリー大学学生寮に宿泊し、連日の猛訓練を経て初日を迎えた。

このように自衛隊音楽隊が単独で海外に派遣されたのは、自衛隊始まって以来初めての快挙であった。明治四十三年に、陸軍軍楽隊が英京ロンドンの日英博覧会参加のため、永井建子楽長以下三十五名が派遣されて以来八十九年振りのこととも言える。

このタトゥー応援ツアーを計画し、川島夫妻を加えた十一名が参加し、再びハリファクスを訪れた。主催者側は大喜びで丁重に持てなしてくれ、公演前のカクテル・パーティーには全員が招待され、VIP席で二晩観覧することができた。

七月六日の「日本デー」のフィナーレでは「君が代」が流れた。指揮は進藤隊長で演奏は参加全軍楽隊であった。見事な日本語での斉唱は、ハリファクス市民で編成された百名余りのタトゥー混声合唱団であった。空音の指導で正確に歌われている「君が代」に、おしまいの方は声が詰まって歌うことができなかった。

公演終了後、会場のフロアーが開放され観客と出演者の交歓が行われた。姉妹都市の函館から交換学生として空音と同じ大学の学生寮に寄宿していた女子大生が、進藤隊長に涙を流しながら「君が代」を聞いた感動を語った。その涙には思いもよらず異国で国歌を聞いた感動以上に〝私たち歌詞を知らなくて歌えませんでした!〟という自国の国歌を歌えなかった無念さが込められていた。

「君が代」に引き続き演奏されたカナダ国歌「オー・カナダ」は、当然ながら全会衆の大コーラスとなった。英連邦の国歌は、かつてはイギリス国歌「ゴッド・セイブ・ザ・クイーン」(God Save The Queen) が使われていたが、今はオーストラリア、ニュージーランドなども、それぞれ独自の国歌を持つように時代は変わっている。

毎年十二月の中旬にシカゴで行われる「ミッド・ウエスト・バンド・アンド・オーケストラ・クリニック」は、全米をはじめ世界中から音楽関係者が集まり、この種のクリニックとしては世界最大である。日本からも多くの吹奏楽関係者が参加している。

楽器、楽譜その他さまざまなブースが並んでいるが、一番の人気は軍楽隊のブースである。アメリカの軍楽隊のＣＤは市販されていないが、ここでは無料で配布されるので、いい大人が血相を変えて殺到する。私もその一人であった。

呼び物の一つは、陸軍・海軍・空軍・海兵隊・沿岸警備隊の軍楽隊が、毎年交代で出演することである。それぞれが特色を持ち、良い意味のライバルとして競い合っている、世界最高峰の軍楽隊の演奏に接することができる貴重な機会である。

演奏に先立ち国歌が演奏されるが、全米から集まった音楽関係者が声量いっぱいに歌うのは圧巻である。

そしてプログラムは、Armed Forces Medley（五軍の軍歌の接続曲）が演奏されて締め括られる。陸軍 The Army Goes Rolling Along、海軍 Anchors Aweigh、空軍 The U.S. Air Force、海兵隊 The Marines'Hymn、沿岸警備隊 Semper Paratus の軍歌を、それぞれが自軍の軍歌を最後に編曲して接続したものを演奏する。

現役・退役を問わず所属の軍歌が流れると起立する習慣があり、曲が変わる度毎にあちこちで胸を張って立ち上がる姿が見られる。その軍人・元軍人に対して聴衆は、温かい眼差しと惜しみない拍手を贈り続ける。アメリカ社会において、いかに軍人が尊敬され大切に扱われているかを物語る感動的な光景である。

このような光景を見る度に、〝わが国では無理かな！〟と残念に思う。何も真似することはないと思うが、演奏会のアンコールで定番の「軍艦」の演奏が始まると、海上自衛隊のOBも現役も、制服も私服もすべて起立したら聴衆はどのような反応を示すだろうか。

最初は奇異に感じていても回を重ねると違和感がなくなり、親愛の情を込めた温かい拍手が沸き起こるのではなかろうか、などと夢見てしまう。

行進曲コンクールと「軍艦」

「第一回瀬戸口藤吉翁記念行進曲コンクール」が、平成十一年九月五日に鹿児島県垂水市で開催された。行進曲だけのコンクールは、他に例がない珍しいものである。

このコンクールを海上自衛隊第一航空群司令小林秀至海将補が、地元紙の南九州新聞で知ったのは七月三十日の朝刊であった。海上自衛隊と縁の深い行進曲の作曲者を顕彰するイベントには、全面的に協力しようと決意した群司令は直ちに行動を起こした。

準備期間が短い中を垂水市と調整し、九月四日午前十一時から瀬戸口翁の顕彰碑がある下宮神社境内における顕彰演奏と、午後六時半から垂水市文化会館のおける「瀬戸口藤吉翁を偲ぶ演奏会」を、佐世保音楽隊によって開催することに漕ぎ着けた。

小林群司令からの依頼で瀬戸口軍楽長の諸資料を提供したことから、この行事への参加を勧められ馳せ参じた。下宮神社境内は小雨にもかかわらず、矢野繁垂水市長以下関係者と地元住民及び近隣の学童が大勢詰めかけ、佐世保音楽隊の演奏に聞き入っていた。

前夜祭は、超満員の聴衆が詰めかけた。鹿屋航空基地からは、小林群司令以下各部隊の指揮官が制服で参加し、隊員家族も多数来場していた。

第一部前半は佐世保音楽隊長手塚裕之一等海尉の指揮で「世界の行進曲」、後半を私の客演指揮で瀬戸口作曲の行進曲四曲を、解説を加えて演奏した。第二部は手塚隊長によるポピュラーな曲で、リラックスしてもらうという構成であった。

垂水市文化会館は、平成五年七月八日に東京音楽隊長としてこけら落しを行い、「瀬戸口藤吉作品集」を指揮したことのある懐かしい演奏会場であった。このような形で再びステージに立てるとは夢にも考えなかっただけに感無量のものがあった。

平成五年の演奏会では〝薩英戦争の時、イギリスの軍艦の上では夜になると軍楽隊が演奏し、薩摩藩が軍楽伝習を始めるきっかけとなりました〟と話した。これが〝必ずしも正確ではなく誤りでした〟と六年ぶりに同じステージで訂正させてもらった。

演奏会前に、この催しの主唱者とでも言うべき垂水市教育長の川井田稔氏宅で、鹿児島市から駆け付けた川井田勝氏にお会いした。両氏は同姓ではあるが姻戚関係はなく、教育長が鹿児島県立第一鹿児島中学校（現県立鶴丸高等学校）の二年後輩で、かねてから親交を結んでいた。海軍兵学校第七十八期の川井田勝氏は、鹿児島市内で外科医院を営まれている医学博士であった。

この時、瀬戸口軍楽長が川井田博士の祖父の従弟だということを聞いて驚いた。更に瀬戸口の妻たまの妹が、博士の伯父川畑仁五（大正末期に海軍軍医少佐で退官）と結婚していたということも伺うことができた。

三歳の勝氏が、瀬戸口翁に抱かれている貴重な写真をお借りすることができた。

客演演奏では瀬戸口家で見付け、クラウンレコードのＣＤ（日本の吹奏楽Ｉ「瀬戸口藤吉作品集」）に収録した瀬戸口翁の肉声を場内に流し、その声の主に抱かれたことのある客席

瀬戸口藤吉翁と親戚の記念写真。前列左から2人目の翁に抱かれているのが川井田勝氏(3歳)、右端がたま夫人。後列右端が長男峻氏。昭和8年5月、横須賀にて

の川井田博士を紹介し大喝采を受けた。

翌五日午前九時半から同じ文化会館で開催された初めての「行進曲コンクール」には、小学校九、中学校十一、高等学校五、一般団体五の合計三十団体の吹奏楽団が、鹿児島県下から参加して実施された。「行進曲コンクール」の名のとおり参加各吹奏楽団は、制限時間八分の間に行進曲二曲を演奏して審査を受ける。後に行進曲の一曲は、瀬戸口藤吉作曲のものを演奏することになり、より以上に有意義なものとなった。垂水市は、瀬戸口の行進曲を出版頒布しており、参加団体はその楽譜を使って演奏している。

小学生から社会人までの吹奏楽団が「軍艦」ほかの瀬戸口の行進曲を演奏することは全国どこにもない。当初の参加団体は鹿児島県下のみであったが、回を重ねるに連

れ、隣の宮崎県から九州全域に広がり、遠くは関西、関東、北海道からも参加している。最近の吹奏楽の傾向として、あまり行進曲は重要視されていないにもかかわらず、行進曲が吹奏楽の原点であることをよく認識している指導者が多く、素晴らしい演奏に接することができた。

翌年には海上自衛隊東京音楽隊、以後各地方隊音楽隊が広報担当区域を越えて参加し、下宮神社での顕彰演奏と前夜祭を実施した。このようなことは他に例を見ないことであり、各音楽隊員も行進曲「軍艦」と瀬戸口軍楽長に対する認識を新たにしたようである。

第二回からは審査員として参加することになり、毎年違う海上自衛隊音楽隊の演奏に接することができたことは、このコンクールだからこその役得であった。

薩摩藩士の地元鹿児島で行われている、この「瀬戸口藤吉翁記念行進曲コンクール」が、新たな行進曲運動として更なる発展をし、日本の吹奏楽界に大きな影響を与えることを期待するものである。

「行進曲『軍艦』のすべて」

東京音楽隊長としての最後の定期演奏会は、平成六年一月二十三日に「ゆうぽうと」（五反田簡易保険ホール）で実施した。

プログラムに「行進曲『軍艦』のすべて」と題して、小学唱歌「軍艦」、ドイツ人編曲に依る行進曲「軍艦」、「軍艦行進曲変奏曲」、そして行進曲「軍艦」の四曲を演奏した。

一曲目は第二章の三で紹介した曲で、明治二十六年に小学唱歌として教科書に載ったト長調四分の三拍子で、女性隊員二名の斉唱により演奏した。

ドイツ人のR・ハッセルマン編曲の二曲目は、この時が初演奏であった。明治四十四年にドイツを訪問した瀬戸口藤吉が、交流のあったキールの海軍軍楽隊長に「軍艦」の楽譜を贈呈した。後日入港したマルセイユにドイツ式に編曲された「軍艦」のスコアが送られてきた。瀬戸口としては当然面白くなく、一度も演奏されることなく瀬戸口家に秘蔵されていた。子息の晃氏から提供を受けて初めて演奏をすることができた曲である。

三曲目は、東京音楽学校で教鞭をとっていたドイツ人の作曲家クラウス・プリングスハイムが、十二年にタイ国美術音楽顧問として赴任する際の船中で作曲したもので、翌年三月に海軍省に献呈された。同月二十五日にラジオ第一放送で内藤清五指揮の海軍軍楽隊の演奏で放送されている。楽譜がなくSPレコードから楽譜を起こしての演奏であった。

行進曲「軍艦」は、幹部隊員による斉唱付で定期演奏会では初めての試みであった。

本書の元となった『水交』誌に連載した「行進曲『軍艦』のすべて」は、この演奏会で使ったものを題名として使用した。

「軍艦マーチのすべて」と題するCDが、第六章の一で紹介したようにキングレコードから発売された。「盛岡第一高等学校校歌」「ミャンマー国軍軍歌」、前記ハッセルマンの定期演奏会の初演奏も収録されている。

このCDには私も一文を寄せており、関りを持っていたがタイトルに関してはなにも相談がなかっただけにCDを見てビックリした。同社は、空前の売上げに気をよくして「君が代のすべて」「荒城の月のすべて」など「……のすべて」シリーズを次々と発売したが、果たして二匹目の泥鰌はいたのだろうか。

行進曲「軍艦」が全国で演奏されることを祈念して

一般の吹奏楽団が、行進曲「軍艦」をあまり演奏できなかった原因の一つに、楽譜の入手が困難だったことが挙げられる。

終戦後に易しく編曲された楽譜が市販されていたことがあった。それも絶版となり、長いこと「軍艦」は、楽器店の吹奏楽譜コーナーからは消えていた。

最近、「軍艦」の吹奏楽譜が外国でも出版されるようになった。手を加えた編曲者の名前が作曲者と並んで列記されているが、原曲を不必要にいじることによって編曲者であることを誇示しているようで残念である。

このような楽譜とは別に、是非とも日本中の吹奏楽団の演奏会で、使ってもらいたい吹奏楽譜があるので紹介する。

インターネットで「海上自衛隊東京音楽隊」ホームページにアクセスし、「おすすめ情報」の「『君が代』『軍艦』音源&楽譜」をクリック、さらに「行進曲『軍艦』楽譜&音源」に進む。中に「行進曲『軍艦』について」と題して、本書に記載されている内容とほぼ同じことが記載されている。私が書いたのだから当然である。

一ページは、いきなり行進曲「軍艦」の演奏が始まる。「海軍儀制曲総譜」の「軍艦」の冒頭、そして軍歌「軍艦」と儀制曲「海行カハ」の歌詞と楽譜が載っている。

二ページ目は、第二章の三で紹介した鳥山啓作詞、山田源一郎作曲の四分の三拍子の小学唱歌「軍艦」が歌入りで聴くことができる。作者、用途、初演などの記述がある。

三ページでは、第三章の一で紹介した「軍艦」が元歌のミャンマー国軍の公式軍歌を聴くことができる。そして、スコアの表紙用に筆字で書かれた「**行進曲軍艦**」の右をクリックすると、川上良司一等海曹（当時）の歌唱が付いた海上自衛隊東京音楽隊の演奏が聴ける。この揮毫は川上海曹自身である。

その下の「スコア」「パート譜」をクリックすると、待望の行進曲「軍艦」の吹奏楽用スコアと全パートがダウンロードできる。

この楽譜は、現在海上自衛隊音楽隊が使用しているもので、原曲を損なうことなく現在の編成にしたものである。練習艦隊などが海外のバンドに提供するものと同じである。なにも制約はなく、自由に演奏してもらうことを目的として設けている。

この楽譜が活用され、「軍艦」が日本の代表的行進曲として、全国の一般吹奏楽団のプログラムに、スポーツの応援に、市中パレードなど諸行事に、演奏されることが珍しくないようになることを祈念する。その日が来ることを楽しみにしている。

おわりに

「行進曲『軍艦』のすべて」などと大それた題名で『水交』誌に四年間にわたって連載し、いささか面映ゆい感があった。初演百年を迎えた節目の年に、これをまとめて『行進曲「軍艦」百年の航跡』と題して上梓したのが平成十二年であった。

三十七年余りの海上自衛隊音楽隊勤務を通じて、この行進曲ほど多く演奏し、指揮をしたのにもかかわらず、長いこと通説を信じ込んでいて、その生成過程を疑わなかった。

昭和五十八年五月、ウイリアムズバーグ・サミットという国際舞台で演奏され、日本のマスコミからの集中砲火に疑問を抱いたことから始まり、いろいろな事実を掘り起こすことができたことは幸いであった。

演奏会やイベントにおいて演奏した際、これほど聴衆に喜ばれる曲は他にないことを実感している者として〝日本人だれもが暗い戦争を思い出してイヤな感情を抱く曲〟〝東南アジアで演奏したら大変なことになる〟などと言ったコメントを、実情も知らずに平気で述べている者が大勢居り、報道されたことが残念であり許せない。

為にする誹謗であろうが、一度も「軍艦」が演奏されている現場に居合わせたこともなく、ましてや外国でどのような反応があるかなど知る由もないのに、平気で訳知り顔に無責任な発言をしているのを見過ごすことはできない。

このような経緯から多くの新聞記事などを引用している。記事のみが真実と思われている人たちに、一つに示唆となれば幸いである。

海上自衛隊は、昭和三十二年度以降毎年練習艦隊による遠洋練習航海を実施し、毎回音楽隊は参加している。このような形での外国訪問は、他の音楽関係者では絶対にできないことを体験させてくれる。

各寄港地での演奏会などを通じて、「軍艦」がどのような反応を示すかを観察してきた。残念ながら〝何もない〟と言って良いほど世界的には知られていない。

「世界三大行進曲」「世界の名曲」などと書いている解説書もあるが、実際には〝何も根拠のないことで日本だけで言われている〟と正面切って言い出すのは勇気がいった。

「軍艦」の楽譜は、世界中の練習艦隊寄港地の軍楽隊に行き渡ったようである。本当に「軍艦」が「世界の名曲」ならば、各国の軍楽隊がその回答を出してくれるであろう。これからが、本当にその評価が下される時なのである。

ウイリアムズバーグ・サミットの騒ぎに懲りて、在外公館の関係者が必要以上に神経質になり、「軍艦」の演奏を避ければ、「世界三大行進曲」「世界の名曲」などとはますます遠くなってしまうであろう。

国際舞台での演奏の機会が増えれば「星条旗よ永遠なれ」や「旧友」のように、日本の代表的行進曲として世界中の吹奏楽団のプログラムに載るようになり、レコーディングされる機会も多くなるだろう。

海上自衛隊音楽隊の演奏会では、アンコールでこの曲を演奏して締め括ることが慣例となっている。お金を払った演奏会では、まず聞くことのできないのが「軍艦」であることから、聞き慣れない吹奏楽のオリジナル曲を、我慢して聴いていた聴衆は〝待ってました！〟とばかりリズムに合わせて手拍子を打つのが何時頃から始まったか、どこの会場でも自然と起こる現象である。

静かに鑑賞したい聴衆にとっては迷惑なことであろうが、すっかり定着してしまったようである。指揮者によっては自ら手拍子を促すジェスチャーをする者がいるが、果たしてその必要があるのだろうか？

このように〝日本人なら、誰でも知っている日本の代表的行進曲〟ではあるが、ウイリアムズバーグ以降、大きな国際舞台で演奏されたと言うことは、寡聞にして知らない。多分演奏されていないであろう。

国家的、国際的諸行事で、行進曲を演奏する際は、必ず「軍艦」が演奏されるようになり、場数を踏むことによってこの行進曲が、世界中に認知されて「世界の名曲」「世界三大行進曲」と呼ばれることが、不自然でないようになることを密かに願うものである。

文字どおりの「世界の名曲」となる時までは、「日本の名行進曲『軍艦』」で十分である。〝日本吹奏楽史に輝く不朽の名曲〟として、いつまでも鳴り響いてもらいたい。

文庫版としての刊行にあたりましては、多くの方々に資料のご提供、ご助言、校正のお手伝いをいただきましたことを申し添え、深甚なる謝意を表します。

ありがとうございました。

令和四年十月

谷村政次郎

単行本『行進曲「軍艦」百年の航跡』（平成十二年四月、大村書店）を改題・加筆

装　幀　伏見さつき
DTP　佐藤敦子

産経NF文庫

「軍艦マーチ」の誤解と真実
二〇二二年十一月二十四日 第一刷発行
著 者 谷村政次郎
発行者 皆川豪志
発行・発売 株式会社 潮書房光人新社
〒100-8077 東京都千代田区大手町一-七-二
電話/〇三-六二八一-九八九一(代)
印刷・製本 凸版印刷株式会社
定価はカバーに表示してあります
乱丁・落丁のものはお取りかえ致します。本文は中性紙を使用
ISBN978-4-7698-7053-1 C0195
http://www.kojinsha.co.jp

産経NF文庫の既刊本

軍歌と日本人
国民を鼓舞した197曲
大野敏明

「軍歌、戦時歌謡は近代日本音楽の歴史遺産であり、ひとつの文化である。そこには文字通り、日本近代の血と汗と涙が凝縮されている」(著者)。明治から昭和の八十年近い陸海軍の歴史の中で生まれ、現代まで歌い継がれる名曲でたどる近代日本史。桜林美佐氏推薦!

定価924円(税込)　ISBN 978-4-7698-7042-5

消された唱歌の謎を解く
喜多由浩

「われは海の子」「水師営の会見」「桜井のわかれ」「村の鍛冶屋」……終戦後、GHQに〝忖度〟した日本の官僚らによって封印された多くの唱歌や童謡たち。いまも思考停止したかのごとく見直しが行われないのはおかしい。教科書から排除、切り刻まれた名曲を紹介。

定価891円(税込)　ISBN 978-4-7698-7040-1